自由之人如何养成

自由之人如何养成
——教育思想史的视角

齐　姗◎著

吉林大学出版社

长春

图书在版编目（CIP）数据

自由之人如何养成：教育思想史的视角 / 齐姗著. --
长春：吉林大学出版社，2021.10
ISBN 978-7-5692-9394-4

Ⅰ. ①自… Ⅱ. ①齐… Ⅲ. ①教育思想—思想史—研
究 Ⅳ. ① G40-09

中国版本图书馆 CIP 数据核字（2021）第 224804 号

书　　名：自由之人如何养成——教育思想史的视角
　　　　　ZIYOU ZHI REN RUHE YANGCHENG——JIAOYU SIXIANG SHI DE SHIJIAO
作　　者：齐　姗著
策划编辑：卢　婵
责任编辑：赵黎黎
责任校对：陶　冉
装帧设计：黄　灿
出版发行：吉林大学出版社
社　　址：长春市人民大街 4059 号
邮政编码：130021
发行电话：0431-89580028/29/21
网　　址：http://www.jlup.com.cn
电子邮箱：jldxcbs@sina.com
印　　刷：武汉鑫佳捷印务有限公司
开　　本：787mm×1092mm　　1/16
印　　张：20.75
字　　数：240 千字
版　　次：2021 年 10 月　第 1 版
印　　次：2022 年 2 月　第 1 次
书　　号：ISBN 978-7-5692-9394-4
定　　价：112.00 元

前　言

改革开放以来，我国社会生活的深度转型呼唤着自由主体的出现，自由也成为中国社会主义核心价值观的基本构成。对此，政治学、哲学和法学等学科多从法权意义上探究人的自由问题。而从教育学角度看，时代需求也催生了当代中国"自由之人如何养成"的教育学问题。在教育学意义上，自由不仅仅是人的权利，更是人的素养，如能力与品质，但这方面的研究我国尚不深入。因此，本研究希望立足于教育学立场，借鉴中西古今思想家之教育思想的精髓，探寻当代中国自由人养成的教育思想。

本书总体思路是，以文献分析法和教育思想史分析方法，从教育学的立场对自由命题进行探讨，将法权意义上的自由进行教育学的转化，确立自由作为主体的"能力""关系性品质"和"实践品质"等教育学意义上的自由立场，以此为分析框架，系统梳理和分析中外历史上"自由人"的形象及教育思想，整体反思中外有关"自由人养成"问题的路径和方案，取长补短，为未来中国的自由人养成教育提供参考。

全书由三个部分构成，主体部分包括四章：第一章从时代性、中国性和学科性三个方面探讨了"自由之人如何养成"问题的必要性和可能性。教育学为该命题赋予了人之生命、自由发展和解放意义上的价值。第二章从教育学学科立场出发，将法权意义上的自由进行教育学的转化，从而确定了教育学中的"自由"是主体的能力、关系性品质和实践品质，这也为梳理和分析中西方思想家的教育思想方案提供了框架。第三、四章为核心部分，系统梳理了西方和中国"自由人"的内涵和教育方案，并根据教育学对自由性质的分析，将自由人如何养成的方案划分为了三类：能力类型、道德人格类型和解放实践类型。最后，又回到当代，对中国自由人养成的未来路向进行思考。

　　总体上，本研究发现，西方思想家提供了以自由权利为开端，从自由权利引申出自由能力，在自由能力的内化过程中引入道德人格的培养，最终落实为自由实践和人类解放的教育思想；中国传统教育以良知为开端，从良知引申出自觉人格，在自觉人格的外化中引入践行的教育思想方案。这方面的思想差异是东西方历史文化和社会发展性质的不同而致。但在中西文化交汇的今天，中国人如何更好地解决现代化中国的自由人问题需要汲取中西方思想精华。

　　由于中国自由人教育的传统思想注重从德性意义上强调人的德性自由，而忽视向外的作为法权的自由和向内的作为能力和实践的自由，可以认为，中国未来的关于自由之人的养成问题，着力点应是在坚持中国传统德性自由的基础上，借鉴西方将自由作为权利、能力和实践的智慧，在与西方智慧的共建、共享中展现中国文化的自信和独特。

目　录

自由之人如何养成——教育思想史的视角

绪　论

一、问题的缘起与意义

自由是现代社会的核心价值之一，也是当代中国社会主义核心价值观的重要组成部分。自启蒙运动起，人的主体性、人的价值得到了高度的弘扬，同时也将人的自由和解放提高到了非同寻常的地步。然而，对自由的毫无理性的推崇最终将导向无政府主义和社会混乱。有鉴于此，古今中外的哲学家都希望将自由限制在一定的范围内，理性、法律、规则、道德等等都成为自由的界限。哲学为我们提供了理想自由人的成型模式，却并未给我们指明通往自由人的路径和方法，如何内化这些限制，或者内在限制如何外化为行为，如何走向自由，培养自由人等等，都成为教育必须要解决的问题。

教育，无论从哪个角度而言，都是对人性的一种干预，都有违于人之自由天性，但是，正如卢梭（Jean-Jacques Rousseau，1712—1778）所言，教育最起码可以保证人的天性不会变得更坏。教育的向善性质，让这种干预也有了价值上的导向。因此，教育最核心的问题则是"如何从强制中培养自由"。这一问题最早蕴含在卢梭关于如何将自然人纳入社会准则之中的讨论中，随后被康德（Immanuel Kant，1724—1804）第一次明确提出，由费希特（Johann Gottlieb Fichte，1762—1814）转变为"如何在不伤害儿童自由的情况下进行教育"，赫尔巴特（Johann Friedrich Herbart，1776—1841）从教育学的角度系统地回答了这一问题，也完成了自由作为外在自由权利向内在道德准则的系统转变。在中国，自由作为道德人格的观念一直是中国传统教育思想家的核心，以血缘关系为纽带的家族式社会结构，使得对个人品格的培养一直依托于家族和个人，以个人为基础不断向外扩展形成家国责任，个人的道德品格修养是基础和核心。个人的自由自觉是个人道德品格修养的最高境界，而其获得主要依靠个体的内省，在中国两千多年的传统教育中，内省成了主要的教育手段和方法，也因此中国的内省功夫被冯友兰评为世界第一①。

"自由人如何养成"这一问题的形成与四个背景相关。

首先，它是当代中国社会转型对人的发展问题的现实诉求。当代中国正处于从身份社会向契约社会的转型之中，在"乡土中国"的道德约束力逐渐瓦解的过程中，在城市化的浪潮中，无论是在农村地区还是在城市地区，都没有建立起具有契约精神的道德伦理意识，这引发了众多的社会问题，如"妈宝"、拜金与拜物、个人主义等等。追根溯源，这些问题的产

---

① 冯友兰.中国哲学简史［M］.纽约：麦克米伦公司，1948：3-10.

生是与当代中国教育缺乏对"独立、自主、自决的人"的培养问题休戚相关的，因而"自由之人如何养成"这一问题就是教育学对社会问题的具体反映。

其次，它是当代我国社会主义核心价值观的重要议题之一。当代中国面临的价值多元与后现代主义对传统道德价值的解构，直接导致了当今时代下的价值混乱和道德缺失。作为社会主义核心价值观中社会层面的第一价值——自由，正是应对这种社会状况的策略和答案。社会主义核心价值观中的"自由"既具有科学意义又具有现实意义，它既是对马克思主义自由观的思维方式的继承，又是应对当前西方资本主义的自由主义、个人主义渗透和误导的武器。培养自由而全面发展的人，既是自由核心价值的要求，又是马克思主义教育思想的最高目标。

再次，它是基于我国当下中小学教育现状的思考。我国中小学当下在培养学生的目标中不乏对"自由"的操作性理解。然而，教师们对学生自由的宽容度要远高于学生，教师对学生处罚的意义认识程度也远高于学生，教师的自由容忍度远远超出学生的预期[①]。教师与学生理解的"自由"差异为何如此之大？是教师的日常规范行为导致了学生对"自由"理解的偏差还是更大社会背景的影响？这是研究这一问题的实践背景。

最后，它也是教育学理论中常谈却常新的问题。无论是中国还是外国，对该问题的解决方案都不胜枚举。然而面对当代中国社会关系转型的特殊背景，我们还需要借鉴哪些"高屋建瓴"的方案？哪些学者的方案更符合

---

① 该研究结论源于笔者对上海市××小学班级管理的观察和访谈。

当代中国的时代背景，更能解决当代中国的教育问题？这就需要我们对此进行提纲挈领式的梳理和回顾。

需要注意的是，对这一问题的回答，必须确立一种实践论的意识。教育作为一种实践活动，面对的是具体而丰富的情境，它更注重对具体场域、具体时间中的"人"的关注。教育学的研究也应立足于实践基础之上，其原因有三：第一，实践作为人类认识的来源和认识发展的基础，是检验认识真理的唯一标准。人类的生活是一种实践状态，人类的进步也依赖于实践活动。在众多的实践类型中，教育实践是社会实践总体中不可缺少的重要部分。教育学的发展，教育学认识的进步，必须依靠于教育实践的推进。第二，实践不仅具有哲学上的普遍性，而且具有现实意义上的特殊性。在不同的时代背景下，教育实践具有不同的时代特征，如启蒙运动时期的教育实践具有"反对中世纪教育束缚、宗教压迫"的特征；在具体学校情境下，教育实践具有各自的独特性和个性，如上海市×××小学的教育实践，带有浓重的"赫尔巴特学派式"的特征；在具体的个人实践背景下，教育实践又带有浓厚的个人经验色彩，如既是小学校长又是数学教师的个人，当他在进行学校决策时，就会无意识地向数学学科倾斜，等等。第三，自由作为一个通约性的词目，在不同的时代、文化背景、社会、学科下都具有不同的内涵。自由概念的时代性和多样性导致本研究必须要聚焦于具体学科、具体时代，这一具体情境的论证和实现都需要从实践论的视角下进行。

当下的中国社会，正如梅因（Henry Sumner Maine，1822—1888）所言，正处于一种从身份到契约的变革之中，从以父权制家族为代表的身份关系正逐步走向以权利与义务为基础的契约关系①。而契约社会之形成，需依托于个体自由与成熟；个体之自由与成熟，需要通过教育将人从不成熟状态引向理性、自主、自决的成熟状态，此为我国现代教育的终极任务。因此，对该问题的研究，无论在中国教育学术发展史上，还是在社会实践层面，都有重大的意义。

（一）理论意义

本研究以沟通中外、融汇古今为旨趣，系统梳理中外教育史中代表人物对"自由之人如何养成"问题的解决方案，呈现一种整全的、以问题史为导向的理论逻辑，厘清中外人物对该问题的认识路径，分析各代表人物内在的解答思路，从而形成对该问题的历史性回顾。

第一，阐明"自由"在教育学视域中的独特性内涵。自由通常是作为政治哲学视角下法权意义上的概念。自由概念因其基础性而一直被政治哲学所关注，也因其基础性而被作为其他价值的前提。然而，法权意义上对自由的普遍抽象和成人视角，注重的是对自由权利这种能力的获取而非自由权利的合理性论证；注重的是自由作为关系性的责任能力培养而非自由权利的个体占有；注重的是自由作为切实有效的实践而非仅仅停留在口头上的宣传。与此不同，本研究则是从教育学视域进行探讨，关注的是个体人的自由如何养成的问题，而养成过程的生动活泼性是教育学立场的独特之处，因而将区别于政治哲学视域下自由的内涵。

进言之，法权意义上的自由人是作为具有普遍意义的、抽象性的、概

---

① （英）梅因. 古代法［M］. 沈景一，译. 北京：商务印书馆，1996：97.

括化和客观化的个体或类群而出现的，所有有关"自由人"的描述都是以专有概念、术语为基础的；而教育学中的自由人形象则更要接地气和详细，从自由权利、知识与技能、品德和道德等等方面都有所描述，从个人修养到待人接物均有涉猎。

第二，系统梳理中西方教育学者对"自由人如何养成"思想脉络与方案。本研究是以问题史为导向的历史与逻辑相统一的研究，将阐述西方在此问题上的三种类型三个转折，以及中国在此问题上的两种类型一大转折。这是以此视角做的第一次系统研究，是对这一问题的学术资源的再发现与梳理。

（二）实践意义

笔者对该研究的最初意识，来源于对当代中国社会变革现实的关切。当代中国正在经历政治、经济、文化、社会、科技等全方面、多层次的整体变革，这种变革无论是从社会结构还是从个人品质方面都要求个体主体性的觉醒和崛起。个体主体性的觉醒首先在于其独立性的建立，而独立性则意味着自由问题。从教育学的角度对自由人养成问题的探讨，关注于具体的个体自由意识、能力和行动的培养，自由人的成长最终会成为社会变革的有生力量，推动中国社会的民主化进程，毕竟人的变革才是一切变革的开端和基础。

此外，该研究问题的形成，与本人的学校实践经历息息相关。在跟随华东师范大学的研究人员一起进入基础学校场域进行教学指导的过程中，笔者意识到在当代中国背景下，在基础教育改革的前提下，作为教育学研究者应该承担的教育学使命：挖掘具有中国特色的、时代精神、面向学校实践的教育问题，并寻求解决路径或方案。教育学立场下的"自由之人如何养成"的问题，正是在这样一种教育学使命的推动之下形成的。而通过对中西教育理论史和思想史中代表人物对"自由人如何养成"问题的系统梳理和再建构，有利于为学校教育活动中的自由人培养提供借鉴，同时也是对社会主义核心价值观中培养"自由而全面发展的人"的回应和探索。

二、研究综述

自由人如何养成的问题，滥觞于古希腊的亚里士多德（Aristotle，公元前384—公元前322），他论述了人的有限理性，提出了博雅教育所培养的人也是有限自由的人。真正的关于这一问题的讨论，是源于启蒙运动时期的卢梭，其后康德、费希特、赫尔巴特、施莱尔马赫、杜威、福柯等人均对这个问题有很深入的讨论。由于对自由、强制理解的不同，也间接导致了学者们对这一问题的多样解答。

（一）文献检索思路、过程及结果

从教育学角度来系统阐述"自由人如何养成"这一问题的解决方案，在文献检索中包括以下几个核心概念及其相互关系：教育学、自由、自由人、自由人养成、教育学中的自由、教育学中的自由人、教育学中自由人的养成、自由与自由人、自由人与自由人养成。如图1所示：

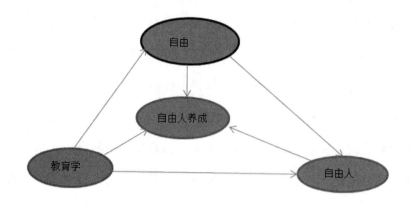

图绪-1 教育学、自由、自由人、自由人养成的关系图

根据这四个核心概念及五组关系，笔者使用高级检索功能，从核心概念和关键人物两个维度进行了检索，核心概念检索部分包括：教育学、自由、自由人、自由人养成（培养）、规训、管理；关键人物检索包括：1.西方教育学家、思想家：卢梭、康德、费希特、黑格尔、赫尔巴特、施莱尔马赫、杜威、福柯、弗莱雷、本纳等；2.中国教育家、思想家：孔子、孟子、老子、庄子、朱熹、王阳明、牟宗三、唐君毅、梁漱溟、梁启超、蔡元培、陶行知等。综合两个维度，对与自由相关的主题进行了检索，其中中文数据库包括：中国期刊全文数据库、中国优秀硕博士论文全文数据库、万方数据库、维普数据库、民国时期期刊全文数据库（1911—1949）；外文数据库包括 EBSCO 总平台、Science Direct、JSTOR、ERIC，以及 www.researchgate.com、www.glgoo.org 等网站资源。

通过对以上关键词和关键人物的搜索，共查阅中文硕博论文 1 000 余篇，期刊论文 5 000 余篇，通过对学科、年份、主题、期刊等级等四个方面的结果筛选，同时根据核心资料的参考文献，运用"引文查找"的方法，共得到中文硕博论文 100 余篇，期刊论文 200 余篇，内容基本涵盖了中国当前已有对该问题研究的重要成果。自 1980 年至今，关于"自由之人如何养成"问题的回答，主要集中于哲学领域和教育学领域，哲学领域的主要研究主题为：西方主要哲学家对"自由"概念、"规训"概念的解释与梳理；教育学领域的主要研究主题为：教育与儿童自由的培养、教育与儿童规范的培养、教育自由、自由与秩序、教育中自由的价值等。

在英文检索中，共查找到包括书籍在内的索引两万余条，同样通过布尔逻辑检索、全文、学术、参考、年份等进行二次筛选，共得到英文论文130 余篇，基本涵盖了 20 世纪 80 年代以来国外对该问题的重要研究成果。其研究的主要议题为：自由思想的历史、自由的基本理论、自由与能力、教育中自由的价值、自由与道德、自由与理性等。

（二）三个基本主题

通过对查阅到的文献进行年份、作者、关键词、主题、核心概念、主要解决问题、研究方法等七个方面的系统梳理和相关分析，本研究最终确立了三个与该问题相关的基本主题：教育中自由与规范关系主题，其核心内容包括自由与强制、自由与管理、自由与教育的关系等；教育理论史中对"自由人如何养成"问题的解决方案，该部分与本研究核心问题密切相关；当代中国教育研究中，学生 / 教师 / 班级组织等主体的自由理论及实践成果，该内容涉及核心概念"自由人"、当代中国教育场域，是当代中国"自由人"研究的主要成果。

1. 教育中自由与规范（强制）的关系研究

自由与强制或规范的关系问题，是哲学上一个重要的关系命题。历史上的哲学家在谈论自由问题时，必然会从其对举概念如规范、强制、主权、法律等方面入手，或者在自由前面加上定语，如"有限""必然性"等。在关于自由的限度问题上，哲学家们形成了一种普遍共识，即人的自由要被限制在国家法律和基本社会道德允许的范围内。在教育领域中，谈论自由之人如何养成的问题，必然涉及自由与规范/强制的关系问题，因为教育本身作为对人之自由本性的一种约束或干预而存在，无论是否强调其目的性，都预设了在教育中研究自由就是研究自由与规范/强制的关系这样一个命题。而对于这一关系的认识，中西方有着不同的解释。

西方教育历史上对自由与规范关系的回答，大致可以分为三类：一类以中世纪宗教教育为代表，主张人生来具有自由意志，但这是人生而具有的原罪，只有通过严厉的肉体惩罚，才能得到救赎，因而衍生出了通过体罚来获得精神救赎的模式，其实质在于将儿童培养成为规训的、顺服的"上帝子民"；一类是以卢梭、康德为代表，认为人生而自由，自由是人存在的前提，然而在社会生活中，人的自由受到社会经济文化等的压迫，人与人之间变得不平等，人变得不自由，因此要通过教育、训育、管理等手段，最终使人重获内心自由，其实质是通过积极自由以迫使儿童自由；最后一类是极端的无政府主义取向，主要观点可以总结为：自由是无条件的自由，是随心所欲，自由不能存在任何限制，应用于教育领域，则是自由的获得是人的天赋，因而不能在教育中加以干涉，不能使用管理、训育、强制等任何手段对儿童进行干预，为了自由要取消强制，这类主张主要存在于部分自由学校和某些鼓吹"学校消亡论"的学者中。

宗教教育的代表人物为苏珊娜·卫斯理（Susanna Wesley）及约翰·卫

斯理（John Wesley，1703—1791），两人认为，教养的首要任务就是要限制儿童的自我意志。自我意志是人类原罪的核心和不幸的根源。自我意志是儿童天生的，是自由意志在人的主动性和自我形成过程中的体现，只有通过严格的制度和手段，对生活方式进行严格的管理和监控，才能外在地摧毁儿童的自由意志，才能获得精神上的救赎①。儿童自由意志的摧毁，最重要的手段是通过教育中的肉体惩罚，从肉体惩罚的痛苦中获得心灵的慰藉，并在此过程中保持清醒的头脑，恢复理性的思维。"愚蠢是埋藏在儿童的内心里，所以，我们必须要用处罚来矫正他。"②对于持这一观点的教育者而言，自由和独立自主对儿童是危险的，它们会将儿童带到坏习惯、坏行为和堕落的道路上。在宗教教育学家的眼中，坏行为和堕落是儿童的天性，学校必须变成这样一个场所，即道德的净化厂，这样才能将儿童带入正途——恢复理性。

斯蒂德曼（Ray C. Stedman，1917—1992）虽然并不赞同中世纪的宗教哲学家使用严格的规训来摧毁儿童的自由意志，但是他也认为需要采用较为温和的管教措施来规训儿童。在他看来，儿童天生都是怠惰的，是自私和堕落的，因此要在婴儿时期就要被教导顺从法则，以使其不会形成坏习惯③。这也是清教徒教养儿童的方式：正当的体罚是要去建立服从、自我控制、受戒律的习惯，这是一种最具有正向意义和最好的儿童教养方法。

---

① John A. Susanna Wesley and the puritan tradition in Methodism［M］. London：Epworth press，1968：108.

② （美）约翰·克莱佛雷，等. 西方社会对儿童期的洞见——从洛克到史巴克具有影响力的儿童模式［M］. 陈正乾，译. 台北：文景书局印行，2006：50.

③ Ray，C. S. et al. Family Life［M］. Waco，Tex.：Word books，1976：83.

在清教徒看来，通过肉体惩罚，可以将儿童引入"正确"的道路，这种"正确"是宗教意义上的。惩罚本身成为抑制儿童自由的手段。

福柯（Michel Foucault，1926—1984）在《规训与惩罚》中认为，对于肉体的惩罚，其震慑意义远大于被惩罚者肉体的痛苦。他在追溯肉体刑罚的历史时，非常明确地表明了教育应该追求自由、尊重、平等的观念。然而，当时的学校教育已经成了一种规训学生肉体的手段。在当时实行的教育中，学校通过具体的行为规范来规训学生，从而造就"既驯服又能干的肉体"。他详细论述了教学过程中的这种规训："教学本身，通过教学活动实践获得知识，层层监督。一种明确而有规则的监督关系被纳入教学实践的核心，这种关系不是一个附加的部分，而是一种内在的、能够提高其效能的机制。"[①] 在课堂中，学生的行为形成了一套与正常状态相联系的标准或规则，正是通过这套规则，教育实现了对人的规训。福柯揭示了教育成为规训的结果，并用冷漠的态度冷眼旁观了教育对人肉体的束缚。从字里行间可以看出福柯的假设是人是生而自由的，不仅心智是自由的，而且肉体也是自由的。教育应该成为一种解放肉体的活动，现实却是经过教育，人最终成为一具行尸走肉，无论是思想还是肉体，都被约束和控制。在书中他并没有点出规训的教育最终将走向何方。

西方教育历史上对自由与规范或强制关系的另一种解答，是通过强制（规范）来培养自由。这一方案的代表人物有卢梭、洛克、康德、施莱尔马赫、赫尔巴特、杜威、本纳等人。该部分将在下一节中有具体讨论。

① （法）米歇尔·福柯. 规训与惩罚——监狱的诞生［M］. 刘北成，杨远婴，译. 北京：生活·读书·新知三联书店，1999：199-200.

　　为了自由而取消强制的做法，萌芽于 19 世纪西方对公立教育体罚残酷、管理严苛的批判之中。自由主义 – 无政府主义者创办了号称"自由学校"的组织，其教育指导方针认为思想自由是社会进步的必要条件，学校的主要目的在于让学生充分享受、发挥、实现自由思想，即不向学生强加任何思想和信仰，不强制学生学习。一些极端自由主义者批判道，公立学校自认为是为了学生的利益而开办课程，结果却是规训学生以便能够使他们服从规则、政治、经济等目的。为了从源头上克服这种目的性，自由学校应该按照"非义务性教育的原则"来组织。学生自由选择学习内容，教师的任务则是引导学生达到自我觉悟和意识。斯普林格（Joel Spring，1940—）批评这种运动属于本末倒置，完全违背了苏格拉底（Socrates，公元前 469—公元前 399）对于教育的假设，即人生来并不拥有选择生活和管理生活的能力，只有在经过"灵魂的转向"之后才能接受他人统治的合理性，并为此做出牺牲。[①] 自由学校完全摒弃了任何人或事物的约束，完全依照学生的兴趣和爱好来组织的教学活动并不有助于获得人类最终的幸福，反而会导致人发展的不健全。往往那些最宣扬自由的学校，却面临着最为严峻的自由问题，因为学生本身可能并不想要上学，还被要求来自由学校，这不是一种讽刺吗？弗莱雷（Paulo Freire，1921—1997）也认为，自由学校运动不可能也不应该让学生完全决定课程内容和课程组织，也不能完全放任学生的行为，惩罚和控制虽然是错误的，因为"它们让人感到屈辱并且从来也达不到所要达到的目的"，但是，"课堂上的秩序和纪律

---

　　① 　（美）乔尔·斯普林格. 脑中之轮——教育哲学导论［M］. 贾晨阳，译. 北京：北京大学出版社，2005：90.

乃是必要的",完全放弃秩序和纪律就是因噎废食,教育要形成一种能够通过合作既能让学生自由表达又能形成人格的教育方法。①

中国的教育思想家对自由与强制的关系认识可以分为两类:一类以儒家为代表,认为自由是人生的最高境界,也是人之最高的道德境界,这种境界是与社会的礼制规范结合在一起的,是实现人欲与天理的合一。因此从孔子的"随心所欲不逾矩"到孟子的"圣人"境界,从程朱理学的"存天理,灭人欲"到陆王心学的"致良知",无论是从外在规范到内在准则的内化道路还是内在准则复归的外化道路,都旨在表明自由与强制不可分割、合二为一的辩证理解。另一类以道家为代表,认为自由是一种绝对的精神上的自由,是别人无法剥夺、完全独立的存在状态,肉体可以受到外界的束缚和限制,精神却是永恒的自由状态。他们将精神与肉体分开,自由完全成为精神上的最高追求。不过,这种理想也是一种乌托邦,因为当他们试图将这种精神绝对自由的认识传递给下一代时,就不可避免地对他人产生精神上的影响,进而形成一种悖论:精神绝对自由与教育的思想影响之间的矛盾,从这个意义上讲,道家也并非完全意义上的出世与消极。

2. 教育理论史中对"自由人如何养成"问题的解决方案

自由之人如何养成的问题,在西方教育理论史上解决策略大致可以分为两条路径:第一条以亚里士多德为代表的传统路径,他提出了通过培养"博雅"的人来实现人的自由,即博雅教育或自由教育路线;第二条路径以卢梭为代表的现代路径,旨在通过挖掘或引发人的自由天性,

<hr />

① (法)阿贝尔·雅卡尔,等. 没有权威和惩罚的教育[M]. 张伦,译. 北京:中国人民大学出版社,2005:4-5.

实现自由人的培养，即自然教育路线。这两条路径发展到近现代又出现了不同的分支，下文将从历史维度具体论述两条解决"自由之人如何养成"的思想方案。

亚里士多德首先提出了教育应该培养自由人的问题。在他看来，当一个人能够享受、利用其闲暇时间，思考理论问题，发展其理性的时候，他就是自由的。教会自由民及其贵族享受和利用闲暇时间的教育，就是"自由教育"。"显然应有这样一种教育，为父母的用其训练子者，不是因为它有所用或必需，而是因为它是自由的和高贵的。"①从这一论断可以看出，自由教育并不一定具有职业性，其本身具有自由和高贵的品性。自由的教育内容包括阅读、书写、体育、音乐、绘画。这些科目不仅是为了工作，更是为了让自由民和贵族享受闲暇，其目的在于发展人们的理性，探索高深的理论知识，实现人之自由能力。

亚里士多德的思想影响深远，在随后的发展中，"自由教育"的内涵发生了一些变化。在中世纪，基督教教育家吸收和改造了亚里士多德的"自由教育"思想，将其发展为七艺，认为自由教育并非是为了发展人的理性能力，或者探索高深知识，而是为了摆脱尘世的欲望、烦恼，皈依基督教，实现人对神性的崇敬。至文艺复兴时期，自由教育才具有了培养自由人的确切内涵。韦杰里乌斯（Pietro Paolo Vergerio，1349—1420）将"自由教育"发展视为人身心的全面自由发展和个人才能的提高。"自由教育，是一种符合自由人的价值的教育，是一种能唤起、训

---

① 张法琨.古希腊教育论著选［M］.北京：人民教育出版社，1994：295.

练与发展那些使人趋于高贵的身心的最高才能的教育，就其真实价值而言，才能被正确的认为是仅次于美德的"①。当自然科学逐渐进入人文社会科学后，自由教育的内涵就更加丰富了，不过依然保持了"发展人的各方面能力"的特性。赫胥黎（Aldous Leonard Huxley，1894—1963）认为，真正的自由教育，"从广度上来说，这种教育不受限制，它涉及所有领域中必须认识的事物，锻炼人的全部官能，而且对人类活动的两大方面——艺术和科学给予了同样的重视。其次，这种教育适宜于全体自由公民，他们可以选择任何一种职务，国家要求他们能胜任各种职务"②。赫胥黎对自由教育的广度和深度都有所扩展，不仅包括各类自然知识、人事知识，也包括国家公民应具备的能力。

　　进入 20 世纪后，赫钦斯（Robert Maynard Hutchins，1899—1977）作为"自由教育"的代表人物，主张教育的最主要任务是培养人的永恒理性，在人类的伟大著作中存在着一些共同的要素，这些要素就是人类的真理，教育就是要学习这些伟大著作。在他看来，"这就是培养自由人的教育，这就是自由教育。如果一切人都要成为自由的，一切人必须受这种教育"③。赫钦斯还亲自主编了一整套的名著教材，用以培养博古通今、能够萌生真知、纪律和美德的自由之人。在 20 世纪后半期，施特劳斯（Leo Strauss，1899—1973）和彼得斯（Richard Stanley Peters，1919—2011）成为"自由

---

① 滕大春. 外国教育通史（第二卷）［M］. 济南：山东教育出版社，1989：176.

② 赫胥黎. 科学与教育［M］. 单中惠，平波，译. 北京：人民教育出版社，1990：159.

③ 赫钦斯. 教育中的冲突［M］// 现代西方资产阶级教育思想流派论著选. 北京：人民教育出版社，1980：221.

教育"的代表。施特劳斯认为"自由教育是在文化之中或朝向文化的教育，它的成品是一个有文化的人"①。这里"有文化的人"指向的是拥有个体内在自由和卓越的人。他也认同通过阅读古代伟大著作来获得真知和自由，而这种自由教育的目的在于"从大众民主上升至原初意义上的民主"。同样，英国教育家彼得斯也谈及了自由教育问题，他认为，自由教育主张个人基于理性基础上的选择和自治。现代社会可能不存在肉体上的自由问题，但却存在心灵是否自由的问题。限制人心灵自由的最大障碍来自个人对权威的迷信和盲从，其次来自权威对个人的灌输②。

启蒙运动时期，卢梭开创了另一种解决"自由之人如何养成"问题的路径，即自然教育路径。

卢梭对"自由之人如何养成"问题的回答，建立在他对当时学校教育摧残儿童意志与自由的现状批判中。他认为，自然的就是最好的，人是生而自由的。然而私有制和社会的不平等将儿童的天性泯灭掉了。因而他在《爱弥儿》中精心设计了爱弥儿成长所需的环境以及不同阶段的学习内容，以使爱弥儿能够不受社会现实的束缚和压制，成长为一个具有独立判断的、自主的、自由的人③。卢梭认为，通过对自然的教育、事物的教育和人的教育，将其分散在不同的年龄阶段进行渗透，通过遵循自然之法则，通过道德培育使人成为自由的公民。

---

① 列奥·施特劳斯. 什么是自由教育 [M] // 一行，译. 瞿葆奎. 教育学文集：教育与教育学. 北京：人民教育出版社，1993：463.

② Peters. Education and Education of Teachers [M] // 毕淑芝，等. 当代外国教育思想研究. 北京：人民教育出版社，1993：392.

③ （法）卢梭. 爱弥儿 [M]. 李平沤，译. 北京：商务印书馆，1978.

以卢梭的自然教育路径为基础，在此之后，西方教育者对"自由之人如何养成"的解答出现了分歧。以费希特、康德、赫尔巴特为代表，试图通过解决"如何通过强制来培养自由"这一矛盾，来实现自由人的培养；以裴斯泰洛奇（Johan Heinrich Pestalozzi，1746—1827）、杜威（John Dewey，1859—1952）为代表，延续了卢梭消极教育的思想，试图将培养自由人与培养合格社会公民相结合，实现自然自由与政治自由的统一。

康德对"自由之人如何养成"的问题做了进一步的探讨。卢梭对康德的影响是显著的。康德曾说，卢梭为他打开了新的研究的大门，让他的研究对象转向人①。除此之外，康德还借鉴了卢梭对儿童教育的阶段划分理论和道德培养模式。然而康德与卢梭不同的是，康德虽然看重教育要尊重儿童的天性，但更加强调要对儿童进行习惯、服从等的培养，最终使儿童成长为一个独立、自主、自觉的人。康德不单纯认同卢梭的消极教育的主张，他也同时重视教师在儿童发展中使用的积极手段。康德在《论教育学》中，以哲学为理论依据，明确提出了人如何从强制中培养自由的问题。在他看来，"人是惟一必须受教育的被造物。我们所理解的教育，指的是保育（养育、维系）、规训（训诫）以及连同塑造在内的教导"②。通过儿童时期服从的培养，逐渐祛除人的动物性，这一时期的规训是消极的，以便儿童能在其中感受到自由；通过教导和教学，实现儿童的文化化，形成儿童各

---

① （德）卡尔·福尔伦德. 康德生平［M］. 商章孙，等译. 北京：商务印书馆，1986：73.

② （德）弗里德里希·特奥多尔·林克. 康德论教育学［M］. 李秋零，译. 北京：中国人民大学出版社，2010：1.

种任意目的的能力和技能；通过人际交往和社会互动，实现儿童的文明化，让儿童变得明智，遵守社会的风俗、礼仪；最终，儿童实现了道德化，不仅拥有达到各种各样的目的性的技能，而且从中获得了善的观念。通过这四个阶段的教育，儿童最终实现自主性。①

费希特将"如何从强制中培养自由"的问题，转化为了"教育如何成人而不伤害人的自由"②。在费希特看来，教育的目的不是把儿童引向现存社会，而是规划一种善的生活前景。他假设儿童是具有理性和自由的，教育发生在教育者和被教育者理性与自由的碰撞互动中。他承认儿童具有主动性，认为儿童可以通过自我行动获得自身的确定性。同时他又反对儿童具有自由的意志，认为教育必须通过外在的规则来培养一种坚定不移的意志。教育通过激发儿童固有的能动性，获得儿童自我思考、自我行动、自由心智的能力。

作为康德哲学教席的继任者、费希特的学生，赫尔巴特吸收了康德"从强制中培养自由"的核心观念，进一步发展了积极教育的成分，同时试图将教育学科学化和系统化。赫尔巴特首先反对了康德的先验自由的假定，认为如果我们想要回答"如何从强制中培养自由"这一矛盾问题，就必须重新解构道德概念，将道德概念扩展。赫尔巴特认为，道德不是先验的绝对命令，而是一种自然现象。作为自然现象的道德，是可以量化、观察和研究的。自由是可以通过外显行为进行观察的，具有经验的确定性。这样，

---

① 吴秋实.论康德的教育哲学［D］.安徽大学，2010.

② 彭正梅.德国教育学概观［M］.北京：北京大学出版社，2011：32.

赫尔巴特就将自由和道德变为了可观察、可研究、可教的内容。通过管理，让儿童形成自我管理的手段，这里的管理是消极意义的，"对儿童的管理是有效预防社会犯罪、道德犯罪的必要手段……儿童的管理对儿童的心灵并没有目的，而是为了养成一种秩序"①。当秩序形成，就为教育性教学提供了外在的条件。教育性教学通过展示教学、分析教学和综合教学，扩展日常经验和交往，从而建构和拓展思想范围，培养儿童多方面的兴趣。经过明了、联想、系统、方法等四个形式阶段的培养，形成儿童多方面的兴趣，也为儿童提供职业选择的自由。当儿童学会用独立的思考来判断自身行为时，训育就介入其中，以促进儿童向着正确的方向行动。"知道应该怎样做"并不意味着就会这样去做。具有道德方面的知识不意味着具有道德的行为。在这一假设之下，赫尔巴特提出使用训育的手段，让儿童获得道德的性格力量，从而让儿童自觉地依据普遍的道德伦理来规范自身行为。总而言之，通过管理、教育性教学、训育，儿童实现了从依靠外在强制向内在自由的转变。

裴斯泰洛齐（Johan Heinrich Pestalozzi，1746—1827）深受卢梭的自然教育的影响，他认为儿童是具有经验的个体，在问答教学法中，儿童首先要对所提出的问题有一定基础认识，"而儿童回答问题也要有背景"②。无论是问答教学法还是苏格拉底法，都没有要素法（裴斯泰洛齐发明的一

---

① （德）赫尔巴特. 普通教育学·教育学讲授纲要［M］. 李其龙，译. 北京：人民教育出版社，1989：24.

② （瑞士）裴斯泰洛齐. 裴斯泰洛齐教育论著选［M］. 夏之莲，等译. 北京：人民教育出版社，2001：48—49.

种教学方法）来得清晰和明了。要素法将智育、体育和德育的简单要素抽象出来，形成教育的合力。它是与大自然之间的普遍的、根本的一致，确切地说，通过这种方法可以让我们清晰地认识到自然的本质以及其简明性。裴斯泰洛齐承认在人性中存在着感性与更高特性的张力，当人性中的感性逐渐减少，那种更高特性逐渐增多时，就实现了从自然状态到社会状态再到道德状态的转变。通过对人性探讨的人类学基础和通过要素法探讨的科学化倾向的结合，最终实现了用科学的方法来挖掘人固有的天性的目的。

杜威同样深受卢梭自然教育的影响，认为教师不应过度干涉儿童的行为，而且不应过早地预订计划，这将会限制儿童的自由思想。在杜威看来，教育的理想目的是创造自治的能力，这种自治能力，不仅是指个人可以根据其能力而有责任地分享、形成和指导其所属团队的能力，而且还指向一种社会的自治能力，在符合共同利益和共同善的前提下解放各成员的各种潜力的能力。这种能力的养成，依赖于教育形成个体的智慧自由以及动作自由。智慧的自由可以随着成长的经验的改组或改造完成，而动作的自由则可以通过儿童游戏来获得。[1]自治能力的形成，要让儿童形成这样的观念，即使他深受社会规范的制约，但是在很大程度上他并不认为社会规范限制了他的自由。这样的观念，与赫尔巴特的训育有着异曲同工之妙。

在 20 世纪末，由康德和裴斯泰洛齐引发的对自然教育的两种分歧，在一定程度上有了融合。底特利希·本纳（Dietrich Benner，1941—）以问题史为切入点，认为在教育行动中具有四个基本原则，在教育中外在

---

① （美）杜威. 经验与教育［M］. 李培圃，译. 上海：商务印书馆，1946.

地促进成长着的一代的主动性原则意味着促进未成熟者的自由。教育的目的在于培养未成熟者的自我思考、自我判断和自我行动能力。在这一过程中，教育者并不参与指导，而是尝试让学习者的活动相互影响，相互作用，从而使学习者发展自己的观念并反过来拥有影响自己的反思经验[①]。他创造性地将卢梭的消极教育观与赫尔巴特的积极教育观进行了统一，都统一于教育思想和行动的基本原则之中。他肯定了消极教育的作用并将其发展为消极性经验，同时将赫尔巴特对人的可塑性论证引入人的不确定性发展之中。教育，成为引导成长着的一代从不确定性到达一个暂时的确定性的过程。

中国教育思想史中对"自由人如何养成"的思想，大致也可以分为两条路径：第一条路径以程朱理学为代表，通过对抽象的、客观精神的"理"的认知，将世间万物从"理"中推演出来，即通过对外在世界的规律和内在本质的把握，对人之行为道德规范的遵守，进而内化为人之准则，这是一个外在天理的内化过程。第二条路径以陆王心学为代表，通过引发人内心的良知而强化意志自由，这就凸显了人的主体性与主动性，将外在的道德规范看作是良知本身具有的内容，实现了自由意志与良知的统一，这是一个内在良知外化为礼仪规范的过程。这两种路径统治了整个封建时期的"自由人培养"，直到清末民初西学东渐之后，才有了新的发展。

作为融会了儒释道三家思想精髓的新儒家代表，无论是梁漱溟、熊十力还是牟宗三、唐君毅，乃至于杜维明，都是在吸收西方哲学的基础

---

① （德）底特利·希本纳. 普通教育学［M］. 彭正梅，等译. 上海：华东师范大学出版社，2006：6.

上，以西学的哲学框架来解释中国传统文化精神，进而实现中西文化的会通。梁漱溟将自由与中国的自觉联系起来，认为自由是人类自觉的能动性①；牟宗三认为康德所言的自由意志即是传统文化中的良知，他将自由意志的实践看作是发自良知的情理合一、知行合一，因此自觉就成了自由②。

　　此外，作为与新儒家相对应的激进文化主义者如梁启超、胡适、蔡元培、陈鹤琴、黄炎培、陶行知等人则提出了中西文化融合的方案，即将西方的自由权利学说与中国的自觉人格、自觉境界结合起来，中西合璧，用来培养既有自由权利观念，又有自觉道德人格的人。梁启超认为救国之路在于培养新民，新民就是拥有自由权利和自由人格的人，是独立的人、爱国的人、拥有公德的现代公民③；胡适认为中国需要花大力气学习西方的先进文化，尤其是自由、权利、理性、科学等观念，正是这些观念造就了英美的强盛④；蔡元培重视西方自由权利的设定，将其内容集中概括为思想自由和独立精神，并用自由精神批判和反思了中国传统文化，为其教育实践提供了范本⑤；陶行知认为什么样的教育造就什么样的人，只有在民主的教育中才能成长为自由的人，他通过生活即教育、社会即学校、教学做合一的教育指导方针，探索了穷国办大教育的道路，也探索了通过民主教育

①　宋恩荣．梁漱溟教育文集［M］．南京：江苏教育出版社，1987.

②　牟宗三．心体与性体［M］．上海：上海古籍出版社，1999.

③　梁启超．饮冰室合集［M］．北京：中华书局，1989.

④　胡适．容忍与自由［M］．昆明：云南人民出版社，2015.

⑤　汤广全．自由与和谐——蔡元培"五育并举"观研究［M］．成都：巴蜀书社，2009.

培养自由人的思想方案①。

无论是以中国传统自觉为基础、西方自由权利为框架，还是以中国传统自觉为框架、西方自由权利为基础的自由人养成方案，都是在探索救国救民的道路，都是旨在培养自由、独立的个体，培养拥有自觉、自由的道德品格的人，从而获得人民的解放、民族的解放。

3. 当代中国教育研究中的自由理论及实践成果

在当代中国背景下对教育中的自由研究大致可以分为两类：一类以理论探讨形式存在，一类则偏重于用实证的方式基于学校生活场域进行探索。

从理论的角度对教育自由的研究与其他学科对自由的研究而言，相对要少得多，自由似乎是学者们避而不谈的话题，这也导致了当前教育实践中对自由人格、自由品质等的忽视。当然，也有一些研究者知难而上，在社会转型的时代背景下认为自由问题已经不容忽视，进而展开相关研究。当前中国教育学界对自由的研究大致可以分为两类：第一类是直接探讨教育与自由的关系问题。金生鈜认为，教育自由应该指向人的自我实现，是为了创造最大限度的精神成长而免除人为干预和强迫。然而免除了人为干预和强迫如何保证学生的学习、教育的作用？他为此引入了"问责性"概念，将教育的强制性压缩到最小，同时教育者要承担对学习者自我创造的道德责任。② 石中英从教育活动的角度将教育自由分为学术自由、教学自

① 陶行知. 陶行知文集［M］. 江苏省陶行知研究会，南京晓庄师范学校，编. 南京：江苏教育出版社，2001.

② 金生鈜. 规训与教化［M］. 北京：教育科学出版社，2004：177-178.

由和学习自由，其中前两者与教师相关，后者与学生相关①。进一步讲，
学校中的自由是要培养自由的精神，培养学生对法律的敬重、对必然性和
规律性的认识、对权利的维护。②涂艳国从马克思主义哲学的观点论述了
教育应该培养"自由而全面发展的人"，他从教师、教学、学生等不同的
角度分别论述了教育自由应有的存在状态。③冯建军则从政治哲学的视角
审视了教育自由，认为教育自由的主体是儿童，是儿童的选择自由、社会
自由、学习自由、思想表达自由和个性自由，教育自由中的平等、宽容等
与教育公正、公民教育紧密相关④。马凤岐则关注于从教育的整体与自由
的关系进行讨论，学生自由、教师自由、知识传递、教育思想与教育目的
构成了一个庞大的体系，从而论证教育"如何为人们选择不同的生活方式
创造条件，同时，教育又如何在一定程度上限制了人们选择不同生活方式
的自由"。⑤学者们谈及教育自由，必然涉及自由与权威、规则、管理等
的关系问题，学生或者儿童作为教育自由的主体，也会或多或少地进行讨
论。从总体上而言，当前我国学者对教育自由的研究主要分为两个层面：
一是对教育内自由与规范、强制、管理等关系的讨论；二是从法权意义上
对教育中的学习自由、教学自由、时间自由、空间自由等方面进行自由权

---

①　石中英.教育哲学导论［M］.北京：北京师范大学出版社，2002：231.

②　石中英.让学校充满自由的精神［J］.中国教育学刊，2016（06）：3.

③　涂艳国.走向自由——教育与人的发展问题研究［M］.武汉：华中师范大学出版社，
1999.

④　相关研究可参见：冯建军.教育自由及其原则：政治哲学的视角［J］.教育学术月刊，
2008（06）：3-8；冯建军.自由至上主义的教育公正观［J］.全球教育展望，2007（05）：52-
57；冯建军.论儿童在教育活动中的自由［J］.教育理论与实践，2005（03）：5-8.

⑤　马凤岐.教育：在自由与限制之间［M］.北京：中国工人出版社，2001：2.

利方面的解读和阐释。

第二类是从自由教育入手来探讨教育与自由的关系问题，该问题从2005年异军突起，成了教育学研究的热点话题，无论是期刊论文还是学位论文都有所涉猎，其研究内容主要有自由教育的概念、自由教育的历史演变、自由教育的代表人物研究、自由教育与六艺教育之比较等。研究的代表人物如马凤岐、陈向明、张文涛、肖朗、沈文钦等从不同的角度探索了自由教育对当代中国教育的借鉴意义。如马凤岐认为自由教育的概念已经发生了多重转变，由原来的知识教育转变为当代中国的通识教育①；沈文钦认为，自由教育本身是对人之自由的追寻，这种自由目的即使在当代世界也一直没有改变②。自由教育的目的在于对自由人的培养，因此从自由教育的角度来论述对中国教育自由的启示或借鉴意义不失为一条捷径。

用实证的研究方法对"自由之人如何养成"问题的成果大体可以分为两大类：第一类主要是考察当前我国学校儿童自由的状况，第二类主要是分析影响儿童自由的因素。

一些国内研究者调查研究了当前儿童的自由状况。在搜集到的文献资料中，使用实证主义方法对儿童自由的观察、调查，结果表明：无论是幼儿、

---

① 马凤岐."自由教育"涵义的演变［J］.北京大学教育评论，2004（02）：108-112.

② 沈文钦.通识教育的观念与模式在"二战"后的全球扩散［J］.高教发展与评估，2013（03）：92-104，125-126；沈文钦.西方学者对博雅教育思想史的研究：1890-2005［J］.清华大学教育研究，2009（06）：104-112.

小学生还是中学生，都呈现出了不同程度的"不自由"①。这种不自由程度随着学生年级的升高呈现出倒 U 形，即在幼儿时期，儿童的自由度相对较高，当进入小学一年级至四年级，儿童的自由度则逐渐降低，从四五年级之后，儿童的自由度将逐渐提高②。有研究表明，在幼儿时期，儿童的主要活动为游戏，不论是独自游戏还是集体游戏，幼儿园教师对儿童的干预都是相对较少的。格林德和约翰森（1994）的相关研究就发现，对于幼儿园教师而言，在幼儿游戏指导过程中，有 39% 的时间是为幼儿提供积极的游戏支持，却也有 27% 的时间在对幼儿游戏进行干涉③。在小学低年龄段，研究者普遍认为是教育的规训阶段，高闰青通过现实考察发现，该阶段的学校教育体罚或变相体罚成为教师对学生进行规训的一种手段，教师对课堂教学的控制十分强势，教师的权威形象深入人心，学生逐渐习惯了控制与被控制的模式④。当学生年龄逐渐增大，教育主要通过变相体罚或冷暴力来形成对儿童的道德规约，这一时期儿童的自由度逐渐加大，这也

---

① 该方面的主要论文有：李婷.幼儿游戏的自由价值探析［D］.湖南师范大学，2015；陈云恺.自然教育自由教育契合论［J］.教育研究与实验，2006；1；周兴国.教育自由及其限度［D］.南京师范大学，2007；程红艳.儿童在学校中的自由［D］.华东师范大学，2004；吴媛媛.儿童的自由与教育［D］.南京师范大学，2011；王桂芝.规训与反抗："违规生"的日常生活呈现［D］.南京师范大学，2015.

② 在作者进入上海 ××× 小学进行观察和访谈过程中，发现不同年段的儿童对自由的理解程度不同，在行动自由的呈现方面，出现了 U 形曲线的特征。

③ （美）约翰逊，等.游戏与儿童早期发展［M］.爱华，等译.上海：华东师范大学出版社，2006：1.

④ 高闰青.教育规训化现象的现实考察与分析［J］.西北师范大学学报（社会科学版），2008（03）：82-87.

与儿童自我意识觉醒有关[①]。

在分析教育活动中影响儿童自由的因素时，绝大部分的研究者都认为中国当代学校教育管理、共性人格的传统、中国传统文化的影响、课程教学设置与设计是最为重要的阻碍因素[②]。程红艳认为，学校对儿童自由的妨碍主要表现为三点：从培养目标上看，社会对人才和英才的需求主导了学校教育；从学校教育的工业化模式看，儿童成了被统一加工的产品，而没有考虑到儿童的个性；从学校管理上看，家长的权利被排除在学校之外，家长无法干预学校活动，保障儿童权利[③]。不仅如此，从微观上而言，教师的权威主义、落后的教学方法、沉重的学习负担和繁多的课程都影响着儿童的自由。宋坤也认为，影响学校儿童自由的因素主要有传统集体主义倾向、成人权威地位、学校管理体制的统一化和教条化、成绩导向的教育评价等[④]。

（三）简要分析

通过对以上文献资料进行搜集和整理，可以明显地发现当前对"自由之人如何养成"这一问题的研究，绝大部分研究成果都集中于对核心概念的探讨、对哲学上代表人物的"自由观"的阐述、对儿童自由的状态及影

---

① 冉玉霞.学校教育中的惩罚与学生发展［D］.华东师范大学，2010.

② 该方面的主要论文有：徐金海.班级控制——基于中学班主任视角的思考［D］.华东师范大学，2006；桑志坚.超越与规训——学校教育时间的社会学研究［D］.南京师范大学，2012；耿翠娥.从被规训的自由到自我选择的自由——基于阳光初级中学的实地研究［D］.南京师范大学，2008；戴军.基础教育中学生身体规训问题研究［D］.东北师范大学，2006.

③ 程红艳.儿童在学校中的自由［D］.华东师范大学，2004.

④ 宋坤.论基于儿童自由的规则教育［J］.当代教育科学，2015（10）：3-6，14.

响因素的分析、对教育自由的理论建构上，鲜有研究者从教育学理论的视角，从"自由之人如何养成"这一社会、实践、理论问题入手，进行问题史上的梳理和教育学理论上的建构。综观已有"自由之人如何养成"的研究成果，尚需在以下三个方面进行深化：

第一，大都侧重于依托个别教育学家的理论，对某个学校场域的部分展开调查和研究，如依托于阿伦特（Hannah Arendt，1906—1975）的伦理观，对学校课堂中的学生行为进行分析。大部分研究者均采用了西方哲学家或教育学家的理论，鲜有研究者从教育学角度，从学理的层面或从实践史入手，系统梳理教育思想史中对该问题的回答，建构具有中国特色的、教育学立场下的、现时代的解答方案，这不能不说是一种遗憾。

第二，缺乏对当代中国教育现实的关照。如目前的研究较多的是对核心人物自由、强制思想的一种事实性、历史性的解读，虽然研究者进行了个人化的思维加工，但是缺少对现实的关注，更多的是就理论谈理论。更为重要的是，绝大部分的研究都缺少必要的现实关照，研究对象多为抽象的主体，而不是具体的个人或者群体，从而有理论高高在上之感。

第三，研究的方法比较单一，理论突破不大。从国内外研究者对该问题的已有资料来看，众多的研究者仅仅采用了思辨的研究方法，侧重对某位思想家的思想进行演绎和深化；虽然少量的研究者使用了访谈或者是参与式观察，但缺乏对实证研究中凸显出的现象或问题进行学理上的解释和深化，大多是对已有的理论的印证。

有鉴于此，笔者认为，在未来的研究中，我们要更加注意对该问题的系统性探究，关注研究视角与研究方法，关照当代中国教育现实，努力建构具有中国教育学特色的教育思想、理论，打出中国教育特色的旗帜。

三、核心概念

（一）自由

据柏林（Isaiah Berlin，1909—1997）的搜集，世界上对自由的定义不下 200 种，每一种都是仁者见仁智者见智的"真理"。自由，已经成为一个不断泛化的概念，模糊的内涵以及朦胧的外延，让无数的哲学家、思想家为之迷茫，也同样吸引着无数人为之疯狂。纳斯鲍姆（Martha Nussbaum，1947—）认为，自由是一个通约性概念，不会形成放之四海而皆准的共识，因此，对自由概念的认识，应该具有"实践论"下的视角。

对"自由"这一概念的界定，较有权威和代表性的工具书有以下几种解释：

《辞海》：自由是"对必然的认识和对客观世界的改造"。[①]

《马克思主义原理辞典》：①哲学意义上的自由，是指对必然的认识和对客观世界的改造。②政治意义上的自由，是指社会关系中受到保障或得到认可的按照自己的意志进行活动的权利。[②]

《伦理学大辞典》：表示人的活动或在做出决定时不为命运、必然性或环境所控制。其含义来源于与必然性的关系，但仍有自己不同的重点。（1）选择的自由。（2）自由与决定论一致。（3）由内在的自我决定我的选择自由，自由与决定统一于精神或自我之中。（4）自由合于客观规

---

① 辞海编辑委员会. 辞海［M］. 上海：上海辞书出版社，1999.

② 刘炳瑛. 马克思主义原理词典［M］. 杭州：浙江人民出版社，1987：259.

律性或必然性。^①

《韦氏词典》：（1）the quality or state of being free；（2）a political right.^② 1. 自由的状态或品质；2. 一种政治权利。

《牛津字典》：1. The condition of being free or unrestricted. 2. Personal or civic liberty；absence of salve status. 3. The power of self-determination；independence of fate or necessity. 4. The state of being free to act. 5. Frankness，outspokenness；undue familiarity. 6. The condition of being exempt from or not subject to. 7. Full or honorary participation in（membership，privileges，etc.）8. A privilege possessed by a city or corporation. 9. facility or ease in action. 10. Boldness of conception.^③1. 自由或不受条件限制。2. 个人或公民自由；非奴隶状态。3. 自决权；命运独立或必然性。4. 自由行动的状态。5. 坦率、直言不讳。6. 免除或不受条件限制。7. 完全或名誉参与（会员资格、特权等）8. 城市或公司拥有的特权。9. 行动方便或轻松。10. 构思大胆。

工具书中对"自由"的定义，或是从哲学层面界定，认为自由是与必然性、决定性相对的概念，是对客观世界的改造或符合客观规律性，是从对举概念中清晰的；或是自政治学上界定，认为自由是一种权力或权利，

---

① 宋希仁，陈劳志，赵仁光. 伦理学大辞典［M］. 长春：吉林人民出版社，1989：433-434.

② （美）梅里亚姆-韦伯斯特公司. 韦氏词典［M］. 北京：世界图书出版公司，2001：303.

③ （英）德拉·汤普逊. 牛津简明英语词典［M］. 北京：外语教学与研究出版社，1999：538.

前者指向的是力量、能力，后者指向的是法律意义上的公民权利，这种自由定义同样与纪律、奴役、禁锢等概念相携出现，意在表明自由权利是有界限的；或是从伦理学层面界定，指自我本身具有双重的本质，自由与决定统一于自我，因而产生自我决定、自我选择和自我控制，这也成为一种自由的品质或状态。现今学界对自由概念的认识，大多是从哲学和政治学视域出发，强调自由的自决性、必然性和权利法则，突出了自由的"不受限制"性，自由是人之存在的应有状态，并与公民社会的背景相联系，构成了非通约的、复杂的、庞大的概念群。

　　自由概念在欧洲历史上发生了几次转向。在中世纪，自由仅仅表示意志的自由、选择的自由；至文艺复兴、启蒙运动时期，资本主义的萌芽、发展，自由意味着"个性解放""政治自由""贸易自由""信仰自由"等。哲学家们开始形而上论证自由在人类进步中的必然性，如休谟（David Hume，1711—1776）认为自由是与必然性的统一，自由不是与必然性构成的对举概念，其反义词为强制。美国爱德华兹（Jonathan Edwards，1703—1758）从神学的视角认为人可以做他喜欢做的只是表象而非本质，人的意志是上帝决定的，是不可更改的，这样他就论证了上帝决定的意志与人的选择之间的一致性。法国伏尔泰（Voltaire，1694—1778）认为世界不存在选择的自由，只要我们可以选择我们所做的事，其中就蕴含了必然性，是必然性引导了我们的选择，所以选择的自由仅仅是表象，必然性是其实质。同时也有哲学家认为在必然性中人具有内在的自我决定的选择的自由，即"自由意志"与"自我决定"。例如康德把自由意志与人的主动性视为同一，自由意志存在于人的观念世界，而必然性存在于现象界。现象界的必然性与人观念中的自由意志统一于道德律令之中，再一同内化于心。黑格尔（Georg Wilhelm Friedrich Hegel，1770—1831）用辩证法思想论证了自由与必然是辩证的统一体，它统一于绝对精神之中。新黑格尔主义者将自由与必然性的统一应用于公共领域，认为大我与小我即是必然性与个人自由的区别，两者统一于主体之中。马克思主义将自然世界与主体世界统一起来，认为必然性即客观规律性，客观规律性决定了人是自由与必然性的统一，只有在人的行为合于客观规律性的条件下人才能获得自由。从以上我们可以看出，自由概念的兴盛是与资本主义发展密切相关的，是在西方人摆脱中世纪宗教束缚、寻求人性解放过程中逐渐发展的。而这一历史背景与当代中国社会从"身份"社会转向"契约"社会的历史背景不无相似。

中国学者对自由概念的研究是在清末民初兴起的。在近一百多年的历史演变中，中国自由的概念大致经历了两次转向：第一次转向是传统主义的自由概念向新传统主义的转向，第二次转向是从新传统主义向马克思主义自由观的转向。两次转向都伴随着中国社会格局的大变动：第一次转向是中国从封建社会转向半殖民地半封建社会；第二次转向伴随着解放战争的胜利，中国从半殖民地半封建社会转向新民主主义社会、社会主义社会。传统主义的自由概念以孔子为代表，"随心所欲不逾矩"是最为明确的解释，自由即在规范中的意志与行动自由。这种自由观直到现在依然是支撑中国学者自由概念的最为朴素的观点。新传统主义自由概念，与资本主义的自由概念有很大相似，不过也继承了传统主义自由概念的辩证关系，这种观点以胡适、梁漱溟等人为代表。胡适认为，自由是一种实用主义的自由，存在于社会建构和个人品格建构中。他有一句名言："我年龄越大，越发觉得容忍比自由更重要。"[①]这句话在一定程度上说明了新传统主义自由概念的局限性，这种局限是针对人格自由的养成缺陷而言的。马克思主义自由概念是新中国成立后占据主导地位的一种概念。在马克思主义原理词典中，将自由界定为"合于客观规律性或必然性"。[②]俞吾金认为，这一解释是不完善的，从认识论的视角来解释自由只是一个维度，必须要从人类生活的现实社会和现实条件来把握个人自由。[③]马凤岐认为，自由就是对人们行为的限制不存在的状态，就是不受约束地按照自己的愿望行事，这使民众拥有选择不同生活方式的可能性。[④]这一概念将自由的外延极度扩大，人生于世，不可能不存在限制。涂艳国认为，自由"就是人的活动的一种自主状态"，"在一定的范围内，各种外在力量的强制让位于人的意志要求，从而使人的活动能够将自己的意志实现出来，或者说以自己的意志支配自己的活动。这种活动状态，可以说是人的自主状态"。[⑤]涂艳国在其中加入了人的自主状态，自主性问题，与此对应的不自主状态就是所谓的不自由。程红艳

① 胡适.容忍与自由［M］.昆明：云南人民出版社，2015：2.

② 刘炳瑛.马克思主义原理词典［M］.杭州：浙江人民出版社，1987：196.

③ 俞吾金.论马克思对西方哲学传统的扬弃——兼论马克思的实践、自由概念与康德的关系［J］.中国社会科学，2001（03）：18–24.

④ 马凤岐.教育：在自由与限制之间［M］.北京：中国工人出版社，2001：1–5.

⑤ 涂艳国.走向自由——教育与人的发展问题研究［M］.武汉：华中师范大学出版社，1999：11–12.

在论述自由的概念 ^① 时，对以上概念都做了批判，认为这些概念都是不严谨的，她引用了英国哲学家哈耶克（Friedrich August von Hayek，1899—1992）对自由的概念："自由是指这样一种状态，一个人不受制于另一人或另一些人因专断意志而产生的强制的状态；自由意味着始终存在着一个人按其自己的决定和计划行事的可能性。" ^②

通过对工具书和中外历史中研究者对自由概念的解释、分析，可以看到大多数研究者将自由概念作为政治法权意义上的"非受限状态"来理解，也有部分研究者认为自由是主体的一种自主状态或主动状态，这样自由就与人的主动性联系起来，从而也确定了教育的切入点。本研究赞同自由作为自由权利的设定，而自由权利来源于对自由是天赋的假设，受教育者对自由权利的认知、获得等等都是通过教育手段来实现的。因此从教育学的视角来看，自由是一种能力，一种通过认知、行动等方式来获得的能力；自由的能力来源之一是认知，由此产生了博雅知识获取路径；来源之二在于行动，由此产生了实践获取路径；自由总会涉及主体自身内部与外部的交流沟通，由此产生了关系性获取路径。因此，在本研究中，自由的概念是一个综合的、复杂性概念，其内涵包括能力性质、关系性质和实践性质。对于教育学立场下"自由"内涵的界定，在本研究的第二章将进行详细的阐释。

---

①　程红艳. 儿童在学校中的自由［D］. 华东师范大学，2004.

②　（德）弗里德里希·冯·哈耶克. 自由秩序原理［M］. 邓正来，译. 香港：三联书店，1997：4-5.

（二）自由人

自由作为一个复杂性的、非通约性的概念，可以从性质上归属于天赋、权利、能力、品格、品质、素养等范畴之中，从内容上归属于国家、社会、精神、行动、智慧、言语等方面，从学科上可以归属于哲学、政治学、社会学、人类学、心理学、伦理学、教育学等学科。如果单纯地讨论自由的概念，无法真正深入到教育学领域之中，即无法获得教育学的立场，只有将"自由"转变为教育学领域中的自由人，将自由与人的内在本质联系起来，尤其是教育中的人联系起来，才有可能进一步讨论教育与自由的问题，也才能讨论从教育中培养自由人的问题。

在本研究中，自由人是一个有关人之形象的概念，其形象主体立足于学生或儿童，而非教师，也即是说，研究所讨论的自由人是从被教育者角度切入的，不涉及教育者的形象。这样，通过对中西方教育家、思想家眼中的"自由人"形象的分析，可以获得"自由人"的核心品质，以此为突破口才能明晰这些教育家、思想家为何会提出不同的从教育中培养自由人的方案。

既然自由人的形象是从受教育者角度切入的，那么自由人的主体就是儿童或学生，因此本部分将重点厘清"儿童自由"和"学生自由"两个概念。

严格而言，儿童自由并不是一个概念，而是一个词组。这一词组在"自由"的前面限定了自由的主体——儿童。儿童在这里既是一个主体概念，又是一个年龄阶段的限定。因此，在论述儿童自由的相关问题时，我们不得不追溯对儿童的研究，具体而言，是对儿童天性、形象、人格的研究。

"儿童自由"的概念，是启蒙运动时期西方对儿童认识深化的产物。

对儿童的研究兴趣催生了教育学中对儿童的关注。卢梭作为现代教育的奠基者，也旗帜鲜明地树立了儿童自由的观点。在卢梭看来，儿童的天性是善良的，在假定"事物处在他们自然的状态之下，他们都是好的、善良的"前提下，儿童天性善良似乎就无可争辩了。他在众多著述中都曾论述儿童自由的观念："孩子们生来也是人，并且是自由的；他们的自由属于他们，除他们本人以外，谁也无权处置。"① "真正自由的人，只想他能够得到的东西，只做他喜欢做的事情。这就是我的第一个基本原理。只要把这个原理应用于儿童，就可以得出各种教育法则。"② 由此观之，卢梭认为，自由是儿童的天性，是属于儿童自身的本有属性，是不可受到干预的。教育施加影响的前提是，要尊重儿童的这种自由天性，将儿童看作是自由的个体，教育的一切法则是从自由推演出来的，儿童自由的形成也需要教育加以培育。福禄贝尔（Friedrich Wilhelm August Fröbel，1782—1852）继承了卢梭对儿童自由的看法，"自由和自觉是全部教育和全部生活的目的和追求，也是人的唯一的命运"③。他将教育的责任和目的都寄托给了儿童的自由和自觉，并将自由上升为人类的总体的命运，是人类终极的追求，自由赋予了儿童强大的内在生命力，而这也是基于他对儿童自我发展和自我成长的充分认识。

蒙台梭利（Maria Montessori，1870—1952）将儿童的自由看作是一种能力，它具体指儿童为使其自身得到自然发展而在外部环境中寻求这一发

---

① （法）卢梭. 社会契约论［M］. 李平沤，译. 北京：商务印书馆，2011：11-12.

② （法）卢梭. 爱弥儿（上卷）［M］. 李平沤，译. 北京：商务印书馆，2008：80-81.

③ （德）福禄贝尔. 人的教育［M］. 孙祖复，译. 北京：人民教育出版社，1991：11.

展得以实现的方法的能力，这种自由实现了儿童内部的"滋养"、原始冲动的满足、外界环境的适应等的完美的统一。蒙台梭利第一次论证了儿童自由是一种内在的纪律，将自由与纪律辩证式地应用于儿童的教育之中。"纪律必须通过自由而获得。如果纪律是建立在自由的基础上，那么纪律就必须是积极主动的。"① 拥有内在纪律的儿童，能够用一种审慎的方式行动，不受他人意志和外界环境的支配，这是一种理智上的自由；儿童获得自由的过程就是一个不断获得独立的过程。

杜威从教育哲学的层次上论证了儿童自由的必要性与必然性。他认为，只有当儿童获得了自由，未来公民的自由才有可能实现，民主主义社会才能实现。在杜威看来，自由是智慧的自由，所谓"智慧的自由是对于选择具有价值的目的所有的观察和判断自由"②。内在的智慧自由只有外放才能进行观察，因此外部活动是必要的，儿童自由的培养在教育中具体体现为儿童反省性思维的养成。反省思维即自由智慧，是实现理智自由的方法。

纵观西方对儿童自由的论述，可以发现：第一，对儿童自由的关注和研究是一个从萌芽到发展、最终系统化的过程；第二，西方很多学者都将儿童自由作为儿童应该具备的一种能力进行考察③；第三，研究者不仅关注自由对个体人格发展的价值，而且关注自由能力养成对社会进步发展的

---

① （意）蒙台梭利. 蒙台梭利幼儿教育科学方法［M］. 任代文，译. 北京：人民教育出版社，2001：112.

② （美）杜威. 经验与教育［M］. 李培囿，译. 上海：商务印书馆，1946：36.

③ 将自由看作是学生的一种能力的观点在西方普遍存在，具体可以参看：Alexander, K.Capabilities and Freedom［J］. The Journal of Political Philosophy, 2006, 14（3）：289-300; Sen, A. Well-being, agency and freedom［J］. Journal of Philosophy, 1985, 82：169-221; Nussbaum, M, Glover, J. Women, Development and Culture［M］. Oxford：Oxford University Press, 1995.

价值和意义。

　　中国传统文化中对儿童的关注度并不高，鲜见的几位教育家对儿童的关注也主要集中于儿童的学习、规训方面，例如颜之推等。近代以来对儿童的关注更加侧重于儿童生存与儿童教育，直到改革开放后，国内学者才陆续开展儿童研究，对儿童自由的研究也崭露头角，代表性人物有冯建军、杨建朝、程红艳等人。冯建军认为，儿童自由应具备人之自由的所有领域，在某种程度上实现其具体化，如儿童自由在主体层面为理性的选择自由；在社会层面为权威和纪律保障的自由；在个性层面为自我实现的自由。[①] 杨建朝认为，儿童自由是以教育权力的正当性为基础和前提的，儿童的自由是基于人性的自由生长，教育在于促进儿童的成"人"。[②] 程红艳将儿童自由的构成总结为三个因素：尊严、权利和选择。论证了三要素之间的关系，并且以此为开端对学校教育保障儿童自由提出了四点意见。[③] 有研究者认为，儿童的潜能和自然生命是儿童自由的能力，儿童的"身"能够引出教育的自然原则，"心"能引出教育的社会原则，在身心并重的情况下，儿童才能真正获得自由。[④] 这些学者的研究大多强调了从自由法权的意义上给予儿童自由，儿童主体应该拥有法律规定下的自由权利，而不能被教师权威或其他外界束缚所左右。这些研究都对理解儿童自由提供了较强的借鉴价值。

----

①　冯建军.论儿童在教育活动中的自由［J］.教育理论与实践，2005（03）：5-8.

②　杨建朝.教育权力与儿童自由［J］.学前教育研究，2012（06）：19-23.

③　程红艳.儿童在学校中的自由［D］.华东师范大学，2004.

④　陈云恺.儿童身心发展中的自然与自由［J］.南京师大学报（社会科学版），2003（04）：76-82.

学生自由与儿童自由的差异在于，学生的概念比儿童的概念更多一层身份上的限定，学生的自由具有一种身份认同在内。学生意味着学校为其赋予的一层含义或身份。同时，学生也意味着教育的存在，学生自由同时是教育自由的下位范畴。因此，学生自由与儿童自由是两个词组。

　　何为学生自由？据笔者调查，直接论述学生自由的研究相对较少，大部分研究者是从教育自由的角度来论述学生自由的。金生鈜认为，教育自由是通过免除人为的干预，为学生提供平等、充分的条件，创造最大的个人精神成长的空间，使个人享有最大限度的自我创造。[①] 在这里，我们可以看到学生的自由是依附于教育的自由的，这也是大部分研究者的看法。在众多论述教育自由的文章中都提到，教育自由的受益者主要是学生，教育自由的最大价值在于培养学生自由的心性或理智。在论述学生自由的资料中，学生自由往往被具化为如学生时间自由、学生心理自由、学生精神自由、学生选择自由、学生活动自由、学生读书自由、学生发问自由等。[②] 在直接论述学生自由的研究中，涂艳国、马凤岐是代表性学者。涂艳国认为，学生自由是自主性精神和自由人格的充分发展，它与教师权威密切相关，

---

① 　金生鈜.论教育自由［J］.南京师大学报（社会科学版），2004（06）：65-70.

② 　具体可参见石中英.论学生的学习自由［J］.教育研究与实验，2002（04）：6-9；杨明.论课堂中学生自由支配时间利用的问题和对策［J］.教育科学，2007（03）：21-24；唐金龙.给学生一点读书的自由如何？［J］.中小学管理，2006（12）：48；程天君.学生自由发问何以缺失？［J］.全球教育展望，2006，35（04）：13-18；吴全华.论学生精神自由的缺失与实现［J］.华南师范大学学报（社会科学版），2004（04）：106-112，159；母国光.给学生以更充分的选择自由［J］.求是，2001（21）：61-62；陈玉祥.现代教育呼唤学生自由［J］.华南师范大学学报（社会科学版），2001（02）：124-128.

教育或权威都应建立在自由承认知识合法性基础上。① 马凤岐认为，学生的自由包括两个方面：一是教育实施过程中学生的自由，这与学校的纪律、教师的要求、家长的要求是否严格有关；二是学生所接受的教育对他们在以后社会生活中的自由的影响，这与教育的目的、学生在学校接受教育的内容以及学校的教育方式有关。②

在国外的已有研究中，对学生的概念的界定并不严格，研究者们一般将学生自由与儿童自由交换使用，并无特别指出的情况下，学生自由等同于儿童自由，因而就将学生自由归结入儿童自由部分。

综合以上对儿童自由和学生自由的已有研究，本研究认为，自由人是指教育主体（学生／儿童）在教育实施过程中以自由的方式学习、生活，从而获得自由的体验，并在未来的社会生活中以自主精神和自由人格生活的人。

（三）养成

"养成"一词用于教育学研究领域由来已久。在中国古代就认为人是养成的结果，"养成之者人也"，即通过教育的后天培养而成就人，因此也有养成教育一说。在当代教育学研究中，"养成"一词主要用于习惯、能力、行为、思维方式等方面的培养中。在查阅工具书中，养成主要有以下几个意思：

①　涂艳国.教师权威与学生自由［J］.教育理论与实践，1999（07）：31-33.

②　马凤岐.教育：在自由与限制之间［M］.北京：中国工人出版社，2001：17.

《辞海》：培养；教育；熏陶。①

《新华字典》：1.培养；2.（品德学业等）良好的积累。②

《现代汉语用法词典》：修养使形成；培育使长成。1.常作带宾谓语，宾语常是"习惯""毛病""作风""性格"等表现抽象事物的词语。2.带上肯定与活用为名词，作主语。3.构成词组作定语，常带"的"。③

"养成"的英文大多翻译为"cultivate"或"develop"，本研究中主要使用"cultivate"这一词汇，因为相对于"develop"而言，"cultivate"一词更符合教育学的意义。

Oxford American College Dictionary：A.prepare and use（soil etc.）for crops or gardening.B.break up（the ground）with a cultivator.C.raise or produce（crops）.D.culture. E. apply oneself to improving or developing （the mind，manners，etc.）f.pay attention to or nurture；ingratiate oneself with（a person）.④ A.为作物或园艺准备、使用的（土壤等）；B.耕作者剥离（地面）；C.种植或生产（农作物）；D.文化；E.致力于改善或发展（思想、举止等）；F.关注或培养；讨好（某人）。

从以上定义可以归纳出：1."养成"一词拥有长时性，即是长时间的酝酿或培养；2.它的搭配主要为抽象词语，如性格、品质、素养等内容，

① 辞海编辑委员会. 辞海［M］. 上海：上海辞书出版社，2004：2314.

② 新华字典（大字本）［M］. 北京：商务印书馆，2004：557.

③ 李行健. 现代汉语规范词典［M］. 北京：外语教学与研究出版社，语文出版社，2004：1514.

④ （英）德拉·汤普逊. 牛津简明英语词典［M］. 北京：外语教学与研究出版社，1999：328.

自由人形象的内容主要包括其性格、品质、能力等方面，这些方面都属于抽象概念，因此也属于该范畴；3.养成本身拥有教育的意思，可以与动词的"教育"互换；4.养成本身包含有培养的意思，即养成的含义要大于培养，培养∈养成。在本研究中，"养成"的含义是：通过培养使之成长为理想中的人。

"培养"一词在《新华字典》中的定义为：1.训练教育；2.使繁殖。[①]从"培养"的含义而言，培养侧重于训练方面，人工的干预意味更重。因此，本研究采用"养成"这一概念，一方面在于其内涵更为广泛，另一方面也在于"养成"没有过多干预的意味，也有天然生长的含义在内。

在有关"养成"的教育研究中，"养成教育"已经成了专有名词。有研究者认为，养成教育是指教育者通过有目的的活动对受教育者进行的长期培训，使受教育者通过自我控制形成良好的思想、心理素质和道德品质、行为习惯等的教育模式。[②]也有研究者认为，养成教育是通过社会、学校、家庭等多方面的教育和影响，综合多种教育方法和途径，培养青少年认知、情感、意志、行为的综合能力。[③]同样也有研究者认为养成教育是针对受教育者行为和思维进行教育的手段[④]或是养成良好学习生活习惯和高贵道德品质的手段[⑤]等等。从养成教育的界定可以推断出，养成教育指向了"自

---

① 新华字典（大字本）［M］.北京：商务印书馆，2004：367.

② 郭航鸣.高职院校养成教育的特殊性及策略研究［J］.中国高教研究，2014（7）：96.

③ 魏莉莉.从养成教育之标准看学校教育［J］.当代青年研究，2014（5）：21.

④ 任凯.关于加强大学生养成教育的思考［J］.辽宁师专学报（社会科学版），2009（06）：51-52.

⑤ 柳帧，赵国华.浅谈大学生的养成教育［J］.河北广播电视大学学报，2008（02）：97-99.

我控制"即自律方面，最终的成果是思想、心理、行为、道德方面的良好品质和习惯，因此，可以看出养成教育本身倾向于描述自由人形象的某些品质如自律、道德品格或良好习惯等方面。这也是本研究使用"养成"而非"培养"的原因之一。

对养成教育的理论基础和历史渊源研究主要集中在洛克（John Locke，1632—1704）、科尔伯格（Lawrence Kohlberg，1927—1987）、怀特海（Alfred North Whitehead，1861—1947）、叶圣陶等哲学家、教育家的思想中，其中洛克被认为是养成教育的代表人物，主要是因为洛克明确提出了德性和美德是克制欲望的能力，而能力的获得需要依靠习惯和练习。[①]"养成"概念一般指向能力和习惯，如果将自由也作为人需要掌握的一种能力，一种道德品质，那么使用"养成"一词也就是确切的、恰当的。

四、研究方法

本研究涉及三个关键性概念"自由""自由人"和"如何养成"，"自由"概念作为政治哲学中的重要范畴，其复杂性、通约性、多情境性都决定了本研究的对象必须限制在一个学科范围内，限制在必要的历史条件和背景下。为达成研究目的，本研究以历史与逻辑的统一为方法论，统摄文献研究法、教育思想史方法等研究方法，并根据研究需要交替使用。

---

① 洛克.教育漫话［M］.傅任敢，译.北京：教育科学出版社，2014：22.

（一）文献研究法

文献研究法是教育研究方法中的重要方法之一，它是对大量的原始文献的研究和分析。[①] 本研究尽量选择各位思想家的原文作为第一手材料，尽量较为全面地体现不同的论点和论据。研究中所参阅的主要文献为各思想家的著作、少量论文。主要透过代表人物的重要著作来分析其对"自由人"形象的描述，梳理"自由人如何养成"的路径和方案，并辅之以少量的二手文献来论证其思想内涵。通过对原著的解读和他人对其内容的分析，相互印证、相互斟酌，以期对每位代表人物的思想理解更为客观、可信。

文献研究法注重对第一手资料的搜集和整理、分析，因此，在选择文献方面，本研究文献的来源主要有三个方面：第一，各代表人物的被翻译为中文的代表著作，如卢梭的《爱弥儿》《论人类不平等的起源和基础》《社会契约论》，康德的《纯粹理性批判》《实践理性批判》《康德论教育学》等；第二，各代表人物曾出版的著作但未被译为中文的，如杜威的《伦理学》《个人主义：新与旧》，弗洛姆的《爱的艺术》等；第三，国内外学者对各代表人物的研究和评价，主要集中在期刊文献中，这部分引用和参考较少。

本研究在广泛阅读相关哲学和教育学理论基础上，吸取其中的相关资源，来建构本研究的教育学概念和教育学解读。以自由人为主线，以教育学角度养成"自由人"的方案为主题，本研究涉及的文献具体包括

---

① 姚计海."文献法"是研究方法吗——兼谈研究整合法［J］.国家教育行政学院学报，2017（07）：89-94.

卢梭、康德、黑格尔、赫尔巴特、费希特、杜威、本纳等近现代以及当代西方教育学家；老子、孔子、庄子、牟宗三、唐君毅、叶澜等中国学者的相关成果。

（二）教育思想史方法

教育思想史方法隶属于思想史研究方法之中，是对教育家的思想、教育实践者的思想、大众的教育思想进行研究的方法。教育思想史方法对研究者的学识、视野和能力提出了较高的要求，需要细读经典，理解经典产生的环境，理解经典在传承中的流变等等。[①] 本研究从整体而言属于教育思想史范畴，同时也融合了教育问题史的研究方法，以"自由人如何养成"问题为主线，通过对中西教育史中的代表人物的思想在传承中的流变等等进行梳理，进而挖掘各位教育家"自由人养成"的思想。

教育思想史的发展经过了哲学方法、历史理论方法、历史文献方法的指导、流变，最终走向了当今多学科的综合研究方法。[②] 从严格意义上讲，本研究是以问题史方法论作为指导，运用教育思想史方法，对中西方自由人形象、自由人养成的教育思想进行梳理和研究，从而寻求对当代中国自由人养成问题的启示和借鉴。

在研究论证过程中，主要基于教育理论史和教育思想史文献，采取历史与逻辑相统一的方法论立场。由于自由是近代西方社会提出的概念，在中国古代尚未有相关研究，在比较和分析了中国古代"自如""自觉""自

---

① 教育思想史研究：范式与方法［J］.北京大学教育评论，2015，13（04）：1.

② 张荣明.近百年中国思想史研究探索与反思［J］.西北大学学报（哲学社会科学版），2009，39（03）：20-28.

在"等概念的基础上，本研究采用了"自觉"概念作为中国古代与自由的相似概念进行论述。在对中国和西方"自由"概念的分析中，研究发现教育学立场对"自由"概念的分析主要与"儿童""学校""学术""学生""教育"等概念相连构成复合概念，从理论上和知识上对自由内涵进行扩展和深化。因此，本研究将"教育学自由"作为一个历史范畴和教育学范畴加以探讨，通过对教育史史料的梳理以及对一些特殊的和例外的教育自由史实例进行搜集、整理和分析，从中归纳出教育学范畴中"自由"的内涵和"自由人"的形象，以此为框架对教育历史上的代表人物进行分析和重构。本研究并不着重在政治哲学角度论证"自由人如何养成"这样的论题，而是将其放入教育问题史中加以考察，通过对有代表性的教育学家著述的分析与理解，来阐发具有时代意义的、独特性的自由人概念以及教育方案。本研究所要解决的核心问题是教育学中"如何通过强制培养自由"的矛盾问题，或者可以说是"自由人如何在教育中养成"的问题。从教育思想史的视角阐述自由的不同内涵和意义，梳理教育学中自由人如何养成的策略和方案，并从学理的角度出发探讨自由人养成方案的合理性和可能性。

第一章 问题的当代性、
中国性及学科性

    自由人如何养成问题有着悠久的历史，也是一个历久弥新的问题。在不同的历史时代、不同的国家都有着迥异的解决路径。本研究之所以重述这个问题，重构解决方案，必然是基于当代中国的时代、地域背景，即这个问题是内隐于中国当代的社会结构转型中的。在回答这一问题之前，需要解决两个前提性的问题：其一，它的地域和时代的特殊性，即此问题是在当代中国被提出的，具有特殊的地域和时代背景；其二，它区别于政治哲学，是从教育学角度进行的思考与探讨，具有视角的独特性。因此，本研究的阐述从这里开始。

    有鉴于此，本章着重回答几个子问题：1.当代中国是指哪一个历史时期？ 2.当代中国社会生活、人的生存方式、个体的权利与义务关系上有何特征？国人在此方面的理解与行为出现了何种问题？ 3.为什么出现了这些特征？ 4.从教育学视域来解释、理解这些问题有何意义和价值？

一、问题的当代性与中国性

"当代"是一个时间的概念，是相对于现代、后现代等时代而言的概念。我们每一个人都可以说是活在当下，"当下"的概念与"当代"有着异曲同工之处，均是表示现在的一种时间状态。在众多研究中，都是以当代为时代背景、为主题，正是因为这个时代背景延伸出了研究的问题、经验和可能解决的路径。在本研究中，当代是指自第二次世界大战结束后至今的时间范围。

"中国"是一个地域性限定，是相对于其他国家而言的。一个地域会孕育一种文明，具有独特的文化特质和人文景观，培养出具有不同风骨、精神品格的人。因此，立足于中国这个地域，扎根于本土文化和精神内核，体验在这片土地上的政治、经济、社会、文化结构的变革，才能真切地感受到这一问题是内蕴于其中的，是具有本土特质的问题。

（一）转型期的中国呼唤自由人

当代中国正处于社会转型时期，这是无可争议的事实。[①] 转型意味着变革，意味着从一个形态转为另外一种形态。社会转型也是如此，它是一种人类社会的整体性转变过程，其中涉及政治、经济、文化、道德、组织、

---

① 相关论述可以参见朱战辉.城乡中国：乡村社会转型中的结构与秩序［J］.华南农业大学学报（社会科学版），2019，18（01）：1-9；李友梅.当代中国社会治理转型的经验逻辑［J］.中国社会科学，2018（11）：58-73；辛允星.差序格局：中国社会转型的"文化软肋"——近15年来相关文献述评［J］.原生态民族文化学刊，2018，10（03）：86-94；张静.社会变革与政治社会学——中国经验为转型理论提供了什么［J］.浙江社会科学，2018（09）：11-19，155.

科技等等方面；它是人类社会结构性的转变过程。中国现代社会的转型经历了三个阶段：从 1840 年到 1949 年是中国社会的慢速转型期，中国的工业化、城市化和民主化进程艰难而缓慢；从 1949 年到 1978 年是中速转型期，工业发展较快，而民主化和城市化进程相对较慢；从 1978 年至今是高速转型期，经济市场化、社会开放化程度有了极大的提高，其中工业化推动了城市化，而城市化又反哺了工业化。[①]

中国社会转型与其他国家转型有着较大的差异：首先，中国社会转型的动因来自政府和市场的双重推动，而非如资本主义国家主要来自市场推动。"政府干预不再是作为一种超经济的强制力量，而是作为对市场的有效补缺。"[②] 其次，中国社会转型的内容涉及方方面面，其中最为重要的是经济转型，从自然经济向市场经济转变的同时，还需要完成经济形态的市场化和经济体制的市场化双重任务。最后，中国社会转型的进程是以农村为发端进而影响城市，无论是经济改革、政治体制改革还是人口改革等都先以农村作为试验点进而扩展到全国范围[③]。

当代中国正处于经济全球化和信息化的大变革之中，在这种背景之下，计划经济的弊端日益凸显，政企结合的模式滋生了官僚主义且激发了人的

---

① 罗谟鸿，邓清华，等.当代中国社会转型研究［M］.重庆：西南师范大学出版社，2007.

② 陆学艺，景天魁.转型中的中国社会［M］.哈尔滨：黑龙江人民出版社，1994：47.

③ 具体可参见王星，魏心怡.社会转型进程中我国新社会阶层的形成及其身份认同建构［J］.福建论坛（人文社会科学版），2018（11）：153–161；李晓壮.社会结构的中国研究：1962–2012［J］.北京社会科学，2013（06）：77–81；王琪.社会转型、阶层分化与动力机制［J］.重庆社会科学，2014（11）：14–20.

贪欲，但无法激发工人的劳动积极性，资源配置的不合理和资源的浪费严重等等，在这种情况下，政府引入了市场机制。然而在市场机制占主导地位的今天，道德的滑坡也日益严重。市场经济催生了大量的犯罪现象，它刺激了人们唯利是图，投机取巧，物质化和享乐主义，并且为了这些私利而不断引导大众更加靠拢或倾向于"拜物"。市场经济的建立并没有相匹配的道德观念的产生和保障，这直接导致了当今中国部分人出现"拜金"和"物质"，"一切向钱看"，"宁愿在宝马车里哭，也不愿在自行车上笑"的状况。这些人已经被经济利益所捆绑或异化，他们看不到除了金钱以外的任何事物，成为金钱的奴隶。

马克思说，经济基础决定上层建筑。在中国市场经济体制改革之后，紧随而来的是政治体制的变革。市场经济迫切要求政企分开，裁撤臃肿架构，遏制腐败现象，减少政府对市场的干预，解脱人身依附关系，开放劳动力空间和时间。因此政治体制改革的目的之一就是解决市场经济带来的冲击，同时市场经济也推动了政治体治改革的进程。市场经济要求资源的自由流动和劳动力具有自由的空间与时间，因此紧紧束缚在人身上的户籍制度、编制制度和单位制度在很大程度上有所松动，人不再被终身约束在同一个地域或职业上，这大大推进了城市化的进程，也推进了人身依附关系的改革，要求个体能够独立、自主、自决，并能为自己的选择和行为负责。市场经济改变了人们的交往方式，促使人们从全局的角度考虑问题，而且对特权行为也是一种有力打击，扩大了民主的活动范围，从而也推动了法制健全和完善。然而，当今虽然户籍制度和编制制度已经逐渐放开，但是单位制度依然根深蒂固；尽管人们的交往范围扩大和交往方式大有改观，还有相当多的人却依然保有父权、家庭权威、官僚本位的观念。

无论是经济转型还是政治改革，都是建立在人们思想意识的变革之上的。中国近代史的志士仁人走过了器物变革和体制变革后，最终还是选择了思想文化的变革。"只有在深层次上批判经验主义文化模式，倡导理性主义文化精神，才可能使技术的引进和体制的移植具有真正的意义"①。中国在新文化运动之时就一直面临着传统文化与现代文化、本土文化和西方文化的冲突，这两种冲突一直纠缠至今。两种矛盾冲突的复杂性让人们在面对现代文化和西方文化时选择了"中体西用"，在保有传统文化的同时加入部分现代文化，在支持本土文化的同时引进西方文化。金耀基认为，这样的文化保守主义"在性质上是情绪的……在认同的对象上……不自觉的却是'乌托邦文化'。他们的最大错误在于把文化的繁复性和有机性否定了，通过个人形而上的思考，不自觉地将一切理想的文化素质都纳入一个自设的'公式'中去……他们的努力，虽不必是反现代化的，但至少是非现代化的。"②

伦理道德是文化的重要构成，在当代中国的转型中，伦理道德也面临着挑战和转型。计划经济的本质是伦理经济，其模式本质上是对血缘上"亲子"模式的延伸，是以关系为基础和前提的。而市场经济的本质是以个体与个体间的契约为基础的，陌生人的商品交换以法律为保障。因此，当计划经济向市场经济转变时，伦理道德也相对发生变化。"血缘—伦理—政

①　罗谟鸿，邓清华，等.当代中国社会转型研究［M］.重庆：西南师范大学出版社，2007：70.

②　王晓朝.双方都在不断地改变着自身［J］.读书，2002（06）：130-131.

治的链式文化原理，就要让位于以经济为单子的原子式的文化原理，伦理的价值让位于经济的价值，伦理的逻辑让位于经济的逻辑"①。在这种情况下，一切都让位于经济价值，而相对的伦理道德建设并没有将人培养成为自由、平等、独立、自决的个体，拜物和物质就成为必然。

（二）转型期的中国对人之现代性特质的再审思

当代中国的社会转型是一个整体性的、结构性的转型过程，在这个过程中，只有转变人的观念、行动才能最终保证转型的成功。没有现代人，难有现代化，现代化的关键是培养合格的现代人。英格尔斯（Alex Inkeles，1920—2010）认为，"在整个国家向现代化发展的进程中，人是一个基本的因素。一个国家，只有当它的人民是现代人，它的国民从心理到行为上都转变为现代的人格，它的现代政治、经济和文化管理机构中的工作人员都获得了某种与现代化发展相适应的现代性，这样的国家才可真正称之为现代化的国家……人的现代化是国家现代化必不可少的因素"②。国家现代化的实现是以人的现代化为标志的。而人的现代化则表现在人格方面，是从心理到行为的整体性的现代化。实现人的现代化是一个旷日持久的工作，必须要融入中国人的日常生活之中，在日常生活中展现其开放性、自觉性和创造性，以生活方式带思维方式、文化方式的转变，最终实现人格的现代化，这实际上是在个体主体性的基础上实现人的生存方式向

---

① 罗谟鸿，邓清华，等.当代中国社会转型研究［M］.重庆：西南师范大学出版社，2007：91.

② （美）阿历克斯·英格尔斯.人的现代性［M］.殷陆君，译.成都：四川人民出版社，1985：8.

自由、自觉的跃升。当前由于传统伦理道德观念受到了经济伦理的挑战，道德观念表现了众多的负面形象：经济伦理价值的过度推广导致了道德价值标准的迷失；道德价值评价标准的迷失，导致道德价值取向的紊乱和社会生活中道德的缺乏。从社会的角度来看，道德的基础是利益，道德的核心和中心主题是公正；从个体看，道德的根基是人的良心，良心源于主体的道德需要。同时个体拥有选择行动的自由，在道德判断和行动上的自主权，这是道德教育的前提基础。人的自由平等、人格独立和独立性地位是现代社会的本质要求和基本特征。自由意志是道德责任的根据，当主体自觉地认定社会责任和他人责任的合理性时，他就已经将自身作为了道德主体。人作为道德主体的尊严是因为内心道德律的存在而将自己为自己立法的责任性体现出来。那么，什么样的人是现代人？当代中国社会转型时期的人是一种什么状态？我们已经达到现代人的标准了吗？

现代人的人格特征有哪些？借鉴英格尔斯的看法，现代人应该具备12个特征：准备和乐于接受他未经历过的新的生活经验、新的思想观念和新的行为方式；准备接受社会的改革和变化；思路广阔、头脑开放、尊重并愿意思考各方面的不同意见和看法；注重现在与未来，守时惜时；强烈的个人效率感，对人和社会的能力充满信心，办事讲求效率；有计划；有知识；可依赖性和可信赖感；重视专门技术，有愿意根据技术水平高低来领取不同报酬的心理基础；乐于让自己和后代选择离开传统所尊敬的职业，敢于对教育的内容和传统智慧发起挑战；相互尊重和自尊；了解生产及过程。[1]根据他的看法，西方文化培养的是现代人，因为他们

---

① （美）阿历克斯·英格尔斯，殷陆君．人的现代性［M］．成都：四川人民出版社，1985．

更能适应、跟随社会变革，讲求理性思维，尊重科学，遵循民主自由。这仅是一家之见，而且还有文化优越感的驱使，但不可否认，其中关于理性、民主自由、科学思维、与时俱进等因素确实需要中国人的学习和培养。新文化运动在一定程度上就在培养这样的"现代人"：陈独秀说，新青年要有六种人格：自主、进步、进取、世界眼光、实利、科学；[①]鲁迅说，要培养以人为本、追求人格独立、尊重生命个体、律己与自省之人。[②]他们在一定程度上都反映了现代人的部分特质。

中国的传统人格是什么样的？以农耕为基础的小农经济滋养了一群自给自足的人，诞生了小富即安的文化和情怀。消极依赖自然资源让传统中国人更愿意听天由命，讲求"天时地利人和"，与自然融为一体；小农经济仅仅能够维持生存和繁衍的需要，让人们懂得勤俭节约的美德；男耕女织、自给自足，不需要与他人进行经济上的交流和沟通，阡陌交通，鸡犬相闻而不相交，养成了中国人"各扫门前雪"的冷漠；以血缘关系为纽带的伦理关系，家庭和家庭关系构成了主要的生活关系，造成了中国人等级森严、封闭的社会关系网络。美国传教士亚瑟·亨·史密斯（Arthur Henderson Smith，1845—1932）曾用举例的方法描写了中国人的 27 种特性，他认为中国人深受封建愚民思想影响，麻木冷漠，而且缺乏权利意识，奴性严重；所谓的仁爱是建立在等级制度上的有差别的爱，封建礼教束缚人的行为，属于野蛮道德；中国人重德轻智，唯圣唯书，缺乏实用和

---

① 陈独秀.独秀文存［M］.合肥：安徽人民出版社，1987.

② 尤聪聪.鲁迅国民性精神的承继［D］.天津师范大学，2012.

批判思想；"看客心理"，没有是非观念，阿 Q 精神，缺乏抗争意识。[①]
这些性格缺点也被国人所认同，严复认为，国人道德人格低下，心术败坏，
游手好闲，轻视体力劳动，主观臆断而不求事实；[②]鲁迅也认为，中国人
故步自封、妄自尊大、奴性、具有看客心理、擅长精神胜利法（具体表
现为：欺软怕硬、苟且偷生、以丑为美、盲目乐观、麻木健忘）。[③]虽然
他们都批判了传统中国人的性格，但不可否认的是，中国人还有勤劳节俭、
尊师重道、稳重、重义轻利等美德。这些美德依然是当代中国人所需要
和坚守的。

每一个时代的转型都伴随着普遍人格的出现，在从传统社会向现代社
会转型的过程中，同样也出现了这种转型性人格，作为一种人格特征，被
称为"过渡人"。他同时身兼传统文化和现代文化的特质，不同程度地接
受了两种文化的价值观和意义系统，具有传统人和现代人的双重人格，而
且拥有过渡性的社会表征所赋予的人格特点。

过渡人同时具备现代文化和传统文化的特点，他们在现代文化和传
统文化中徘徊、取舍，不可避免地反映出文化的冲突和矛盾，他们坚持
双重的价值标准和选择，身处于分裂和冲突的角色中。在这种冲突和分
裂中，他们不断被外界的事物冲击，产生焦虑和恐慌，一方面会不断寻
求保护和依赖，另一方面又不断想要自由的空间和独立。他们还具有双
重人格，杨国枢指出，随着中国社会的转型，必然会出现与传统农业经

---

① （美）史密斯.中国人的脸谱［M］.北京：北京联合出版公司，2014.

② 王栻.严复集（第4册）［M］.北京：中华书局，1986.

③ 尤聪聪.鲁迅国民性精神的承继［D］.天津师范大学，2012.

济相适应的权威人格和与现代工业经济相适应的平权人格。[①] 在现代化的过程中，一方面中国人在不断适应社会的变革，努力将理性、自由、独立等市场经济发展需要的概念纳入生活中，反思原有的血缘关系建构的依附关系；另一方面，中国人从骨子里流动着传统文化的血脉，对本土文化有着深刻的自豪感，却又怒其不争，最终不得不以西方文化为补充。过渡人最为典型的特征是过渡性的人格，这是社会性格转折的象征，在他们身上，可以看到从传统人向现代人转型的信息，反映了文化变迁进程在中国人身上的蜕变。这种过渡性人格的特征与中国社会变迁的总体特征是一致的。

二、问题的学科性

自由的问题是一个老生常谈的问题，是众多学科参与的问题，同时也是一个没有定论的问题。不过，当我们思考这些学科对"自由"或"自由人"的回答时，我们会发现这样一种窘境：自由是一种抽象的、概括的、普遍化的概念，它高高在上，像飘浮在空中的浮云，每一个人都承认自己是自由的，但却没有一个人可以坦荡荡地说，自己触摸或拥有了这种自由。当"自由"从一个具体的描述变为一种普遍的概念时，自由就成了飘忽的云朵。哲学、伦理学、人类学、社会学等学科将自由捧上了这样的神座，遗憾的是，它却下不来了。我们看到了"自由"的规定性定义、描述性定义，却无法与自身的处境相联系。它们告诉了我们一种确定性的答案，却没有

---

① 杨国枢.中国人的社会取向：社会互动的观点［M］//杨国枢，余安邦.中国人的心理与行为.台北：桂冠图书公司，1993：27-60.

告诉我们如何走向这种"确定性";它们给我们描绘了成人世界的完美状态,却没有告诉未成年人他们所要的"自由状态"是什么。为什么会出现这样的状况?

因为这些学科的学科特性决定了它们无法回答这些问题,这些学科的特征决定了它们的重心是呈现已有的、理想的结果,却不解决培养过程的问题,这并不属于它们的学科使命或学科任务。这一任务属于教育学,属于将人培养为那种达到暂时的"确定性"的"成熟者"的教育学,教育学的核心任务和价值之一恰恰是让"未成熟"的个体获得自由的能力。而教育学在解决这一问题时,首先就需要将抽象化的、概念化的、普遍化的"自由"转变为具体的、活生生存在的、具有主体意识的"自由人",使其具有可操作性,可达成性,这就是教育学的任务,同时也是为什么要从教育学来探讨这样一个问题的原因——这是对其他学科探讨"自由"问题的有效补充。

(一)教育学因关注具体境脉下的个体生命而关注生命的自由状态

从教育学的视角研究"自由人如何培养"的问题,正是要摆脱哲学界、法学界对"自由人"普遍的、抽象的、类型化的人的描绘,将"自由人"的研究放置于不同的历史背景、生存环境、个体经验中进行考察,不脱离个体本身的生活境遇;另外,虽然哲学界、法学界等都关注人之生命的问题,然而它们的关注重点完全不同:哲学界关注人之生命的存有及其与外界之关系,法学界则关注人之生命的约束与剥夺,教育学则关注人之生命的成长与发展。研究重点的不同也证明了在教育学视角下研究

"自由人如何培养"问题存在必要性。

20世纪中叶以来，哲学界的研究从追求宏大叙事逐渐转向了细节、生活、解释等后现代解构主义道路。这种转变的形成一方面是对科学理性的持续性反思的结果，另一方面是对自尼采以来情感人文传统的又一次高昂。这种风潮不仅影响了社会学、人类学等学科，也影响到了教育学领域，最为凸显的是，当代教育学者不仅仅追求普遍性的教育规律或类型化的学生群体研究，而且还出现了大量的对个案、主体性、个人实践等方面的描述和解释；教育学的方法论也有所转变，从原来严格遵守理性逻辑科学化的探索逐渐也走向了个体经验、情景实践等方面，注重个人在某种历史情景下的选择并赋予这种选择以意义和价值。这样的方法论催生出了行动研究、叙事探究等一系列新的研究方法，这些方法在教育学研究中方兴未艾。①

教育学是面向人的实践的科学。在漫长的时间中，受到科学理性主义的影响，教育学前辈们一直致力于将教育科学化，从定量、实证的角度来分析教育现象，解析教育问题，探索教育解决路径。从赫尔巴特将心理学引入教育学开始，这种探索从未停止，在当代，实证研究范式得到了广泛的认同和发展，已经隐隐超越理论思辨研究范式，成为当代教育学研究者

---

① 具体可参见刘燕楠.教育研究方法论变革：历史突破与理论创新［J］.教育研究，2018，39（05）：16-26；姚计海.教育实证研究方法的范式问题与反思［J］.华东师范大学学报（教育科学版），2017，35（03）：64-71，169-170；孙亚娟，李姗，泽.批判与共生：西方教育研究方法论的演变及其启示［J］.教育评论，2014（08）：164-167；吴舸.我国教育研究内容的发展趋势［J］.中国成人教育，2013（04）：11-13；熊和平.教育研究的表达方式［J］.教育研究，2012，33（04）：23-28，56.

的首选。无论是实证研究还是思辨研究，教育学都是研究人的培养、人的成长的学问。教育学从研究教育的本质开始，探求教育学的思考点，它的研究对象是活生生的个体生命，其研究的核心问题是如何促进人的成长，特别是未成年人成长的问题。从教育学的研究对象和研究问题来看，教育学不同于哲学和人类学，要求教育学必须能够从内在的视域，在更为具体的情景中寻找人的培养路径问题。

"具体境脉"是指人存在于经验的、直观的、具体的生活世界之中，个体本身带有自身的生活背景、教育经历、经验、历史过往等等。"境脉"（context）在很多时候被翻译为背景，然而这个词如果仅仅翻译为"背景"则失去了教育学独有的意味，作为境脉的翻译意味着对个体生存空间的考量，不仅仅是作为个人背景存在，而且是带有历史经验存在的、正在影响主体选择的、主体正在经历的环境和抉择。因此，境脉给予了主体以教育学的视角。

具体境脉意味着两点：第一，人存在于生活世界，这个世界有别于符号化、课题化的科学世界、抽象世界，这是一个可经验的、可直观的现实世界，是一个直接呈现在我们面前的生活世界。"生活世界作为一个始终是先被给予的、始终在一切思考和认识之先就存在着的有效世界，它的有效性不是出于某个意图、某个课题，不是根据某个普遍的目的。每个目的都以生活世界为前提，就连那种企图在科学真实性中认识生活世界的普遍目的也以生活世界为前提。"[①] 生活世界是科学世界的前提，

---

① 倪梁康. 现象学及其效应——胡塞尔与当代德国哲学 [M]. 北京：三联书店，1994：131.

是前科学的、是先被给予的世界，是一个直观的奠基性的世界，是具有能动性的主体存在的富有意义和价值的世界。这也说明了生活世界是人类在理性认识世界之前就已经沉浸其中的世界。主体构造了生活世界，人的主体性是生活世界中真正自在的第一性的东西。"现存生活世界的存有意义是主体的构造，是经验的、前科学的生活的成果。世界的意义和世界存有的认定是在这种生活中自我形成的。"① 人的主动性和创造性在与世界的交互中不断扩展范围，并在反思中构成自我，也意识到自我与客体的关系。从这个意义上说，生活世界是物理世界或科学世界的前提或基础。另一方面，人所创造建构的生活世界并不是独属于个人的或某一类群体的，而是属于整个人类的，是人类共同体的生活世界，每一个具体的人都有参与他人生活的可能性，在这种交往中传递知识、经验、信息等，建构一种文化的生活世界，因此，生活世界是具有主体间性的，也是具有伦理关系性质的。

第二，具体境脉还意味着人是存在于历史之中的，是历史性和时间性的存在，人在自身的历史中认识自我、完善自我。人的存在并不是停留在一种静态层面，而是追求一种生命的律动，是对人生的关切，是对现实生活的关注，而非仅仅是对物质世界的依附。人的存在既不是被牢牢地控制在时空之中，也非超越时空的存在，而是生活于特定的历史时空之下的而又能有所超脱的存在。我们受到历史局限性的制约，在不自觉中受到他人的影响，并且容易被他人的思想所统治。海德格尔说，常人怎样享乐，我

---

① （德）胡塞尔.欧洲科学危机和超验现象学［M］.张庆熊，译.上海：上海译文出版社，1988：81–82.

们就会怎样享乐，常人对文学艺术怎样阅读怎样判断，我们就怎样阅读怎样判断，竟至常人怎样从大众脱身，我们也就这样脱身。这个常人不是任何确定的人，一切人——却不是作为总和——倒都是这个常人，就是这个常人指定着日常生活的存在方式。[①] 我们似乎生活在别人的眼光之中，生活在一个由"常人"支配的世界之中，主体似乎丧失了自我选择、自我判断和自我担负责任的意识和能力，在这样的世界中，如果主体想要摆脱这种束缚，想要任凭自己的自由选择进行自我判断，往往会陷入一种无所适从的境地。人们试图通过寻求心理上的安全的心态而放弃自身的自由选择等，沉沦在这种日常生活之中，心甘情愿地受到常人的支配。"常人"隐喻了这个时代的普遍性的价值观、世界观和人生观，人们甘愿被世所共知的规则所左右，并在其中获得心灵的安宁和祥和。虽然海德格尔在这里想要说明人类容易且安于被时代的局限性所困，然而这也说明了人类是一个历史性的、时间性的存在，不是抽象化、理性化的个体，而是具体的、活生生的生命。

教育学研究的是人的生命成长问题，尤其是个体的生命成长问题。从教育学史而言，从教育学建立之初至今，教育学者们都无不通过知识、经验、精神、文化、实验、社会等研究来推动或促进人的生命成长。无论是夸美纽斯的自然神学论还是卢梭的自然成长论，都是从自然规则的角度来解释人之成长的意义和价值；赫尔巴特以伦理学和心理学为基础建构了教育学的学科基础，杜威以"经验"为核心建构了实用教育学的方法，这些都是

---

① （德）海德格尔. 存在与时间 [M]. 陈嘉映，译. 北京：三联书店，1999：88-89.

从学科的视角来理解和描述人之成长的问题。20 世纪中叶以来，研究范式从宏大叙事向微观描述转向，在教育学界的影响最为深远的就是对人的个体生命的重视。个体生命不同于群体生命，群体生命是被抽象、普遍化的类型化的生命，在研究群体生命时，更多的关注的是群体生命的共同点；个体生命则表明了人类是个体的独特性存在，任何人无法取代另外一个人生活，其研究在于揭示个体生命之差异，个体选择之独特。世上可能会有相似的两片树叶，但绝对没有两个相似的人。对个体生命的重视引发了极大的争议，例如基于个体生命独特性的叙事探究的研究方法在 21 世纪初，曾遭到广大教育研究者的抵制和不认同；时至今日，依然有许多教育学研究者并不认可这种研究方法，备受攻讦的原因之一就在于这种研究仅仅揭示了一个人的成长轨迹或人生发展经验，难以具有代表性和典型性。研究方法背后所蕴含的研究方法论或研究范式得不到认同，其方法必然受到批评。好在越来越多的研究者正在努力接受或转变自身的研究方法论或研究范式，以个体生命为基础的研究在当代教育学研究中日渐繁盛。

教育学的核心问题是研究个体生命，人的生命是教育的基石，生命是教育学思考的原点。如何将人的生命作为教育学的原点，从而思考人之生命的独特性，这是教育学必须要解决的前提性问题。[①] 以往的教育学更多地强调挖掘教育学的规律，寻找人之成长的规律，努力将教育学往科学上靠拢，致力于将教育学的研究对象——人——进行类型化的处理，以期获得某一类型人的发展、成长轨迹。然而随着学者们对教育学对象

---

① 叶澜，李政涛.为生命实践教育学派的创建而努力——叶澜访谈录 [J].教育研究，2004（02）：33-37.

的更加深刻地认识和反思，对教育目的的不懈突破，人之生命成了教育学研究的核心命题，以叶澜为例，她强调每个生命个体的不同和独特，强调活生生的人的生命研究。教育学承认人的生命是在具体个人中存活、生长和发展的，每个个体都是有机的统一体，个人的生命价值只有在具体个人的生命经历中才能被展现，①具体的个人在任何实践、状态和活动中，都是以完整的方式投入到和他人的互动交往之中，并且生成复杂的内外交织的关系。人之生命，是丰富的东西，教育就是要让这种生命更加丰富、饱满，充满活力。正是对生命性的这种感悟、思考和实践，叶澜提出了教育是直面人的生命、通过人的生命、为了人的生命质量的提高而进行的社会活动。②这样，个体的生命成长就在独特性中有共性，在普遍性中有了个体性。

正是基于教育学视角下的对具体境脉、个体生命成长的重视，所以"自由人如何培养"问题的研究也应该放入到当代中国这样的时代背景、地域背景以及个体的日常生活中进行考察。

（二）教育学因关注人的发展而关注人的自由问题

无论是哲学还是法权意义上，对自由人的认识，都是建立在乌托邦的理想成人状态下的。哲学的重点在于树立理想的自由标准，法权的重点在于如何在权力框架内规制自由，防止自由主义的过度蔓延或警惕自由被权力践踏的局面，而教育学的重点则在于如何培养，杜威也曾说，教育是哲

---

① 叶澜.教育创新呼唤"具体个人"意识［J］.素质教育大参考，2003（1）：91-93.

② 叶澜，郑金洲，卜玉华.教育理论与学校实践［M］.北京：高等教育出版社，2000：136.

学的试验场，足以见得这三者的差异。哲学的研究对象为理想的成年人，法权的研究对象是权利体系中成年人的规范，而教育学的研究对象则是"尚未成熟的人"。^①

虽然说无论是法权还是哲学都有对未成年人的相关研究，但是哲学更倾向于研究"未成年人是什么"或"未成年人不是什么"的概念，从二元对立思想到复杂性思维，从现代性的确定性回答到后现代性的不确定性回应，都是将未成年人看作是具有主动性的、非独立的、有限选择的主体；法权更倾向于研究政治与未成年人的关系、未成年人的政治意识、未成年人的权利以及犯罪处罚等，在权利框架下的未成年人是有限民事行为责任人，拥有额外的保护性权利以及量刑宽容等特点，因为其有限民事行为能力的认定，导致政治学上未成年人的自由权利讨论都是半开放半强制性质的。法权上对未成年人的自由权利的规定和量刑也与哲学上的讨论是一致的。两者都只是从主体性、权利性质上来讨论未成年人的自由和成年人的自由，而无法给出让未成年人逐渐从"半自由状态"走向"自由状态"的可能性，不能从发展的、成长的角度来解决从未成年人到成年人的自由问题，教育的价值也正在于此。儿童或未成熟个体在法权上是有限责任主体并不意味着他们不应当拥有权利或自由，理性能力和责任能力依然存在于儿童的主体可塑性中。^②从这一点而言，哪怕是最小的儿童，都拥有能够成长为自由主体的可能。

---

　　① 当今教育学也包括成人教育、终身教育等，也有部分教育对象是成年人，但是一般而言，教育学研究的重点依然是未成年人。

　　② 周兴国．教育自由及其限度［D］．南京师范大学，2007：17．

哲学与教育学在讨论"什么是自由人"问题上有着鲜明的对比，西方哲学家和教育学家康德对自由的相关论述可见一斑。康德在哲学层面讨论"自由"时将其分为了三个层次：先验自由——自由意志、实践自由——道德律令和自由感。实践自由是以先验自由为基础的主体与外在规律的同一，而自由感是对自由意志和道德自由的某种暗示和类比。因此，解决自由问题最关键、最核心的是要从逻辑层面清楚地说明预设的"先验自由"概念的产生路径以及意义价值。首先承认人是具备理性的，是理性的存在，理性是追根溯源的逻辑，世间一切需有因有果，理性的存在发展到极致就必然承认因果决定论，这意味着人从出生到死亡是被规划好、计划好的，任何人的任何决定都是因果决定的产物（康德所说的自然因果性，也是指必然性），人被完全束缚在理性的框架之下。然而现实中的人并不必然认同因果决定论，也更为相信自身不完全被外界所左右，拥有自我选择、自我决定的能力。这与由纯粹理性推论出的结果截然不同。因此，康德将纯粹理性踢出了人之自由论证的范围。在经验世界中，人能够自我决定、自我选择是因为具有自由的能动性，能动性意味着人之主动性，人之主动性表明了人的实践性质，而经验世界中人的自由从何而来？纯粹理性已经被排除在外，还有实践理性可供选择。实践理性是为道德和信仰留下的地盘，这意味着经验世界中、精神层面中自由的存在即自由的意志。人之自由意志属于"在我们的思维之外没有任何以自身为根据的实存"[①]，是我们思维中的表象，这种表象的非感性原因（即理性原因）无从获得，因此"我

---

① （德）康德. 纯粹理性批判［M］. 邓晓芒，译. 北京：商务印书馆，2004：405.

们不能把这个原因当作客体来直观；因为这一类对象将必须既不在空间中，也不在时间中得以表现，而没有这些条件我们根本就不能设想有任何直观"①。自由意志成了无法在经验世界或理性世界中被证明的、超脱于时间和空间之外的"直观"，那么自由意志只能归为先验的存在或观念，成为"先验自由"。在先验自由的设定下，主体区分自然之自由（自由因）、实践之自由，主体才能具备意志自由，在经验世界中获得自我决定的能力。从康德对"自由"的哲学论证中，可以看到他对自由观念论证的环环相扣，逻辑清晰且严密，通篇讨论自由与主体，却极少描述自由主体所拥有的特征。然而，在康德的《论教育学》中，同样是对"自由人"的讨论，却有着天渊之别。康德将哲学上抽象的关系性讨论进行了实体化的描述，认为一个现实的自由之人，应该是拥有服从的能力，听得进教诲和教导，掌握必备的生存、生活技能，能够适应现代社会，与他人和谐相处，拥有价值判断，有选择善的能力和意愿。②这种自由之人，兼顾了个人需求与国家要求，融合了技能发展与道德能力。除此之外，康德在哲学中并未提及人如何被培养成"自由之人"，而是直接论证人应该是"自由之人"；在教育学讨论中，他还特别注明了人的自由培养要经历四个阶段：规训化、文化化、文明化和道德化。

法权意义和教育学意义上在讨论"什么是自由人"问题时也有着较大的差异。法权由于其概念的模糊性，可以被分为广义和狭义两个概念：广

① （德）康德. 纯粹理性批判［M］. 邓晓芒，译. 北京：商务印书馆，2004：407.
② （德）康德. 康德教育论［M］. 赵鹏，何兆武，译. 上海：上海人民出版社，2005：51-52.

义的法权是指主观应该性；狭义的法权则是通过法律确认与保护的权利。法律性是法权的最基本属性，也决定了法权的缺陷性。这样，狭义的法权概念就被归入法学的范畴，是法律规定的权利与法律权力的统一体。法权上的自由是以权利的形式来呈现的，以权利来保证自由是法权意义上自由的一个独特体现。法权意义上的自由伴随着市民社会的兴起而不断被论证，特别是启蒙运动时期对人权、人之价值的看重与国家主义之间的张力，更突显了法律上对人的自由权利保障的必要性。法权意义上对自由的解释，是依附于国家观念、公民观念等产生的。例如，霍布斯（Thomas Hobbes，1588—1679）认为公民社会存在的自由是以立法者的存在为前提的，并在联邦内部建立了法律和权威；洛克认为法律抵制了他人的行为限制了自身的意志和行动，自由是在法律中确定的。二者都认为法律是确保自由的手段，因为它们确保其他主体不会被政府或主权机构所约束或威胁。法律中的自由是消极的，拥有着"法律的沉默"，即在特定的生活领域中法律是无法监管的，立法者在这些领域中保留沉默和空间。也有政治学家认为，强制是自由最大的潜在威胁，例如边沁（Jeremy Bentham，1748—1832）认为自由是在没有强制的情况下发现的；柏林和哈耶克都认为，如果个人能够为自身保留或预留"保护他免受这种干扰的某个私人领域"，这是唯一可能会让强制得以预防的途径；诺齐克（Robert Nozick，1938—2002）、科恩（Gerald Cohen，1941—2009）等认为，自由和不自由被理解为与其他人的行为产生的潜在的障碍或阻碍有关，并取决于他们是否有权采取行动。以上种种讨论，都可以总结为一句话：自由是免除他人施加的公民或国家的限制，因而享受自然是个体的自由；自由是私人决定的问题，由适用于所有人的法律和一般权利来保障。因此，自由是通过法律手段体现的，在政治和国家之外，只能由政府为了自由而有所限定。法权意义的自由论证了法律在自由行使中的权利和限制，主要是针对理性充分发展的成年人而设定的；而教育学意义上的"什么是自由人"讨论，则更加侧重于这种自由人是如何培养的，其中"理想的自由人"的形象必然包含着法权意义上自由人的某些特征或特质，尤其是法律提供的自由权利的获得和遵守。

（三）教育学因关注实践过程而关注人的自由发展路径

无论是哲学还是法学，其研究重点都在于建构理想的自由人的形象或特征，讨论这些特征存在的合理性和现实性，而鲜少关注如何培养自由人的路径问题。这是与它们的学科性质和学科任务相关的。然而，教育学的学科性质和学科任务在于培养全面而自由发展的人，关注的是培养的过程问题。从这一点而言，教育学与哲学或法学都有所交叉，但是三者都无法相互包含，教育学是哲学和法学的应用领域。

教育学研究的是未成年人走向自由人的过程，在这个论断中，首先要明晰过程的概念。过程是现实世界中的事物或活动产生、发展、变化的连续性在时间和空间上的表现。[①] 过程的概念既是抽象的又是具体的，它拥有具体的逻辑展开：在横向上可以引出层次、结构、内容、形式等范畴；在纵向上可以引出历史、时间、空间、运动等范畴。教育学领域中的过程概念，是在过程的一般概念中演化出的特殊概念。教育过程[②] 不同于一般

---

①　柳海民.教育过程论［M］.重庆：重庆出版社，1994：88.

②　在这里教育过程是对"教育学下视角的过程"的简称，教育过程中的教育是一个动词，是教育学下视角的教育，而非普遍的、一般性的教育概念。

过程，它是使人获得特殊成长的过程，是在人的正常成长过程中，通过特定的设计或训练，加速其自然成长的过程，使人的知识、技能、智力等获得特殊的增长和发展。

首先，教育过程中双主体的特性决定了教育过程是一个施教与受教的双向互动的过程，在这个过程中，双方主体具有时间和空间上的连续性和共存性，在交往中高度配合协调，共同参与争取双方自我实现的过程；其次，教育过程中教育目标规定的个人和社会需要的统一决定了教育过程是一个主体个体化和社会化的过程，即教育过程是一个个体自由与社会自由的统一的实现过程，个体通过教育成为独立存在、独立判断、自我决定的自由个体，在此基础上，通过人与人、人与社会的联系和交往成为社会中的自由公民；再次，教育过程中教育者与受教育者的相互作用决定了教育过程是教育与自我教育协调统一的过程，即在教育过程中，主体双方都能被对方的精神、行动所影响并进行反思，尤其是在进入信息化社会后，知识反哺的情况愈加显著，而线上学习所带来的自我学习和自我教育也使得教育在一定程度上脱离了空间和时间的限制，在这种情况下，教育中的自由的范围也愈加扩大；最后，教育过程中受教育者身心不断发展的必然决定了教育过程始终是一个内化与外化交错递进的螺旋式上升的运动过程，对外在自由的内化可以构筑内在自由的基础，而内在自由的外化可以彰显外在自由的广泛，当外在规范成为内在自由的框架和限制时，内在自由的外化则成"随心所欲不逾矩"的风流，最终形成内外皆自由的能力。

三、本章小结

"自由"是一个常谈常新的话题，也是一个复杂的概念。诸多学科都对此有所涉猎和研究。一方面，这为研究自由提供了广泛的、大量的、多视角的资料，另一方面也凸显了该话题的多元性和复杂性。"自由"是话题而非问题，当自由话题进入教育学领域，并与当代中国相结合，就成了问题，即当下我们需要什么样的自由人？如何养成这样的自由人？问题的核心在于"如何养成自由人"上。该问题融合了时代性、地域性和学科性；从时间上定位于改革开放新时期，从地域上定位于中国，从学科上定位于教育学。当代中国在改革开放后发生了翻天覆地的变化，整体处于一种全面的、多层次、结构性的变革时期，这种变革涉及了工业化、城市化、民主化等多个领域。处于这种社会大变革中的中国人，既有根植于骨血中的勤劳、节俭、依赖心理、看客心理等传统文化，又拥有受西方文化影响的自由、平等、利益至上、物质崇拜心理，两者在中国人身上纠缠形成了过渡性人格。现代性与传统性人格的交织和矛盾，导致了个人主义与集体主义、利己主义与利他行为、解构主义与核心价值、工具理性与价值理性的冲突，其中最突出的是由于核心价值的解构导致的人的精神空虚，生活被工具理性支配的异化劳动。社会主义核心价值观的提出正是应对这种精神空虚和价值虚化的产物，无论是社会主义核心价值观的内化还是过渡性人格向现代人格（自由、平等、民主、理性等）的转变都需要教育的作用。

从教育学视角来讨论"自由人如何养成"的问题有重要的意义和价值：

首先，教育学中的自由人是在具体境脉中的个体生命，而非抽象的、概括化的普遍人特征；其次，教育学中研究的自由对象是未成熟的个体，即处于发展的、不确定的未成年人，而非已经具有完全责任的成年人；教育学研究的是自由人的成长路径和过程，而非是自由人的特征和存在的合理性与现实性。从这三个方面而言，从教育学角度来研究自由、自由人是必要的、有价值的。

第二章　教育学在自由性质上的学科立场

前一章解决了两个核心问题：第一，为什么"自由人如何养成"这一核心问题是当代中国这个时代、场域中必须要解决的问题？第二，为什么这一核心问题必须要从教育学视域中寻求可能的、开放的、合理的答案。延续以上问题的逻辑思路，本章将从人类思想和行动的基本概念——自由——开始，重点解决教育学视域中"自由"的独特性内涵及本研究的立场。

首先，教育学认为自由是作为一种能力的存在，这是从认识论、知识论的角度来定义自由，将自由作为一种能力是洛克、卢梭、赫尔巴特、马克思、杜威等人的看法，正是因为自由是一种能力，对什么是可以做到与什么是不可以做、能够做什么与不能做什么、是否要行动都要有清晰的定位，才需要教育的参与，从而也为教育作为自由人培养的手段奠定了基础。

其次，教育学认为自由是主体的一种关系品质，这是从价值论的角度来定义自由，教育本身涉及多方主体，教育学本身要求的指导与善意也要求善的伦理的存在，而自由也必然是摆脱什么、能做什么和主体行动者之间的三维结构。教育主体无论是遵循自由的他律原则还是自律原则，都将形成有关自由的责任。因此，教育学将自由作为主体间的责任关系的观点是自由内涵的应有之义。

最后，教育学将自由视为主体的实践①品质的存在，这是从实践论上对自由内涵的界定，教育作为培养人的实践活动是毋庸置疑的，而且教育的最终目的指向了人类的自由解放；自由不能仅仅停留在口头、语言、思想上，更重要的是体现在决定、行为等方面。因此，教育学的自由是一种培养能力的关系性的实践活动，这也是本研究的自由立场。

一、自由即主体的能力

能力所表达的是人的心理、行为品性或状态。"能力"一词最早出现在《吕氏春秋·适威》，"民进则欲其赏，退则畏其罪。知其能力不足也，则以为继矣。"②这里，能力被当作一种在具体情境下人类的一组行为。行为是外化的、可观察的，能力展现在人的行为上。能力，还被看作心理学概念，是指直接影响人的活动效率的心理特征，是使活动任务得以顺利

---

① 在这里，实践指向的是马克思主义的实践含义，马克思的实践概念有两个含义，一是客观现实性，是主体对客观对象进行有效改造的活动；二是对人类各种生活活动的最一般的抽象。因此，马克思的实践概念是行动、活动、劳动的一般化。具体可参见：李恩来，靳书君.马克思主义"实践"概念中国化的演变与影响——以《共产党宣言》的汉译本为线索［J］.思想理论教育，2019（02）：30-37.

② （战国）吕不韦.吕氏春秋·适威［M］.郑州：中州古籍出版社，2010.

完成的必备的心理条件，包括心理和行为两个方面。① 在这里，能力是人在从事某种活动所需的多种心理品质的概括化，是知识获得、技能掌握的前提，是其可能性而非必然性，并影响掌握知识、技能的难度、速度、程度和运用的灵活性。这时能力已经包括了内在的心理活动和外在的行为表现，能力的展现是依靠行动而外显的。

在教育学中，能力被视为主体最重要的一种本质力量，是人的创造性、主动性、内发性的结合体。② 能力被认为是主体先天的潜能，是能够指导人创造性地运用自身的理性来解决实践问题的精神力量。心理学上的能力是指主体的自我发展结果指向性，是自发的可能性；而教育学意义上的能力，是以人为的教育结果为指向的，其中包括言语信息、智慧技能、认知策略和动作技能等方面的可能性。③ 能力概念的复杂性在于，某些能力是先天性的，如主动性、学习能力，而某些能力则是在后天培养下才形成的，如批判能力、反思能力、解决问题能力等，后天能力是在先天能力的基础上经过教育锻炼的结果。无论是先天还是后天的能力概念，能力总是与实践相联系，没有实践行为难以展现个体的能力。

（一）自由作为法权向作为主体能力的转向

当提出自由作为一种能力存在的命题时，可能大多数研究者都是难以认

---

① 王振宇. 心理学教程［M］. 北京：人民教育出版社，2001：225.

② 杨洁. 能力本位：当代教师专业标准建设的基石［J］. 教育研究，2014，35（10）：79-85.

③ 吴红耘，皮连生. 心理学中的能力、知识和技能概念的演变及其教学含义［J］. 课程·教材·教法，2011，31（11）：108-112.

同的。研究者们更倾向于从政治哲学或者法权的意义上来看待自由，这样的自由被认为属于权力范畴。这样的权力范畴赋予人们以政治选择的权力，文艺复兴以来尤其是启蒙运动以来，将自由看作是一种权力的观念是如此深入人心，以至于从文艺复兴的马基雅维利（Niccolò Machiavelli，1469—1527）到后现代社会的福柯、格林（Maxine Greene，1917—2014）、佩蒂特（Philip Peftit，1945—）等都有相关方面的论述。马基雅维利认为，冲突、权力、控制和表征是为构成自由的一部分，他强调了一种国家主权下的集体自由，在他看来，个人自由只有在一个自由国家内才有可能实现，这个国家是基于自由制度的国家，所有公民都可以参与其中，因此完全不受其他国家的意愿影响。这是主权自由最开始的论述，也是自由作为权利的思想起源。

随后，霍布斯、边沁、柏林等人都将自由作为一种消极自由的概念来呈现。霍布斯认为，自由意味着不阻碍行动，在这个意义上，人类是自由的。他将这种自由与主体自由区分开来，主体自由是公民社会内可能存在的自由，是以立法者的存在为前提，并在主权国家内建立了法律和权威。同样，主体自由也是消极的，它在公民社会中保留了"沉默地带"，即在特定的生活领域中采取不干涉的态度。洛克在法律层面确立了自由的边界，法律被视为保障自由的手段，可以确保主体不会被政府或者主权机构所约束或威胁。随后政治学家转向了将强制作为威胁自由的主要方向。边沁认为，自由是在没有强制的情况下被发现的；以赛亚·柏林（Isaiah Berlin）和弗里德里希·奥古斯特·冯·哈耶克（Friedrich August von Hayek）都认为，如果个人能够为自己保留私人领域不受干扰，那么自由就是可能的，这样私人领域和公共权力领域之间就有一道清晰的边界；罗尔斯（John

Bordley Rawls，1921—2002）、罗伯特·诺齐克（Robert Nozick，1938—2002）等认为，这个私人领域由不可剥夺的权利进行保障，从而将国家干预降到最低，即最小国家原则。亚里士多德的后继者汉娜·阿伦特（Hannah Arendt）认为，自由只有通过政治或政治行动才能实现，作为一种自由理论，人是一种政治动物。[①]这种自由主要体现在行动中，而且这种行动只有在伟大人物以艺术的形式积极参与公共领域才有可能。佩蒂特认为，自由作为非统治的概念而存在，自由和正义取决于共识，或者自由取决于国家"共同的、可识别的利益"。

现代社会对自由的认识，不仅仅局限于消极自由，还要求自由是一种综合性的概念，即我可以自由地做某事，意味着我有能力做某事。因此，真正的现代自由被认为是一种内在能力，因为它把自由视为我决定我将要做什么以及我有能力做到这一点的组合，也可以说是"实现自由"。在将自由作为一种能力来看待时，自由才有被培养和实现的可能性。法农（Frantz Fanon，1925—1961）说，人的状况是自由的，而且自由存在于选择和行动的能力中。[②]这意味着作为人类理想的自由，其实现取决于主体的能力。无论是人们想要选择做什么，都需要相匹配的能力才能达到。事实证明，将自由视为能够确定自己将要做什么并且有能力来做的想法比通常所假设的更为普遍。哪怕是柏林在积极宣扬其消极自由的同时，最终也会关注某

---

① Arendt H. Freedom and Politics［M］// D. Miller（ed. ），The Liberty Reader. Edinburgh：Edinburgh University Press，1961：58-79.

② Fanon, F. Black Skin, White Masks［M］// H. K. Bhabha and Z. Sardar（eds），trans. L. Markmann. London：Pluto Press，2008：180.

人是否能够行使自己的权力，是否拥有选择自由的能力。

马克思为自由作为一种能力提供了非常有益的观点。在《德意志意识形态》及其以后的作品中，马克思区分了三种概念的自由：第一种概念将自由作为消极自由，更准确地说，是自由主义的"纯粹自由"；第二种概念将自由定义为主体做出决定或管理自己的能力，这个概念与康德的自由概念颇为相似；第三种概念将自由看作是复杂的概念，包括决定做什么的能力和决定做什么的权利的联合，马克思认为第三种概念是唯物主义的自由概念。①马克思提供了一种思考自由与个人行使权利的能力之间的关系。在他看来，自由是一种有效的能力，是实现理想的存在与行为的先决条件。马克思的自由概念影响了其后哲学家对自由的认知和分类，如泰勒（Charles Taylor，1931— ）指出，如果我们可以自由地操作某种能力，但这种能力在某些方面没能实现或者受阻了，那么我们就是不自由的……因为自由相关的能力涉及自我认识、自我理解、道德辨别、自我控制等等。②正因为人拥有自由的能力，因此才能真正存在自我的概念。

（二）自由作为主体能力的教育学解释

将自由作为一种能力的观点同样也影响到了教育学领域。自认为是社会主义者的杜威在讨论自由时说："自由是一种力量，这种力量让人能够做具体的事情……自由的需求是对力量的需求。"③他参考了马克思关于

---

① Hamilton, L. Real Modern Freedom [J]. Theoria, 2013, 60 (137)：1-28.

② 查尔斯·泰勒. 消极自由有什么错 [M] // 达巍. 消极自由有什么错. 达巍, 译. 北京：文化艺术出版社, 2001：73.

③ Dewey, J. Problems of Men [M]. New York：Greenwood Press, 1968：111.

自由的观点，认为自由是复杂性的概念，是与文化联系在一起的，文化在不同的群体中有着截然不同的呈现，人们有能力根据自己的喜好定义自己的文化，民主性的社会也会为这种文化的选择提供自由选择的权利。为了调和社会的不同要素，建立一种能为民主和自由社会创造适当条件的共同文化，杜威建构了一整套以个体自由与民主社会交织的教育体系，来促进自由和民主的价值。在杜威之后的教育学家，尤其是持有马克思主义观点的教育学家，都普遍地认为，自由在某些方面是一种能力存在。如保罗·弗莱雷（Paulo Freire）认为，自由是一种自我解放，是发现自身被统治的现实，是对统治事实的批判和反思，无论是发现、批判还是反思、反抗行为，都是主体能力的展现和外化，整个自我解放都是主体能力的展现。

　　通过教育，使未成熟者[①]知道什么是可以做的什么是不可以做的，获得有关自由的认知；使未成熟者获得怎样达到自由或用什么方式达到自由，这是获得有关自由的能力；通过获得自由的认知和自由的能力，在日常生活中践行自由，这是获得有关自由的行动。自由本身包含着认知、能力和行动，教育存在的价值是让未成熟人获得自由的认知、能力和行动，获得达到未来公民完全意义上的自由所必需的内在条件，消除自由的内在障碍。这种观点在启蒙运动时期的教育学家的思想中已经有所萌芽。

　　卢梭作为现代教育的奠基人，认为人是自然状态和自然法则张力中的

---

①　"未成熟者"这一概念始于德国教育学家本纳在《普通教育学》中的界定，在该书中，本纳认为未成熟者是相对于成熟个体而言的，成熟个体既包括在年龄、身体状况、心理结构等方面的成熟，也包括在理性发展、独立自主等方面的成熟，尤其是指后者的成熟。无论是哪一方面没有发展成熟，都属于未成熟者的范畴。

自由个体。他认为人是生而自由的，自由的本能或天赋是隐含在人的天性中的，这种天性自由的潜力或潜能让个体在教育的引导下有成为自由人的可能。然而人的社会生活无所不在枷锁之中，法律、社会风气等的影响都是对人的自然自由的一种浸染，为了摆脱社会不良环境、法律的束缚，卢梭用"公意"或契约精神来解决这一难题，教育培养人的理性以赞同公意，实现社会契约，人就会在社会环境中重生，成为新的"自由人"，这种自由人是自然自由和社会自由的结合体。卢梭的这种自由人的讨论影响了同辈和后继研究者，如洛克、康德等人。他们都认为自由是先验的，是天生的，是人内在的潜能；现实中人之不自由都源自社会、人与人的交往，因而都主张通过教育来抵制某些不当的社会影响，不同的是他们对公共意志、公约等的适用范围的认识有所差异。卢梭将公约看作人实现自由的必经途径，如果某人不服从由公意产生的契约，公共意志可以强迫他服从，迫使其自由。洛克则将公意的适用范围缩小了，他认为生命、财产和自由是天赋的"人权"，是不可让渡给公意的，这样就为保留人的个体自由划定了底线。公共意志不可侵犯人的基本生命、财产和自由，如果公共意志的权力过大，就会侵犯他人或受制于另一个人的政治权力。在洛克看来，自由是人之本质，人的一切权利都是自由的体现。康德则将自由分为了三类，除了卢梭、洛克等都承认的先验自由、先天自由外，还将自由分为了道德自由与权利自由。道德自由是一种理念，是理论上的权利学说；政治法律中的自由是一种权利，是应用上的权利学说。先验自由保证了个人自由的内在性和普遍性，而道德自由和权利自由则保证了公共权力的关系性和公共性。个人自由与他人自由权利的一致性是权利自由的目的，公共的法权是"使这样一种彻底的协调一致成为可能的那种外部法则的总和”，是一种“现实的、与权力联系在一起的立法制度”。[①] 公共权力的核心是公共性，是正义理论的基础。康德关于道德自由与权利自由的这种区分，也反映在其教育学思想中，自由人的培养从服从开始，通过文明化和社会化，最终达到道德化。文明化和社会化可以说是权利自由的阶段，而道德化则是道德自由的阶段。先验自由或生而自由的观念将自由视为一种潜在的能力，这种能力可以被教育所引导；而后天的权利自由或道德自由则是经验世界的产物，是通过教育引发的先验自由在世俗世界的外显。

康德对自由的这种划分被费希特和赫尔巴特等人扬弃，费希特否定了康德的先验自由理论，认为人是先天的理性存在者，不过生活在现实、经验的社会中产生了经验自我与理性自我的差别，承认自我是理性的存在就会承认他者同为理性存在者，理性存在者之间的相互交流、思考和活动，才推动了理性存在者成为自由存在者，因此教育在于不断减少经验自我，培养人的理性，进而推动自我决定的产生。赫尔巴特同样反对先验自由论，认为先验自由与纯粹意志排除了人的发展的主动性和可能性，只有在反对先验自由基础上，自由人的培养才能为教育开辟通路。赫尔巴特将自由从形而上拉扯到了人间，认为自由表现为做这个、不做那个的可能性和能力，这样自由就具有了经验的确定性，成为经验世界的存在。

中国自古有“能力”的说法，而且还将能力划分为先天与后天类型。孔子将人分为四等：生而知之、学而知之、困而学之、困而不学。通过学

---

① （德）康德，何兆武．历史理性批判文集［M］．北京：商务印书馆，1990：181-182.

习和教育区分了人之知识和能力的等级。这就意味着，某些知识和能力是先天就具备的；有些知识和能力是通过学习和教育才能获得的。在此基础上，孟子将孔子的"生而知之"变为了精致的"人之所不学而能者，其良能也"①，即人生来具有的能力，"非由外铄我也，我固有之也"②。在孟子这里，能力已经完全变为了天赋，而且这种天赋是人皆有之的，这样，每个人都有成为"圣人"的可能。不过，人之能力的讨论最终指向的都是人之"良知"，良知是良能的目的和终点，因此在孟子之后的董仲舒、二程、朱熹、陆九渊、王阳明等人，都是致力于发展人的良知而非讨论人的良能问题了。从总体上看，中国传统教育中的"能力"观点倾向于天赋，是每个人必备的，是主体的一种可发展、可塑造、有潜力的内在的能力。而自由人的养成，正是建立在天赋的自由能力基础上的。需要指出的是，中国传统教育中的"良能"与良知一样，仅仅是在道德教育的领域内的讨论，是行为品性的范畴，而非像当今"能力"一样拥有多样的内涵。

其实这也是可以理解的，当自由成为主体的一种内在能力的观点被认同后，自由才有可能放弃飘浮在空中的状态。即使人们都了解抽象的自由是什么，也并不意味着每个人都能从概念中抽取出自由行动的原则和方法，而这些，恰恰是教育学的工作。教育学将抽象、普遍化的自由概念具体化、可操作化，成为培养自由人的方法。

---

① （战国）孟轲. 孟子［M］. 尽心上. 杨伯峻，杨逢彬，译. 长沙：岳麓书社，2000.

② （战国）孟轲. 孟子［M］. 告子下. 杨伯峻，杨逢彬，译. 长沙：岳麓书社，2000.

二、自由即主体间的关系性品质

（一）自由作为伦理学概念的关系性品质

从西方哲学史的发展来看，自由最先被作为一种政治学和伦理学的范畴被发现和讨论，亚里士多德将自由作为城邦公民的应有品质或美德进行了论证，自由民通过知识获得自由，但自由民是天生的，后天的培养确定、巩固和印证了这种天赋自由，而自由教育也成为自由民再生产的工具，自由是贵族的、精英的特权，开启了自由作为伦理学的道路。这种影响传承到了中世纪末期，自由意志被作为上帝赋予人的内在品性被奥古斯丁（Aurelius Augustinus，354—430）等神学家所发扬。到了近代，自由从贵族转变为普遍性的人类天性追求、天赋被哲学家论证，无论是马基雅维利还是霍布斯等，都是从城邦国家主权的角度来论证自由问题，而卢梭将这种主权国家的自由赋予了自然主义哲学的特色。自卢梭开始，自由真正从贵族走向了大众化和平民化，也奠定了人人平等的基础，这种人人平等的自由理念也得以拓展和实践。自由作为主体的法权意义上的存在和作为主体的天性存在成为最核心的讨论议题。然而，将自由看作是主体的一种道德品格存在具有教育学上的重要意义，同时也是当前对自由认识的一种回归和突破。

（二）自由的关系性品质的教育学解释

主体并非存在于真空之中，无论是主体与自身的交往还是与其他主体的互动，主体的交往决定了主体的关系性质。教育学对自由的论述以"关系性"为核心特征，第一，源于教育学的研究主体：教育者、学习者、教育手段／教育资料／教育内容三者之间存在着复杂的、互动的关系。教育者与学习者之间构成教与被教的关系；教育者通过传授教育内容给学习者，从而促进学习者的学习；学习者一方面可以通过教育者的教学进行学习，也可以依靠学习内容进行自我学习；主体之间与学习内容之间构成了客观的关系，教育者与学习者作为教育学的主体，存在着超脱于客观关系的伦理性关系，即教师与学生都需要遵守一定的伦理道德准则，以维护自身利益和不干涉对方的自由权利。鲍曼（Zygmunt Bauman，1925—2017）指出，自由只有作为一种社会关系时才能存在，是一种与个体之间的差异性密切相关的属性。自由确实是一种社会关系，一种不对称的社会关系（甚至权力关系）。[①]正如鲍曼所言，教师与学生之间存在着不对等的自由关系，教师作为教育的主导／引导方，对学生负有更多的责任和义务；学生作为主动的学习者和有限理性的存在，会受到教师善意的指导／干预，从而成长为不需要教师指导的真正主体，在此之前，他无法摆脱这种教师善意的影响。

第二是教育学的核心要求——"教育性"决定了教育者与学习者之间的伦理关系特性。并不是所有的指导、训练都具有"教育性"。"教育性"概念由赫尔巴特首次提出，它拥有两个核心要素：指导和善意，指导针对的是学习者思想范围的扩展，[②]对思想转向的引导（这是教育内容客观上

---

① （美）泽格蒙特·鲍曼. 自由［M］. 杨光，蒋焕新，译. 长春：吉林人民出版社，2005：1.

② （德）赫尔巴特. 普通教育学·教育学讲授纲要［M］. 李其龙，译. 北京：人民教育出版社，1989：7–8.

的存在）；这种指导是善意的而非恶意的，是为了学习者更好的发展，为了学习者更美好的未来而存在的善意，教育者存在着善良意志，在教育过程中将这种善意行为转化为爱。出于爱和善意，教育者就会尊重学习者的自由权利，不会对学习者恶意干涉，即使是管理也是为了防止他伤害自己或他人，在消极自由的指导下走向积极自由，让学习者拥有实现自由的能力。"教育性"本身就具有善和真的内涵，是教育学本真的追求。

第三，从自由的内涵而言，自由总会涉及主体间或多个主体想要摆脱什么，能够做到什么，能够成为什么这样的内容。正如麦卡勒姆（Gerald G. MacCallum，1845—1928）而言，无论何时在讨论一个主体或众多主体的自由的时候，总会涉及摆脱什么限制、束缚、干预和障碍而得到的自由，从而能做或不能做什么事情、能成为或不能成为什么状态。这种自由总是什么主体的自由，从脱离什么障碍中获得自由，从而能做或不能做和能成为或不能成为什么，这是一个三维的关系。① 自由本身就拥有着关系特性，而教育学下的自由讨论增加了更为具体的主体和能力内容。

（三）自由在教育情境中伦理关系的两种倾向

关于教育者与学习者之间的伦理关系认定，大致上有两种哲学流派或倾向，一种是认为主体的这种交往是以尊重他者的存在为基础的，也因为他者而有意义和价值；另一种是认为主体的交往是以自身的内在道德准则

---

① MacCallum, C. G. Negative and Positive Freedom［M］// 应奇，刘训练.第三种自由.上海：东方出版中心，2006.

为前提的，主体因自律而高尚也因此而对他人负有责任。前者以列维纳斯（Emmanuel Levinas，1906—1995）为代表，后者以马克思为代表。

列维纳斯认为，摆脱我们的本性和存在的局限性，而不是让我们自己的独白来主宰世界，这是人类自由的真正意义。真正的自由不是我们内心的自由，也不是权利的自由，也不是对他人和世界的统治或控制，而是在其他主体那里实现自由。"自由源于它无法承担的责任，一种没有自满的提升和灵感。"① 在他看来，人类的自由是作为主体的自我与他者之间的互动和关系，因此自由必然是以他者为基础。当他人使用他的权力或意志时，自我自身的意志和权力并不会被他人所操控，但是当他者以无形的方式来使得自我要为他者负责时，这时的自我是自由的。之所以说他者是自由的基础，是因为在人们理解、反思和分析世界之前，人类的原始的、普遍的经验就会发生。我们与世界的理智的联系是导致主体超越自我内在的原因。我们生活在同一个世界中，自我是由他所遇到的远远超出他所能包含的事物领导的，这是超越和灵性的先决条件。因此，在自我和意识的神化和综合之前，自我已经遇到了他者。他者的特征是绝对的异质性，使其他任何人都不能同化另一个人。因此，我们不了解他者也不能将他者客体化从而使其成为我们已知领域的一部分。他者的这种不可知性让我们不能支配他者，而来自他者的呼唤又限制了我们的行为。因此，主体的自由是以他者为基础的。自我与他者之间的关系是不对称的，"我"对"他"的责任是无条件的，而且是在主体能够选择之前。

---

① Levinas，E. Otherwise than being or beyond essence（A. Lingis，Trans.）［M］. Pittsburgh：Duquesne University Press. This text will be cited as OB for all subsequent references，1998a：124.

　　列维纳斯关于自由作为他律的讨论是从伦理学的视角展开的，自由作为责任的、伦理的、道德的存在必然是关系性的。他认为，真正的自由必然是伦理上的自由。从总体而言，自由作为他律性的存在很有颠覆性的意味，毕竟从康德开始，自由作为自律性的存在就广为人接受了。然而，从自我无法理解他者的异质性的角度分析，跳出自我主体的圈子，他律确实是可以成为主体自由的标准或条件。在这里分析列维纳斯的观点的价值在于，他提供了一种从外观的视角、伦理关系的角度来讨论自由的界限与可能。从教育学视角对自由的定义或讨论，不可回避伦理学的这种关系视角，因为从教育学所处理的问题而言，都涉及人与人的关系或人与物的关系。

　　自由作为主体的一种关系性的品质有着重要的教育学意义。马克思认为，自由关涉到主体与客体、主观与客观的关系范畴。主体与客体的关系范畴大致可以包括主体与他人交往的关系、主体与社会、国家互动的关系、主体与自然环境互动的关系；而主观与客观的关系范畴大致可以包括主体自我与自我认知的关系、主体精神与主体行动的关系等。自由既是一种客观性的存在，又是一种主观性的感受；既是主体应该享有的权利，又是主体能够拥有的能力。马克思一再强调个体通过自由的活动实现他们自身的价值，主体能够自由地活动意味着主体拥有各方面的能力，包括人的体力、个性、智力、德行以及音乐、审美等各方面的综合能力，[①]并且社会也提供了让主体能够自由选择活动的机会或平台。自由作为能力的存在意味着

----

① 周文文.伦理·理性·自由——阿玛蒂亚·森的发展理论［M］.上海：学林出版社，2006：133.

教育在其中的重要作用，然而仅仅培养主体的能力，而无视主体间自由的界限，依然会导致严重的后果，这也是马克思提出自由与责任关系的原因。主客的关系结构及其存在法则要求主体的自由是一种具有边界的自由，对自我自由的追求是在对他人自由负责的基础上的，因此，自由总是与责任相连。这也意味着，教育不仅仅要教授未成熟人自由的能力，同时也需要将自由的责任蕴含其中。

在中国传统文化中，自由一直以自觉的概念而出现，在牟宗三看来，人之自觉其实就是康德所谓的自律，人之良知是为康德的自由意志①。自觉是以自我觉醒、自我察觉、自我反思为含义的，这就意味着，自觉至少包含着自我约束在内。孔子认为，自觉是"从心所欲，不逾矩"，即自觉是一个从外而内的道德自律的过程；曾子认为，"吾日三省吾身"，在自我的反思中形成道德自觉；孟子认为自觉是"求放心"，通过教育将人内在的良知重新恢复清明的过程；王阳明认为"致良知"是为自觉，良知为善，扩充良知才能达到自觉之境界。到了梁漱溟、牟宗三等为代表的现代新儒家，自觉成为人之主体的能动性，是主动性、灵活性和计划性的统一，是内在于心的自我觉醒和自我认知②。总而言之，在整个中国的传统文化中，自由一直是以道德自律的人格形象而存在，是自我内省、反求自身的过程。

自由与责任相关的观点在教育思想家的讨论中并不罕见。从康德开始，

---

①　闵仕君.牟宗三道德的形而上学研究［D］.华东师范大学，2003.

②　刘梦溪，梁漱溟，梁培宽，等.中国现代学术经典 梁漱溟卷［M］.石家庄：河北教育出版社，1996.

自由作为主体自律性的存在就毁誉参半，而列维纳斯将主体自律改为了主体他律。无论是自律还是他律，都脱离不开自由是与自我和他人相关的这一观点。这种观点也广为教育家认同，而且他们致力于将这种观点实践于教育理论和实践之中。教育培养人的目的无法外求于政治、经济、宗教等其他实践领域，只能内求于己，期待能够在自我约束、自我决定、自我选择方面侧重的实现自由。

三、自由即主体的实践品质

（一）自由指向主体的解放和实践

在政治哲学史上，自由被划分为两种观念，一种是正面的积极自由，一种是负面的消极自由，对于伯林（Sir Isaiah Berlin 1909—1997）来说，消极自由是一种不存在干涉的自由，而积极自由则包含着自我实现和自我掌控的问题。虽然众多政治哲学家都对伯林关于自由的两种划分有所批判或持有保留态度，不过他的框架仍然主导着围绕自由的意义和价值的思考，特别是它使当代关于自由的学术讨论形成了三种思想流派：一种是新罗马式共和主义 [1]，主要学者有斯金纳（Quentin Skinner，1940—），波科克（J.G.A.Pocock，1924—）和佩蒂特；一种是马克思主义学派，牛津晚期的哲学家杰拉尔德·科恩是重要代表；一种是社群主义，以桑德尔（Michael J. Sandel，1953—）、麦金太尔（Alasdair MacIntyre，1929—）等为代表。新罗马式共和主义的自由观点，用斯金纳的话说，是自由涉及"任意"性，

---

[1]　A Bogues. And What About the Human？：Freedom, Human Emancipation, and the Radical Imagination [J]. boundary 2, 2012, 39（3）：29–46.

同时波科克提出自由可以通过政治团体来实现，并且与主体参与和关注共同利益有关；佩蒂特则认为，虽然自由是关于不干涉的消极自由，但是自由也是非统治的自由，这种非统治具有特定的特征，主要集中于外来控制，这对于自由的选择有着负面的影响。总之，新罗马式共和国主义的核心问题是"干涉"和限制。对于马克思主义者而言，自由从政治哲学开始的时候同时也就开启了自由的人类解放观念，这种观念部分地存在于积极自由之中：克服障碍，消灭资本主义劳动剥削过程中带来的人的异化，实现自我解放。对于共产主义而言，核心问题是实现共同利益。[1]查尔斯·泰勒认为，自我总是处于一种中间位置，将自我的所有外在阻碍和冲击都抛掷一边的自我是没有特征的，因此自由没有明确的目的，重点不在于自由本身而在于思考自由主义的自由框架。[2]总而言之，当代政治哲学家围绕着自由思想提出了两个主要问题：第一，政治共同体和自我的独特性问题；第二，关于人类异化和自我实现的问题。这两个问题统摄了整个西方自由思想的核心。

之所以批判新罗马式共和主义自由的观点，在于它认为城邦或共同体就是一种自由，显而易见，城邦本身不是自由，而是为自由提供框架和存在基础。无论是考察人类历史上的任何一场大的革命，都可以看到尽管政治行为和实践总是至关重要的，但是新的生活方式的形成却是从人类行动、

①　A Bogues. And What About the Human？：Freedom, Human Emancipation, and the Radical Imagination［J］. boundary 2, 2012, 39（3）：29–46.

②　查尔斯·泰勒. 消极自由有什么错［M］// 达巍. 消极自由有什么错. 达巍，译. 北京：文化艺术出版社，2001：73.

工作、劳动中获得的。或者可以说，最终使得人类和实践具有历史意义的观点也许可以归结为认识到我们作为人类不是"宗教政治家"，而实践才是生活方式和形式的基础。关于自由人的讨论是以"主体的力量"为前提而存在的，不是作为主人的力量也不是作为奴隶的力量，而是主体自身的力量，因此，自由是内在于主体的力量，同时解放是为了让主体生活在自我的力量之中。"liberaty"不仅仅指自由，同时也指解放，是人类内在力量的解放，这是马克思的卓越贡献。

传统的自由理论大致可以分为两类，一类是以摆脱外在束缚为基础的外在路径，古典自由主义是其典型代表；一类是以自由意志为基础的内在观念路径，康德、黑格尔等是典型代表。两种路径都遭遇到必然性与自由的二律背反。马克思认为，自由问题不能仅靠人之内心解决，也不能离开人之内心解决，将外在客体与内在主体沟通的是实践。"自由的获取不是基于必然性的发展，而是基于人类的主动自觉的活动。"① 人类主动自觉的活动就是实践，人是实践的产物，是实践的存在物，人的自由源自人具有实践的品质和能力。因为实践，人能够认识世界、改造世界，改变世界是以人的实践为基础的，以人的创造性活动为核心。人的实践性是内在于人肉体之中的，是先天存在的，马克思曾指出，"全部社会生活在本质上是实践的"② 实践的先天性、内在性等性质决定了人的自由是人的使命，同样，实践的历史性、社会性和阶级性也使得自由能够上升为有关人的解

---

① 徐晓宇.实践·解放·自由时间：马克思哲学自由观研探［J］.人民论坛，2017（15）：116—117.

② 马克思，恩格斯.马克思恩格斯选集（第一卷）［M］.中共中央马克思恩格斯列宁斯大林著作编译局，译.北京：人民出版社，1995：60.

放的高度。人的解放是历史性的、实践性的进程而非思想性的。从马克思讨论资本主义发展的核心特征的历史过程中可以看到，资本主义生产关系虽然推动了人的政治解放，但是这种解放仅仅是形式上的，劳动异化普遍存在，人存在状态与人的本质背离甚远，只有将人的自由使命推向人的自由解放，人类才能真正地实现自由。

从自由和解放的关系而言，可以有两种理解：第一，解放并不是一种创造性的行为，解放可以打破原有的统治模式，但如果没有创造行为，解放就不能构造新的开始，因此，解放与自由是相关联的，自由是解放不可缺少的部分。自由作为创造活动需要主体有能力创造和可重复性地发展这种创造；解放则是构成自由实践的基础。第二，自由作为一种批判性的人类实践，这种实践没有特定的结果，而是通过一系列人类经验扎根并传播扩散。

（二）自由作为主体实践品质的教育学解释

马克思关于人之自由与人之解放的关系论述，以及实践作为人之本质存在的论断，影响了后世西方马克思主义和新马克思主义，形成了当代几大教育学流派——批判教育学、后现代主义教育学和实践教育学。作为批判教育学的开创者和代表人物，弗莱雷认为自由是作为解放自我的存在，这种解放是专注于人民的政治意识和组织的解放，精神的解放是主体性的，主体之间的交流构成了实践变革的关键要素。他认为当代世界的主题是统治，统治必然反对解放和劳动，因而提出了"认知方法"作为自我解放和批判意识产生的方法。批判意识形成后个体就会寻求反抗压迫，解放的过程就是恢复人性的过程，无论是被压迫者还是压迫者都陷于人性蒙蔽的泥潭，被压迫者在自我解放的同时也是在解放压迫者、恢复压迫者的人性。教育的过程就是自我解放的过程，这一过程赋予人们社会批判的手段，并创造性地与现实结合，最终实现人之自由。

福柯也参考了马克思的实践理论和阶级理论，他认为自由是一种自我的实践，这种实践是与自我概念密切相关的，"自我"概念包括自我诊断和自我救赎，两者共同始于关心自我，通过逻辑获得"诚言"，在正确的场合用合适的方式来进行讨论和交流，实践自我，通过使自己与从未有机会表现出的自我性质相吻合来释放自我。对自我的关心导致了对自我和他人的治理——统治的出现。福柯对"统治"的分析是为了使主体能够跳出自我政治，而跳出的手段则是回归关心自我，进行学习。学习能够实现自由，也是一种实践和训练，在自我的实践中反抗压迫和统治，反抗"规训社会"所带来的对温顺的身体的控制。在福柯看来，对反抗的自我实践的践行，必须要承认实践作为物质性内在的存在，只有从真实的、物质的、权力的角度看待自由，自由才有可能和价值。

马克思的实践思想同样影响了当代德国的教育学者——本纳（Dietrich Benner），德国教育学者都非常重视前人的成果。实践教育学的代表人物本纳在《普通教育学》中用大量的笔墨描述了人类的总体实践所具有的特征——肉体性、自由性、历史性和语言性。肉体性奠定了人类实践的共同感官，成就了经验世界的客观性和限制性，也引出了通过实践转变源于肉体局限导致的自由的困境。在本纳看来，自由既不是单纯的选择自由也不是任意自由，真正的自由是介于中间的、由实践所限定和约束的。实践性自由的关系性质引出了历史性，历史性证明了人类是基于时间的创造性的自由存在物，而人对创造性自由的可能和局限，对历史性的理性认知都需要语言来充当中介。这样，肉体性、自由性、历史性和语言性共同构成了人类的实践，而教育作为人类实践的一种方式，在人类实践的普遍特性之外，还承担着将主体的可塑性、主体性发挥出来实现人的暂时的可确定性的责任，主体的可塑性和主体性确立了人类可以自由实践的依据。正如本纳所说，"实践的自由体现于选择者通过选择既选择了自己也选择了要选的东西本身"①。

在中国传统文化中，"实"②是"富"之义；"践"③是"履"之义，是"足所依也"，即"行"。实践的哲学内涵主要以"行"来代替，主要是指人在躬行和践履意义上的道德活动，是具有特定的目的性的活动④。王阳明主张"知行合一"，指向的也是道德人格中的良知与躬行的统一，在这种统一上达到道德的自觉。因此，无论是自觉还是实践，在中国文化的传统概念中，都是局限在道德人格意义上，而非马克思主义的自由、实践意义上，是其内容的窄化。马克思主义"实践"概念在中国的真正厘清还是在毛泽东的《实践论》发表后，他首次将中国传统文化中的"行"改造为主观见

① （德）底特利希·本纳（Dietrich Benner）. 普通教育学：教育思想和行动基本结构的系统的和问题史的引论［M］. 彭正梅，徐小青，张可创，译. 上海：华东师范大学出版社，2006：54.

② （汉）许慎. 说文解字［M］. （清）段玉裁，注. 郑州：中州古籍出版社，2006：340.

③ （汉）许慎. 说文解字［M］. （清）段玉裁，注. 郑州：中州古籍出版社，2006：82.

④ 李恩来，靳书君. 马克思主义"实践"概念中国化的演变与影响——以《共产党宣言》的汉译本为线索［J］. 思想理论教育，2019（02）：30–37.

之于客观的东西，认为实践直接改造现实世界，使之发生变化[①]。自此之后，中国的"实践"才有了马克思主义哲学上的含义，中国教育学的实践才扩充了新的内涵和意义，教育学立场下的自由也拥有了马克思主义意义下的实践品质。

四、本章小结

本章重点在于阐述教育学视域中"自由"的独特性内涵，同时也是本研究中自由的立场问题。对"自由"内涵的认识直接关系着本研究对中西方教育思想家的选择、分析，同时也是思想史方法使用的前提。建立在教育学视域中的"自由"，具有以下三层内涵：首先，教育学视域中的自由是主体的能力；自由作为一种能力，对什么是可以做的与什么是不可以做、能够做什么与不能做什么、是否要行动都有清晰的定位。其次，教育学立场认为自由是主体间的一种责任关系，教育本身涉及多方主体，教育性本身要求的指导与善意也要求善的伦理的存在，而自由也必然是由摆脱什么、能做什么和主体行动者之间构成的三维结构。最后，教育学立场将自由视为主体的实践品质，教育的最终目的指向了人类的自由解放，它不仅是思想、语言上的表现，更重要的是体现在认识、决定、行为等方面。因此，教育学立场的自由是一种培养能力的关系性的实践活动。以上对教育学立场中"自由"内涵的阐释不追求全面，而在于揭示教育学"自由"的核心特质；不在于明确界定"自由"概念，而在于表明本研究自由的学科立场。

---

① 毛泽东选集（第一卷）［M］.北京：人民出版社，1991：282-284.

第三章 西方"自由人"
内涵及教育思想方案

　　当代中国从封建社会走来，在经历了短暂的资本主义社会后，正走在社会主义的康庄大道上。封建社会固有的差序格局和依附关系建构了熟人社会，在转向以人口流动和契约关系建构的陌生人社会后，个人如何自处，如何与他人相处，如何在社会、国家中生活的问题成为现代社会必须要解决的核心问题之一。这样的社会大变革和大转型，与兴起于西方17、18世纪的启蒙运动有着异曲同工之处，因此，借鉴自启蒙运动以来的西方教育学者关于什么是"自由人""自由人如何养成"的思想就十分必要，因此，本研究便先从西方开始探询答案。

　　西方自教育学产生（以夸美纽斯的《大教学论》为标志）至今已有近四百年的历史，期间涌现出的教育家可谓比比皆是，在选择哪些教育家作为代表人物时，主要依据三个维度：第一，这位教育家提出其自由人思想的时代必须是社会大变革时期，是为了在社会转型时期为培养新的可以适应新时代、新社会的人做出过努力和贡献；第二，这位教育家应该在教育学领域中拥有系统的知识体系和深邃的教育思想，在教育学领域拥有独特的贡献和价值；第三，这位教育家提出了较为完善的、系统性的有关什么是"自由人"、怎样养成"自由人"的思想框架。根据以上三个标准，以近四百年的时间跨度为线索，对本章中涉及到的代表人物及其传承关系做一简略的概括。

一、西方"自由人"思想发展的总脉络

宗教改革以降，人逐渐从神权的魅影中解放出来，而文艺复兴则重申了人的价值，人作为一个大写的符号被广泛张扬和推崇。人在世间应该追寻什么，如何追寻的问题，在文艺复兴之初就埋下了内部分化的隐患。以复兴带启蒙，启蒙运动也沿袭了文艺复兴的核心内容，对人的研究成为重中之重。在这种情况下，启蒙运动开启了现代西方社会对自由的追求，自由成为人类发展的理论假设，教育的目的就是使人迈向自由，反对奴化和任意的教育。在对"自由"的追寻过程中，大致出现了三种类型的"自由"内涵，这三种"自由"内涵以不同的方式影响了教育的主导问题，也形成了教育学中不同的"自由人"形象，进而影响到了教育养成"自由人"的思想。本部分研究以教育思想史为切入点，从人类思想和行动的最基本概念"自由"入手，建构教育学中代表人物关于"自由人""自由人养成"的关系框架，以便更好地展现西方教育学中"教育养成自由人"的核心与实质，为当代中国自由人的养成提供借鉴。

从启蒙运动开始至今，近四百年的教育学历史中，西方教育家对自由的追求一直是不懈的主题。在这一过程中涌现了一批伟大的教育家，他们用孜孜不倦的学术精神和"俯首甘为孺子牛"的实践精神，谱写出了一曲曲追求人类自由的乐章，成就了教育理论史和教育思想史长河中的点点浪花。在这些探索中，"自由"的内涵大致可以分为三类：将自由作为一种权利，这种权利是天赋的，人人生而自由，权利的认知和行动需要拥有对应的能力，教育的目的在于培养人类掌握这种自由权利的能力，这样，对自由权利的法权意义就转变为教育学意义上的能力学说；将自由作为一种道德人格、美德或者是素质，它依然建立在自由天赋的基础上，不过更进一步，它将自由看作是人类主体的主动性选择和承担后果，选择本身代表了价值判断，承担后果代表了主体独立与责任，这就赋予了自由以价值论意义，对自由天赋的本体论讨论转变为教育学的道德品格学说；将自由作为一种实践，是建立在自由权利、自由能力、自由美德和道德品格学说之上的，因为任何自由的实现都是实践的结果，没有实践就没有自由的显现。这三种类型的自由内涵如图 3-1 所示。

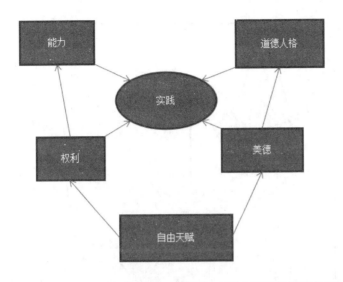

图 3-1 西方教育思想史中"自由"三种内涵及其发展关系图

　　由这三种自由的内涵类型，也建构了整个西方教育家不同的自由人的教育方案。关于自由的一切讨论都是建立在自由天赋的基础上，只是在教育参与过程中实现了教育学的转变，在西方教育理论史和思想史中，对于自由人的教育方案也总体呈现出了三大类路线：自由人的能力养成路线、自由人的道德人格养成路线和自由人的实践养成路线，这三种路线并没有严格的界限，往往会有所交叉和融合。关于这三种教育思想的代表人物之关系可参见图 3-2。

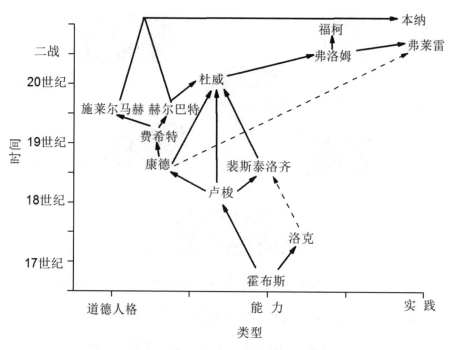

图 3-2 西方"自由人养成"教育思想的历史关系图

自由人养成的教育思想，都起源于对自由天赋的假定，这种假定也奠定了整个启蒙运动之后西方自由史的基调。以霍布斯为首的自然主义者将自由天赋假说引入政治领域，形成了自由权利的观念。作为霍布斯思想的后继者的洛克，也从政治上认同了自由权利的设定，并将其引入到了教育学领域，认为人类关于自由权利的认知和行动需要教育的培养和介入，这就意味着自由权利在教育学中转变为了一种可以通过知识学习而获得的能力。卢梭也从霍布斯的自由权利学说中受到了启发，他认为人生而自由，却无不在枷锁之中，这个枷锁既是肉体受到的束缚，也是社会的制度规范，当然教育也是其中一种。因此，到卢梭时，他尝试着将政治上的自由权利进行道德价值上的转化，为此他提出教育作为一种人为的干预，无论是善意的干预还是消极的管理，总是对人的自然本性的束缚和约束。通过教育来实现人的解放和自由，就转变为了"如何通过强制来培养自由"的问题。

这一问题首先是隐藏在卢梭自然教育的探索中，随后被康德明确提出，康德从教育哲学上有所回应，但是却缺少系统的教育学论证；费希特在康德的基础上继续推进这一研究，将这一问题转化为"教育如何成己而不伤害他人的自由"；赫尔巴特批判地吸收了费希特和康德的研究成果，通过管理、教育性教学和训育三方面系统地回答了这一问题。而这一问题，也成为西方教育学家在探讨教育基本理论时无法回避的问题。施莱尔马赫同样深受费希特和康德的影响，他将自由人的存在完全归于精神、宗教和伦理层面，从教育伦理学和教育人类学等教育学相关学科的角度来探讨教育学在追求人之自由方面的贡献。对自由人的研究，在这些教育学者的努力下，完全实现了从自由权利、自由能力向自由的道德人格的转变。确切地说，前一阶段的教育学者更倾向于将人的本性回归到自由权利的约束之下，从而实现个体在自然法则面前的顺应以及在社会面前的自由，类属于一种外在的束缚或强制；到了这一阶段，经由康德、费希特、赫尔巴特、施莱尔马赫等人的努力，人类在面对自然界时对自然法则的顺应被保留下来，自然法则不再成为自由人在社会中畅行的标准或规范，而是内心的道德准则确立了人类社会秩序，这样，外在的强制或约束转变为内在的道德准则或道德约束。对以赫尔巴特为代表的"传统主义教育"的批判为契机，结合20世纪初资本主义"公有化"浪潮的出现，西方掀起了多视角解析"我们缘何会放弃自由？"的尝试。

以杜威为代表的进步主义者力图揭示当时社会转变的诱因，努力建构一种新的、民主的生活方式，在保存个体自由情况下的共同体生活，从而实现了自由权利与道德人格培养的融合。

自由作为一种实践和解放，一直隐藏于"自由人养成"的教育方案背后，无论是自由作为能力的教育方案还是自由作为道德人格的教育方案，其背后都隐含着"知行合一"的意义。不过，自由作为实践和解放观点的真正确立还需要归功于马克思，马克思关于人类解放的宣言不仅影响了政治学界，而且影响了教育学界，特别是批判教育学。马克思主义指导了全球范围内的民族解放运动，并在解放运动过程中转变为人民的自我解放。以弗莱雷为代表的批判教育学者将发达国家与发展中国家政治权利、意识形态上的不平等作为人类不自由的源泉，从而引发了民族内的自我解放；以弗洛姆为代表的批判主义者则通过社会结构心理的分析，致力于揭示人们为何会放弃自由以拥有归属感和安全感，从而建构了一种人格独立、全面发展的自由心理机制；以本纳为代表的实践教育学者则试图在批判政治、经济领域对人的教育实践领域的挤压下，建构一种基于肉体性的、历史性和语言性的自由实践，从而实现道德人格与自由实践的融合。

在整个自由人养成的教育思想中，虽然三种类型的教育思想有着较大的差别，但是它们之间的融合和交叉更为明显和具有意义。在它们的融合和交叉过程中有三个代表人物需要特别注意。第一位是教育学家卢梭，他对自由人的描述和自然教育的思想，不仅承继了霍布斯自由权利的学说，而且还开启了自由作为道德人格的转向，同时也启发了自由人养成的实践活动。第二位是教育学家杜威，杜威将自由作为民主社会的生活方式，实现自由的权利学说的回归，也将自由拉入了日常生活世界，使得自由成为日常生活的品格。第三位是教育学家本纳，本纳继承了施莱尔马赫和赫尔巴特关于自由作为道德人格的教育方案，而且还将自由纳入人类的总体实践中进行讨论，实现了自由作为道德人格和人类实践的融合。

二、自由作为能力的教育思想方案

有关"自由人"及其养成的讨论，滥觞于自然主义。自然主义的开创者霍布斯开启了从人的原初状态来讨论人之生而平等、自由和主权国家的先例。霍布斯的这种思考路径启发了同一时代杰出的教育学家的思考，他们同以自然主义者自居却形成了两种不同的有关"自由人"培养的路径：以洛克为代表的自然主义者继承了亚里士多德所传承下的博雅教育思想，认为拥有广博的知识是自由人的必然选择也是走向自由的必要手段；以卢梭为代表的自然主义者则开创了新的"自由人"培养范式，认为通过自然、事物和人的教育才能真正地培养出符合时代要求的自由人；裴斯泰洛齐则兼容了两种路径，既继承了洛克通过知识教育来培养自由人的手段，发展为要素教育，又扬弃了卢梭对自然状态的看法，跳过了国家主权直接成就社会状态，将自由人拉入了道德状态。洛克所继承和宣扬的博雅教育在启蒙运动时期乃至后世产生了重大的影响，无论是纽曼（John Henry Newman，1801—1890）、赫钦斯（robert maynard hutchins，1899—1977）还是赫斯特（Paul H. Hirst，1946—2003）等人，都是博雅教育的支持者；而卢梭开创的自然教育传统则真正拉开了现代教育的序幕，将教育中隐藏的核心矛盾"如何通过规范来获得自由"问题首次予以了阐述和说明。因此，本部分研究以霍布斯的思考路径为牵引，着重分析和解释洛克、卢梭和裴斯泰洛齐在培养自由人方面所做的努力和贡献。

（一）洛克：以博雅知识养成自由能力绅士之教育

约翰·洛克（John Locke，1632—1704），英国哲学家、政治学家和教育学家。代表作有《政府论》《人类理解论》《教育漫话》等。洛克继承和丰富了霍布斯关于经验主义的知识论体系，批判和建构了国家主权契约论形式，形成了以多方面知识为背景的博雅教育体系，将现代公民与博雅教育精神结合，造就拥有博雅知识的自由公民，本书将其简称为"洛克方案"。

1. 自由人：兼具自由权利和自由能力的绅士

洛克认同了霍布斯关于人类发展从自然状态到自由权利的思路，认为人的自然状态是平等的，没有人比另一个人拥有更多的权利，所有人都可以随心所欲地行事。不过洛克克服了霍布斯关于人性本恶的设定，将人在自然状态下因自由行为所带来的弊端归因为自然环境的逼迫选择。因此，洛克关于人之自然状态的描述是平和、善意和互助的，他认为是上帝赋予了人类有限理智和语言，以便人们能够享受社会的便利，这也是人类在自然状态下能够走向社会契约的基础。"这就是一种完全自由的状态，他们在自然法的范围以内，按照他们认为合适的方式来决定他们的行动，处理他们的财产和人身，而无需取得任何人的准许或依赖于任何人的意志"①。

---

① （英）洛克.政府论［M］.顾肃，译.南京：译林出版社，2016：3.

在他看来，人类拥有走向社会、国家的自然倾向。

由自然状态所建立的自然法则拥有"自我保存"和"理性"两种特征。对自我保存的追求奠定了自然法则的根基，人的理性倾向保证了人类在生命、健康、自由和财产上的互不干涉。虽然理性有如此约束，但是有时人的激情会战胜自己的理性，就必然会出现混乱和动荡，因此洛克提出了基于自然权利的第二定律，即通过公民政府的形式来对自然状态下的危险进行适当的规避和补救。不过，正因为洛克并不认为人类生存在一个时时紧张的、对抗性的"战争"状态，他更倾向于人类生存在相安无事以及自然地对团体生活充满向往的状态之中，他特别区分了"自然状态的直接进程"与"永久的战争"（霍布斯）之间的区别：虽然两者都在构成上缺乏共同的权威，但是只要有人类理性的指导，自然状态下的人类依然能够共同生活；而战争状态则是因缺乏人类理性而引起的，是以猛兽的本能为指导的。在他看来，人们因自我保护、自我享受和公共利益而放弃自由，将个人自由让渡给主权国家，然而主权权力总是屈服于共同利益，永远不会违背自我保护的基本法则，因而主权立法受到多方面限制，不存在绝对的任意权力形式[①]，这是一种有限主权理论。因此，他与霍布斯在主体自由方面最为重要的区别在于，他始终坚持自我保护是绝对的、不可剥夺和撼动的基本自由，人们从来没有真正放弃过自由的权利，因为它与自我保护有着内在的联系。"生命，财产和自由"是洛克誓死捍卫的现代人的核心权利。

洛克虽然肯定了自由权利是人在自然状态下延伸到现代社会的自然

---

① （英）洛克.政府论［M］.顾肃，译.南京：译林出版社，2016：83–85..

法则，不过，他并没有一味地将"自由"限定在法权的意义上，而是将它落实到了现实生活之中，赋予了自由以教育学的意味。他指出，现实生活中的自由是人们依照心灵的选择或指导去行动或克制行动的能力。在他关于自由的概念中，有三点需要注意：第一，"依照心灵的选择或指导"，认为心灵本身拥有着自由的意志、理智的或非理智的因素，是出于内心的，而且拥有指向性能力或动机；第二，"去行动或克制行动"，认为自由需要通过行动去实现，自由具有实践的性质；第三，"能力"，自由是一种能力存在，只有人类在应用自己的行为能力时，自由才具有意义。"只要一个人依照自己心灵的引导或偏好，有能力去思考或不思考，他就是自由的。"①

由上可知，洛克所认为的自由人应该具备两个核心特质：拥有自然状态下的自由权利，同时也拥有现代日常社会生活中的自由能力，两者缺一不可。自由能力的学说是对自由权利学说的一种补充，这样的现代自由人清楚自由的界限又拥有自由的能力。用洛克的话说，这样理想的自由之人一定是一个绅士，理智而有才干，机敏而有预见，态度优雅而善于处理各种事务的人，即"有德行、有能耐而又具有礼貌与良好的教养"②的人。洛克认为这样的人在上流社会交际中拥有相符的德行和礼仪，世故圆滑，举止文雅；在工作中勤奋干练，博学多才，积极进取，能够担当国之重任，成为国之栋梁。从洛克所处的英国资本主义革命的时代背景和其律师家庭

---

①　（美）弗兰克·梯利. 西方哲学史［M］. 贾振阳，解本远，译. 北京：光明日报出版社，2014：321.

②　（英）洛克. 教育漫话［M］. 傅任敢，译. 北京：教育科学出版社，2014：59.

影响、自身所受的教育来看，洛克眼中的自由之人并非是对普通工人阶级的要求，而是对资产阶级的大资本家的诉求，从本质上讲，这是当时特权阶层和精英人士才能具备的风貌。

2.教育：以博雅教育培养拥有自由能力的绅士

（1）自由能力的教育学转化

洛克将自由看作一种能力的观点是对自由概念在法权意义之外进行的一种教育学的转化，通过这种转化，自由就拥有了被培养的可能性。以当时的思路而言，能力的培养是以知识培养为主要手段的，还要辅之以适当的实践活动，恰好自由本身呈现了行动的特征，因此，对于自由的培养回归于博雅教育就成了必然。

起源于古希腊时期的博雅教育认为多方面的知识能够发展出自由之人，如何获得多种形式的知识？这就需要追溯到知识的来源问题，从而也构成了洛克最核心的思想：知识的问题。洛克沿袭了霍布斯关于感觉是知识来源的设定，并致力于解决霍布斯由该假设所引发的知识的不确定的矛盾。在他看来，无论是观念还是原则，都没有天赋的性质，即人的心灵在最初状态是一块白板，经验作为内容填充在白板之上。我们的全部知识以经验为基础，这些经验由感觉和反省得来，无论是反省还是感觉所获得的观念都是简单观念，心灵拥有将多样性的简单观念进行对比、反省和组合的能力，从而构成复杂的观念，复杂的观念又可以分为样式、实体和关系，其中因果关系构成了诸多观念中最为广泛性的关系。复杂观念是心灵自己创造出的模型或原型，"心灵出于自身的自由选择而将观念结合起来，不考虑它们在自然界中有何种联系"①。这也意味着复杂观念不一定是真实的、科学的。并不是所有的观念都可以构成知识，只有那些清晰、明了、真实的观念才能成为知识。知识是对自我观念间的一致或不一致的认识，因此简单观念都是真实观念也是知识，它们是心灵之外的力量的结果。实体观念由于是主体假设已经完全描述的观念，而实际上我们对实体的描述是不可能穷尽的，因此，实体观念是不充分的观念，不具有知识的性质。除此之外，还有一些知识是不证自明的存在，这些知识来源于人的直觉，直觉确定了某些最清晰、最确定的知识，这些知识是不可拒绝的、自明的。直觉性的知识是我们所拥有的所有知识的源泉，无论是简单知识还是复杂知识或是论证性知识，都由直觉来进行保证和维护，从而形成知识的可靠性、可信性。根据知识的来源和知识的分类，洛克论证了从感官获得感觉、到感觉形成经验、经验构成知识、知识形成能力、能力促进人的自由这样一种路径。因此，从他的知识论的角度而言，洛克选择博雅教育来培养自由人是顺理成章的。

通过洛克对自由的解释，我们还可以看到，他将自由更多地外化为行动，这里的行动是外部行为，是从实践意义上而谈的。只有个体能够在外在行动上表现出了自由，做或不做，怎样做，做什么等等，这样的自由才具有真实的意义。个体仅仅在内心中获得了自由，却没有于外界环境中获得自由行动的保证，同样是一种不自由。不过，洛克在后期的讨论中修正了这一观点，他指出，只要一个人依照自己心灵的引导或偏好，有能力去

---

① （美）弗兰克·梯利. 西方哲学史［M］. 贾振阳，解本远，译. 北京：光明日报出版社，2014：313.

思考或不思考，他就是自由的。从他的修正表明，他对于思想的自由也同样看重，思想自由也同样具有真实价值。

（2）绅士的培养

洛克关于知识来源的讨论和关于自由的讨论核心都蕴含在了他的教育之中。观念并非天赋意味着儿童生来是一张白纸，一切知识都是后天经验学习的结果，后天环境的影响和教育对儿童的成长具有决定性的作用。他宣称"我们日常所见的人中，他们之所以或好或坏，或有用或无用，十分之九都是他们的教育所决定的"①。这种见解充分肯定了教育的作用，也正因为他深信教育环境对人的巨大影响，所以他坚持儿童的早期教育应是家庭教师指导的家庭教育。他在认识论上继承了培根、霍布斯等人的经验观念，也深感时代对自然知识、实用知识的召唤和需求，因此他所要求儿童学习的知识是多样性的，不局限于西方传统的古典知识。

根据他对自由人特质的描述以及他所秉持的自然主义态度，毫无疑问在培养自由人的过程中他会首先强调能保留的自然人状态特征的身体健康教育。他将健康的身体看作是能工作、勤劳刻苦、吃苦耐劳的先决条件，信奉较为自然的生活方式和饮食方式，从幼年就要锻炼打好身体基础，最好是经历如自然状态下的人的生存状况。其次是对自然法则的认识和内化，即作为合格公民的德行问题，反映在教育中则为道德教育。他认为德行在自由人的品性中是第一位的，最不可缺少的，是幸福的主要来源。当个体能够遵守契约精神而生活时，他就能够与人为善、考虑他人感受，尊重他

---

① （英）洛克. 教育漫话［M］. 傅任敢，译. 北京：教育科学出版社，2014：1.

人，也受到他人的尊重。他认为一切德行与美善的原则，"在于克制理智所不容许的欲望的能力"[①]。欲望的产生是因为心灵中缺少善良，从而导致了内心的不安，连续性的不安产生了意志，意志反过来约束了欲望，一方面保全自身，另一方面也被导向幸福。一个人拥有了通过理智来克制欲望的能力，就能够智慧而有远见，善于处理自身事务。这种能力的获得和增进靠习惯，而且重点在于及早实践，熟练地运用和发挥。从这里可以看到洛克是认同道德是可教的观点的，但是他没有具体论述这一问题。德行教育的方式为说理、树立榜样、奖励与惩罚等，从精神到心理都有所关照。智育为最后论述的内容，在洛克看来，德行比知识更重要。在智育培养中，洛克主张理论与实践相结合，一方面要学习研究课本，另一方面要实际练习。课本研究内容丰富，科目广泛；实践练习方面也兼顾了古典学科和新兴学科。教学中强调学生学习的主动性，关注儿童的兴趣，集中和保持学生的注意力。洛克并没有对自由之人的培养进行阶段性划分，而是根据教学内容进行了分类，这是因为生物学、心理学的发展尚未成熟和起步，另一方面也因为西方传统的教育内容的影响。不过洛克积极肯定了自由之人是可以通过教育培养的，而且自由是一种能力，人类也能够通过努力来获得这种能力。

（3）洛克教育方案的影响

洛克关于自由人教育的观点启发了包括卢梭、斯宾塞（Herbert Spencer，1820—1903）在内的众多教育家，他从知识论的角度阐述了自由人的培养需要多方面的知识，结合时代的需求，将知识的范围扩展到了自然科学领

[①]　（英）洛克. 教育漫话［M］. 傅任敢，译. 北京：教育科学出版社，2014：22.

域，推动了古典博雅教育在启蒙运动时期的转型。在他之后，纽曼接替了洛克的工作，将博雅教育的古典意义给予了进一步的改造，将传递核心德行价值转变为传授普遍知识，从而将专业教育的内容也纳入博雅教育之中，强调知识本身内在的价值和目的，"通过某种教育，理智不是用来造就或屈从于某种特殊的或偶然的目的……而是为了理智自身进行训练，为了对其自身固有的对象的认识，也是为了其自身的最高修养"①。随后，赫胥黎针对科学知识在世界范围内的大发展，将科学知识也纳入了博雅教育的内容，重新建构了博雅教育的知识体系，从而将博雅教育发展为普通教育，进一步将"传授普遍知识"转化为"实现人性自由"，实现了博雅教育的现代转型。当代以来，面对信息社会、全球化变革，以赫斯特、彼得斯为代表的博雅教育者深感实现人性自由的重任不能仅仅依托于普遍知识，更要挖掘隐藏在知识生产和再生产背后的思维方式，因此延续了赫胥黎的工作，在"传授普遍知识"之后加入了对思维方式的培养，如批判性思维、创造性思维等等，以此为桥梁实现人性的自由。

（二）卢梭：应着眼自由公民之教育

让－雅克·卢梭（Jean-Jacques Rousseau，1712—1778），法国启蒙运动时期著名哲学家、政治家、教育学家。主要著作有《论人类不平等的起源和基础》《社会契约论》《爱弥儿》等。他也深受霍布斯从人的自然状态讨论国家主权建设的影响，他批判性地论证了平等的契约社会，并借

---

① （英）约翰·亨利·纽曼. 大学的理想 节本 [M]. 徐辉，等译. 杭州：浙江教育出版社，2001：33.

助教育描述了现代理想的自由人形象，给出了具体的养成方案。

1. 自由人：自我内在本性与外在规范的统一之人

相比霍布斯和洛克，卢梭对人的原初状态的思考要深入得多。他批判霍布斯关于自然状态的描述是将自由的假设和事实进行了混淆；他指责洛克的自然状态是被现代理性引导后的产物，充满了善意的对现实的妥协和对接。在他看来，自然状态是平等的、自由的：有限智力与理智、自我保存、体格健壮、生活简单纯朴、肉体与灵魂的自由、充满同情心、欲望与意志同步发展、不断自我完善。

游荡在浩瀚森林里的野蛮人，没有工业没有语言，没有住所，没有战争，也没有任何联系……他不为情欲所牵绊，自给自足……他只会感受到自己真正的需求，目光只会聚焦到他感兴趣的事物上面……那里既没有教育也没有进步，野蛮人一代又一代徒劳地繁衍着，每个人都从新起点出发……[①]

通过以上描述，卢梭认为人类最初的特质是：一方面，自然状态下的人类是平等的，拥有无限制的自由，这源于他们没有交往行为和财产观念。另一方面，自然状态下的人类与动物拥有相似性，均有自我保存的本能，激情、欲望常相伴随；同时，自然状态下的人类拥有着他们所能实现的自由，只要肉体足够支撑，他们能去任何想去的地方；只要精神存在，可以思考任何事物、问题；而且，自然状态下的人类是没有善恶道德观念的，没有人与人之间的联系构不成社会，而道德规范和准则是社会产生后的产物。总而言之，自然状态下的人类没有私有制观念和等级观念、人人平等、

[①] （法）卢梭. 论人类不平等的起源和基础 [M]. 邓冰艳，译. 杭州：浙江文艺出版社，2015：71–72.

肉体与精神的自由、不存在道德约束与规范。这些构成了自然主义者的立论基础，也奠定了人类生而平等自由的基石。

然而，人类不可能一直停留在原初状态。无论是生产力的提高还是生产关系的活跃，社会都在缓慢地进步。人类如何从最初"老死不相往来"的状态逐渐走向遵循"自然法"的自由公民，经历的不仅仅是历史的沉淀和智慧的跃升。

卢梭批评了同时代人对自然的解构问题的认识，他认为他们的观点使人们遗忘了生活的深度，生活落入一种表层化、肤浅化、功利性的陷阱之中，现代性似乎在摧毁人类在自然状态下保留的那些底线道德和生存法则，将人的欲望最大化并去道德化。因此，他重新规定了现代性所依赖的自然法则。自然法则并不是自然所规定的法则，而是大自然为保证所有生命体的自我保存而在它们之间建立的一般关系。他讨论了自然法则存在的两个原则：第一，该法则必然使其规范对象有意识地服从这个法则；第二，这个法则是自然的，能够直接体现自然的声音。[①] 最终，他认为自然法是人类灵魂最初的、最简单的运作规则，是先于理性存在的两大原则：第一，让我们对自己的幸福和自我保存产生浓厚的兴趣——追求幸福；第二，在看到所有感性存在尤其是同类死亡或者痛苦时产生天然的反感情绪——对痛苦的厌恶。卢梭也面临同样的困境，即自然人状态中人的贪婪、冷漠、激情与不理性，会造成人类之间的不平等。因此，他同霍布斯、洛克一样，为自然法则增加了一条原则：当人们普遍认为联合起来可能存在共同利益

---

① （法）卢梭. 论人类不平等的起源和基础［M］. 邓冰艳，译. 杭州：浙江文艺出版社，2015：22.

时，就会产生"契约"，这种契约能够让人保留一种在与所有人联合时仍然可以存有自然状态下的自由的能力。

这样，现代人既拥有了自然状态下的自由，又拥有了在现代社会生活的法则（法律），实现了自我内在本性与外在规范的统一。由此他断定，自由是人类所拥有的一切能力中最崇高的一种能力，人类无论以何种代价将其抛弃都是对自然和理性的触犯。① 然而，卢梭在《社会契约论》中修正了这种看法。在此书中，他认为社会契约中必然存在着一种政治社会形式，可以维持自然状态所激发的自由观念。"我们每一个人都把我们自身和我们的全部力量置于公意的最高指导之下，而且把共同体中的每个成员都接纳为全体不可分割的一部分。"② 主权只有在按照人民的普遍意志行事并为共同利益而行动时才拥有绝对权力。通过社会契约，主体受到双重约束：作为国家成员被约束于主权国家；作为社会成员，受到其他个人的制约。这意味着主体从自然状态转向了公民自由。公民自由是一种更为高尚的形式，道德和理性是人与动物的根本区别，如果这是通过进入公民状态而存在的，那也就意味着成为公民是成为人的必要条件。卢梭扭转了自柏拉图（Plato，公元前427—公元前347）以来关于本能需求和食物的理解，认为"单靠食欲驱动就是奴役，而遵守自己规定的法律就是自由"，这就引入了最为核心和著名的论题："因自律而自由"。卢梭曾说："祖国没有自由，祖国就不能继续存在；有自由而无道德，自由就不能继续保持；

---

① （法）卢梭. 论人类不平等的起源和基础［M］. 邓冰艳，译. 杭州：浙江文艺出版社，2015：105-106.

② （法）卢梭. 社会契约论［M］. 李平沤，译. 北京：商务印书馆，2011：20.

有道德而无公民，道德就将荡然无存。因此，如果你把人们都培养成公民，那你就一切全都有了。"① 这句话集中表达了卢梭对于国家、自由、道德和公民关系，公民是国家的构成主体，而自由则是国家构成的基石，道德保证了自由的延续，而道德的培养则回归到了公民。所以卢梭所认为的自由之人其实是合格的公民，他必须要有健康的体魄、敏捷的思辨能力、高尚的道德观念、对公民权利和义务的正确理解，最后一点将保证国家主权与自我立法的一致性。

2. 教育：以自然的、事物的和人的教育培养自由之人

在自然主义者中，卢梭对于自由之人的培养问题可以说是论述得最为详尽和有影响力的了。因为其对时代背景的认识，对现代社会现实的批判，对现代人培养问题的整体架构和对基本问题的解决策略，使得卢梭被誉为"现代教育的奠基人"②。卢梭对自由之人问题的兴趣，最初源于对社会现实的不满和批判。他通过文学、艺术、服饰等各个方面观察了自身所处的时代和社会，他发现各个阶层都表现出了无尽的忧心与痛苦；面对财产的贪婪，面对不幸的冷漠，面对爱情的虚荣，成了大众的普遍心理。现代社会充满了冲突和战争，富人为了更好地保护自己的财产安全，享受权力带来的快感，哄骗、煽动人们建立一种"表面上的平等"，那些本就仅剩自由的穷人为了某些片面的安全感而让渡自由，使得自身更为悲惨与不幸。现代社会成了一个不断腐化、失去自由、充满虚荣的资本主义社会。在致

---

① （法）卢梭. 论政治经济学［M］. 李平沤，译. 北京：商务印书馆，2013：27.

② 渠敬东. 卢梭对现代教育传统的奠基［J］. 北京大学教育评论，2009（03）：3-17.

力于扭转这样的社会现实的途径中，卢梭选择了教育手段。他认为人可以通过教育达到自我完善的境地，教育拥有保护儿童的天性不受恶劣的社会环境的败坏、抵抗社会毒害的能力，这样他就将教育的功用从知识传授的角度上升到了对天性的呵护和道德的培养上。作为自然主义者的代表，他所提倡的教育也是自然式的："我按照自然的道路前进，以便它给我指出通往幸福的道路。我最后发现，自然的道路就是幸福的道路，我们已经在不知不觉中按照这条道路前进了。"①

卢梭从整体上回应了现代社会应该培养什么样的人以及如何培养的问题。鉴于其对自然的推崇，卢梭将教育的内容分为三类：自然的教育，事物的教育以及人的教育。"我们的力量和器官的内在的发展，是自然的教育；别人教我们如何利用这种发展，是人的教育；我们对影响我们的事物获得良好的经验，是事物的教育。""自然教育完全是不能由我们决定的，事物的教育知识在有些方面才能够由我们决定，只有人的教育才是我们能够真正地加以控制的。"②卢梭的这三种分类是与其哲学思想一脉相承的，他的自然哲学论证了人之自然状态的原初性和基础性，而自然教育内容也是最为基本的；自然法则融入了事物与人的社会建构，所以关于自然法则的教育则融入了事物的教育和人的教育之中。这三类教育内容并非是同时教授给儿童的，而是根据儿童的自然发展进行分步、螺旋式的教授的。

自然的教育总体上可以分为两大阶段：幼年、童年和少年，重在培养身体，主要为自然的教育和事物的教育；青年和成年，重在培养思维，主

---

① （法）卢梭. 爱弥儿论教育［M］. 李平沤，译. 北京：商务印书馆，1978：675–676.

② （法）卢梭. 爱弥儿论教育［M］. 李平沤，译. 北京：商务印书馆，1978：7.

要为事物的教育和人的教育。在两大阶段之间又分为若干小阶段，比如婴儿期要注意培养孩子的本能，欲望应按照自己的能力来加以调节，并与体力保持平衡，防止孩子因感性的需要而形成习惯，但也要避免孩子受到习惯的支配。其核心精神是"多给孩子们以真正的自由，少让他们养成驾驭他人的思想，让他们自己多动手，少要别人替他们做事。尽早就让他们养成习惯，把他们的欲望限制在他们力所能及的范围内，他们就不会尝到他们力不从心的事情的苦头了"①。

在儿童期，要将孩子看作孩子，主要以情感、愿望、感觉为主，通过感觉获得对外界事物的感性认识，"正是有了这种感性的理解做基础，理性的理解也得以形成"②。这一时期孩子要初步接触事物的教育，要引发孩子学习的欲望，要阐明力量与需要的关系，这是事物教育的主旨。这时孩子已经能够亲身体会到要出于自身需要和意愿来做事，也在这个过程中初步接触契约精神，明白契约是一种双方的自愿同意的约定，屈服于契约精神，就是屈服于事物的力量，而不是屈服于他人的意志。③在这一阶段孩子主要通过身体感官来获得知识，崇尚消极的教育，通过感官的训练为理性的发展做好准备。消极教育的作用不在于教孩子很多知识，而在于防止其思想产生谬误。

在少年时期，教育的重点将转移到思维的训练或者是理性的发展上，这一阶段要读好书，细读书，要做各种各样的研究进行实地的考察。对于

---

①　（法）卢梭. 爱弥儿论教育［M］. 李平沤，译. 北京：商务印书馆，1978：58-59.

②　（法）卢梭. 爱弥儿论教育［M］. 李平沤，译. 北京：商务印书馆，1978：149.

③　（法）卢梭. 爱弥儿论教育［M］. 李平沤，译. 北京：商务印书馆，1978：82.

社会关系的概念，要通过一系列日常生活实例来培养他反复思考的能力。面对儿童的懵懂情欲，卢梭提倡堵不如疏，将儿童的注意力和情欲转移到对他人的同情和怜悯之上，还可以让他通过观察和研究他人而学会反思和思考。

在青年时期，重点在于事物的教育和人的教育方面，教导青年去读史，让青年人懂得如何认识自己，知道自己在人类社会中所占据的地位；鼓励青年去游历，打开视野，发现地域间事物和人的不同；在宗教方面提倡自然宗教，他宣称真正的基督教徒是"奴隶"，而"良心是灵魂的声音，欲念是肉体的声音。按良心去做，就等于是服从自然"①。在道德教育方面，他认为读史可以让人进入道德的境界。心灵的最初的活动是我们以成人的步伐迈开的第一步，进入道德的境界是第二步。正义和仁慈是人类通过理智和抽象思维概括出来的最原始的道德观念，它们不是外界强加给我们身上的法则，而是我们内在的情感。培养这种情感，是一切道德教育的基本任务。

到了成年期，教育的重点在于人的教育内容方面，主要为两种关系的考量。第一种关系是个人与国家的关系，这就回归到卢梭的社会契约精神，在实践反思中逐渐明白"人类由于社会契约而损失的，是他们的天然的自由和他们企图取得的一切东西的无限权利；而他们得到的，是社会的自由和他们对他们拥有的一切东西的所有权"②。而另一种关系则是因同情而生的自我与他人的关系，主要为友情和爱情，友情只有在平等主义的关系

---

① （法）卢梭. 爱弥儿论教育［M］. 李平沤，译. 北京：商务印书馆，1978：410–411.

② （法）卢梭. 社会契约论［M］. 李平沤，译. 北京：商务印书馆，2011：24.

上才有诞生的可能，这是一种特殊的共同模式；爱情则是相互的妥协和屈服，双方都塑造了对方。

经过以上教育，成年人将走向自由，成为自由之人。在遵守来源于自我的法律时，"我"最终只会服从"我自己"，同时也在服从"你"，这是卢梭所有形式的自由的本质。如果个人要自由或自我服从，不仅在法律允许他们按照自己的意愿行事的时候，而且在他们服从法律的时候——即使受到双重的强制性义务之时，他们也是自由的——他们必须接受的法律的约束，同时也是来自自我的约束。

（三）裴斯泰洛齐：促进人的道德性发展的教育

裴斯泰洛齐（Johan Heinrich Pestalozzi，1746—1827），瑞士著名教育学家，教育实践家。他生于康德尚未形成成熟理论的年代，深受卢梭自然主义的影响，对包括费希特、赫尔巴特、洪堡（Wilhelm von Humboldt，1767—1835）、福禄贝尔、第斯多惠（Friedrich Adolf Wilhelm Diesterweg，1790—1866）、王国维等人的教育学思想产生了重大影响。他所提出的和谐教育理念、要素教育方法、平民教育等都是教育理念中经久不衰的主题，最让人敬佩的是他创办贫民教育的情怀和使命感，这也是众多教育学家学习的重点。代表作有《隐士的黄昏》《林哈德和葛笃德》《葛笃德如何教育她的子女》《关于人类发展的自然进程》等。

1. 自由人：在动物性、社会性中发展道德性的人

（1）裴斯泰洛齐所处时代背景及教育状况

裴斯泰洛齐生于 18 世纪中期的瑞士，由于瑞士身处山地，政治、

经济、文化、社会的发展都以山地为背景和依托，自然条件比较恶劣，人口分布不均，在某些适宜农牧业的地方人口稠密，资源紧缺，导致农村贫困，加之资产阶级革命风波加剧了农民的贫困和贫富差距，众多农民沦为乞丐。在政治上，瑞士虽然表面上为联邦制国家，实际上既没有统一的宪法，也没有行政立法机关，整个国家实际上处于分裂状态，同时拥有着多种不同的政体。后来受到法国大革命的影响，建立了三权分立的海尔维蒂共和国。在文化上主要受启蒙运动的精神指引，伏尔泰、孟德斯鸠（Charles de Secondat，Baron de Montesquieu，1689—1755）、卢梭等人均到过瑞士传播自身思想。裴斯泰洛齐就是深受卢梭影响的典范之一。

在政治、经济、社会、思想发生巨大变革的 18 世纪，瑞士的教育无论是从目标还是体制上都无法满足资产阶级和工人阶级的要求。国民教育制度表现出了严重的等级性，资源、机会不平等现象严重，尤其是贫民和农民子弟只能接受最基础的初等教育，民众教育状况落后；教育忽视儿童身心发展规律和自然规律，教育方法呆板机械，"传授的所有不连贯的知识，以及传授知识的方式是同人的教育的真正基础尖锐对立的……在道德生活、精神生活和职业生活中只能像训练动物一样去培养人的本性，真正的人的教育的内在本质却受到破坏"[①]；在师资方面缺乏专业教师，教师素质低下，教师岗位是找不到工作的人或其他人兼职填补的，"在我们这个时代，成千上万的教师仅仅因为无能，找不到受人

---

① （瑞士）裴斯泰洛齐，（瑞士）阿图尔·布律迈尔. 裴斯泰洛齐选集（第二卷）［M］. 戴行福，等译. 北京：教育科学出版社，1996：300–301.

尊敬的谋生职业……由于找不到更好的工作，他们把教书看作是一种求得温饱而不至于饿死的手段"①。仅仅是为了谋生而选择的职业，其专业性可想而知。

（2）裴斯泰洛齐对人性及自由人的思考

裴斯泰洛齐的整个哲学都围绕着人、人类、人性而展开，他认为变幻莫测的外部控制和个人自由混合在一起，成了生活的特质，因此他问自己：我是什么？人类是什么？人类怎样成为现实的人类？②如果要回答这些问题，就需要返归到人的天性中、人的本性中来寻找，因此，他接受了卢梭自然主义思想的影响，相信人的天性是善良的，也是向善的，"人是善的，而且愿意善；他愿意在这样做时是愉悦的。如果他不善，那准是向善的路堵塞了。"③人生而具有善念和向善的倾向，现实社会存在着种种的不公会对这种向善的意志产生阻碍。这种看法在他的思想后期有所改变。他在《关于人类发展的自然进程》中认为，权力起源于人类固有的不平等，在原始阶段这种不平等就已经产生和显现。因此，人对权力的滥用本身就是人的天性所具有的能力之一。即使是这样，裴斯泰洛齐还是沿着卢梭的道路描述了人之"自然状态"：

原始人带着胆怯的心理而不是野蛮的心理走出洞穴。他发现一块石头，

---

① （瑞士）裴斯泰洛齐. 裴斯泰洛齐教育论著选［M］. 夏之莲，等译. 北京：人民教育出版社，2001：32.

② （瑞士）裴斯泰洛齐. 裴斯泰洛齐教育论著选［M］. 夏之莲，等译. 北京：人民教育出版社，2001：266.

③ （瑞士）裴斯泰洛齐，（瑞士）阿图尔·布律迈尔. 裴斯泰洛齐选集（第一卷）［M］. 尹德，组译. 北京：教育科学出版社，1996：339.

但是这块石头太重；看到一根树枝，但是这根树枝太高……他看到附近有一个人……就走近他的同胞，他的眼神里闪烁出新奇的光芒；他们想到彼此可以相互帮助……他们发现他们可以共同完成这些事情。他们为这一新的认识而感到高兴；新的认识带来了新的力量；他们之间的纽带增加了，他们的声音也就成了语言。①

从这里也可以看出裴氏所描述的自然状态与卢梭还是有着一定的差异。卢梭认为的自然状态是有限理智，为了生存的需要而自我保存，进入社会状态并不是人类欲望自然产生的结果。裴氏在这里阐述了人之所以进入社会状态是人类发展的必由之路，是人类在认识到自然之后想要改造自然以便人们更好地生活、生存的需要，是人发展的自然进程。在这个状态中，人肯定自我，寻求自我保存，完全被自然的本能所驱使，人完全是自然塑造的。自然人在这种生活方式下形成了行为法则：原始人的要求通过其动物本性的直接的、单纯的需要来调节，即他的需求与动物的需求没有本质上的差别。如果人类一直处于自然状态而与他人隔绝，那么自然状态将一直持续下去。但人类的欲望会随着对事物的熟悉而增强，贪婪、自私会导致人与人之间的冲突，从而破坏自然状态，这就要求人与人之间为了减少冲突和不愉快，获得更好的发展，签订协议，从而进入社会状态。根据自然状态是否遭到破坏，裴氏也进行了两种划分：一种是未受破坏的自然状态，一种是已遭到破坏的自然状态。未受破坏的自然状态是指人的需要和满足之间达到完美平衡，他的需要正是

---

① （瑞士）裴斯泰洛齐. 裴斯泰洛齐教育论著选［M］. 夏之莲，等译. 北京：人民教育出版社，2001：267–268.

他的行动所能满足的；与之相反的则是遭到破坏的自然状态。① 自然状态是需要与满足的平衡关系，所以这一状态可能不单单指向"野蛮人状态"，也可能出现在现实社会中。

人逐渐走出自然状态，开始与他人发生关系，成为社会系统的一部分，无论他是否享受社会给他带来的一切影响，他都不会脱离这个社会，人成为社会塑造的作品。社会人的要求通过承认他与他人的协议来调节。这说明，人类已经能够通过协议（契约）来达到自己的目的。社会状态并不会改变人性，因而也不能真正解决人与人之间因贪婪、自利等丑恶而产生的冲突，社会只能通过法律、国家机器等暴力手段来限制表层事件，防止其消极影响，然而这只是治标不治本，达不到人内在的和谐。"社会法律和社会状态不可能带来满足……享有法律不过是一种欺骗。"② 因此，社会状态并不是一种稳定的状态，也不能满足人类对自我保存、自我完善的期望。

当认识到自我的不足，感受到痛苦，提升对自我的认识，人才会拥有自由，在这种自我的认识中，自我通过内在的价值来看待世界，只有这样才有可能进入道德状态。道德状态是最高的状态，也是教育的最终目的。在这个状态中，人摆脱了自然状态中的利己主义，为他人着想，追求他人的福祉和共同的利益，并为了这种利益而发展所有的自然能力来完善自己，

---

① （瑞士）裴斯泰洛齐. 裴斯泰洛齐教育论著选［M］. 夏之莲，等译. 北京：人民教育出版社，2001：272.

② （瑞士）裴斯泰洛齐. 裴斯泰洛齐教育论著选［M］. 夏之莲，等译. 北京：人民教育出版社，2001：281.

同时也造福于社会。道德之人是通过事物对他的内在价值所产生的影响和效果来看待一切事物的，这意味着世界的自然、人文事物均入于心，自我成为其评估价值的标准并在行动上有所反映。

裴氏对人从自然状态进入社会状态再到道德状态的讨论，是建立在他的人性观念之上的。这三种生存状态所对应的正是三种人性或者说是法则体系："原始人的、社会人的和道德人的。"原始人的法则是出于动物本性的直接的、单纯的需要；社会人的法则是承认他人的存在并且与他人建立契约来保存自我和安全需要；道德人的法则则是通过不断的提高自我认识、内在价值所产生的影响来看待世界的需要。这样，自由的形态也有三种：自然人要求天赋自由；社会人要求社会自由，道德人要求合乎道德的自由。他指出，天赋自由的权利，是建立在人不由自主、不可更改地希望在自然状态中独立自主的感情基础上的，公民自由权利的合理性在于人们已普遍感到应当在社会状态中以公民自由取代这种天赋自由。合乎道德的自由意味着良心，"当我把我该做的事作为我想做的事的准则时，我就完善了我自己"①。当他将良心与自由联系在一起，将自我准则上升为人类普遍准则时，他就走上了与康德同样的道路，即建立善良意志和道德义务感，从而实现人之自我完善和自我超越。英国教育史专家博伊德（William Lawrence Boyd，1895—1972）曾说，康德主要提出了有价值的教育观点，而裴氏则实践了这些观点，裴氏的社会观念及其对人类精神进程的总体看

---

① （瑞士）裴斯泰洛齐，（瑞士）阿图尔·布律迈尔. 裴斯泰洛齐选集（第二卷）［M］. 戴行福，等译. 北京：教育科学出版社，1996，49：105.

法和康德的非常一致。①

裴氏对人性的三个层次的讨论，并不是时间维度上的划分，而是一种逻辑上的划分，换言之，这三个层次是可以同时存在的，不是相互替代消亡的。他说："我的本能使我成为大自然的产物，社会状态使我成为社会的产物，我的良心则使我成为我自己的产物。"② 人类毕竟是从自然状态发展而来，他无法摆脱自身动物的本性和自身的物质性，因此，人类不可能达到纯粹的道德状态，这也说明了裴氏在看待人性时呈现的一种复杂的态度，虽然他为人性划分了由低到高的三个层次，但是他并没有抛弃这三个层次中的任何一个。"我不可能纯粹呵护道德，即完全摆脱我的动物本性及我的社会关系去感觉，去思考和行动。"③

根据裴氏对人性的讨论，他认为人的自然本性和社会本性是没有道德或不存在道德的，只有道德本性中存在道德，因此道德是个人的，是内在于心的，是良心的指引和内在的价值。基于这样的人之本性他从心理学上总结了人类的内在天性，他认为，人性是不一致的，而是存在着低级和高级天性之间的区别。低级天性是人类保存自己的本能和保存本性的本能，这种天性是与人的动物本性相关联的。因此他也称之为感觉天性或动物天性；高级天性包括社会本性和道德本性，是高于动物本性的存在，包括洞

---

①　肖朗. 在卢梭与康德之间——裴斯泰洛齐教育哲学思想初探［J］. 浙江大学学报（人文社会科学版），2012，42（06）：142-152.

②　（瑞士）裴斯泰洛齐，（瑞士）阿图尔·布律迈尔. 裴斯泰洛齐选集（第二卷）［M］. 戴行福，等译. 北京：教育科学出版社，1996：18.

③　（瑞士）裴斯泰洛齐，（瑞士）阿图尔·布律迈尔. 裴斯泰洛齐选集（第二卷）［M］. 戴行福，等译. 北京：教育科学出版社，1996：108.

察的能力，表现爱的能力，创造力，追求自由的能力，追求自我完善的能力等等，[①] 这些能力是内在于人的精神之中的，是道德的本性，不会被社会和他人所破坏。因此一旦个体获得了这些特性能力，他就会一直处于这样的状态之中。在裴氏看来，这样的状态就是人通往幸福的状态，是道德的状态，是内心自由的状态。

不过，人都具有低级天性和高级天性，如何才能克制低级天性而发展高级天性呢？裴氏指出："教育和立法必须遵循自然进程，必须使动物性本体的人通过保存其动物性的友善，不丢掉清白无辜形象，即使他像孩子般虚弱。它们必须使作为社会生物的人通过忠诚和信任唤起信赖，便于他能承受无辜的不足。它们要教会他自我克制，这样它们最终使他激发出一种力量，运用这种力量他能够独自在他本身重新产生清白无辜，使自己成为温和的、好心肠的、友好的本体，一个在他动物性的状态中未堕落的本体。"[②] 从这里就可以看出，裴氏极其推崇教育的力量，只有教育才能让人不断抵制动物本性的恶劣影响，学会自我克制、自立和自我更新，才能发展高级的特性，不断认识自我的内在价值，发挥内在自由，成为道德之人。

2. 教育：对道德性的挖掘和培养

通过对人性的分析和透视，裴斯泰洛齐认为，只有通过教育才能让人抑制动物性而发展道德性，从而过上一种道德的生活，道德的生活就是能

---

① （瑞士）裴斯泰洛齐. 裴斯泰洛齐教育论著选［M］. 夏之莲，等译. 北京：人民教育出版社，2001：175—177.

② （瑞士）裴斯泰洛齐，（瑞士）阿图尔·布律迈尔. 裴斯泰洛齐选集（第二卷）［M］. 戴行福，等译. 北京：教育科学出版社，1996：120.

够将自己该做的事情变为想做的事情，与欲望合为一体，这样他就将道德的教育与人的自由的培养结合在了一起。教育的作用，在于提高个体的道德天性，领悟高尚的人生，这种人生是幸福的。个体通过教育能够达到高等形式，获得自身的完美，这种完美只有通过发展个体内在的道德力量才能达到。通过德性的实现，人将自己从蒙昧状态解脱出来，成就真正的自由。而教育的主要作用就是发展这种道德的力量，使人能够成为道德的人，这个道德的个体是行善且具有爱心之人，同时具备坚定的宗教信仰，能够将自己的私利放置一旁。①

基于人的天性中动物性、社会性和道德性的同时在场，教育必须充分挖掘自身的内在能力和天赋：情感、精神官能和活动能力。这三种能力可以通过锻炼得以内化。对这三方面的锻炼，可以通过德育、智育和体育来达成，其内容的编排也应该以这些能力的核心要素为依据来组织，如德育以儿童对母亲的爱为要素；智育以数目、形状和语言为要素；体育以各种关节的运动为要素。各科教育都要遵循从简单到复杂的自然顺序，从而促进儿童各种天赋能力的全面发展。不过真正能促进人的道德性发展的手段当属道德教育，只有道德教育才能真正让人获得内心自由和幸福感，而且道德教育也仅仅只能通过自身的努力才能达成。"我只有通过我自己，通过我本身的力量才能成为合乎道德的人。"②

---

① （瑞士）裴斯泰洛齐. 裴斯泰洛齐教育论著选［M］. 夏之莲，等译. 北京：人民教育出版社，2001：442–446.

② （瑞士）裴斯泰洛齐，（瑞士）阿图尔·布律迈尔. 裴斯泰洛齐选集（第二卷）［M］. 戴行福，等译. 北京：教育科学出版社，1996：113–114.

从上面对裴斯泰洛齐人性论的讨论可以得知，他认为道德是个人的事情，一个人是否为道德的人，只有他自己才能知道，而其他人则无法感受到。这并不意味着道德没有社会意义，他指出："存在于人的天性之中的人的意志，既能吸收善也能吸收恶的力量的精神是自由的。人是应有是非之心的。"这说明，裴氏在教育中还是坚持了性善论的思想，认为人之天性中存在着良知，良知判定善恶是非；天性中同样还有意志，这种意志是自由的。真正的道德既不是出于精神也不是出于义务，而是"建立在个人意愿的、主观上决心不断克服个人的自私观念的基础上的社会行动"①。道德仅仅关涉自身，关涉本体的认识和决心，关涉对非道德观念的对抗，而且还应该付诸行动而非只停留在精神或语言上。

既然人的道德性是天性中本就存在的，教育就需要将道德性挖掘出来进行巩固和加工。从裴期泰洛齐关于人之自然状态的讨论可以看出他认为道德教育的基本要素在于人天性中的怜悯、同情，这些构成了爱。对母亲的爱是道德教育能够实行的基础。以对母亲的爱为核心，不断向外扩展为对亲人的爱、对朋友的爱、对他人的爱、对社会的爱、对国家的爱等等，从爱开始也可以延伸出更为复杂高级的情感，如挚爱、信任、感恩、忍耐、服从等等。所有这些发展到最终阶段会形成博爱。

道德性的培养是一个连续的过程，从最基本的对母亲的爱为要素开始唤醒其他情感，这是最初阶段。因为爱是人性中的基本构成，所以相对而言比较容易唤醒道德情感。与此紧跟的是道德行为的训练和养成，这需要

---

① 余中根.裴斯泰洛齐教育思想研究［M］.昆明：云南大学出版社，2009：223.

儿童获得自我控制，练习道德行为，形成意志品质。道德行为必须通过多次的训练才能形成习惯并得到巩固。最后是通过反思和讨论，形成有关道德的概念理解。在裴氏看来，只有通过比较和思考，儿童才有可能真正掌握抽象概念。通过唤醒道德情感、进行道德行为的训练和养成、形成道德的概念理解，儿童最终获得了道德的认知、行为，并内化为自我准则，实现了内心自由和外显自由。

裴斯泰洛齐所处的年代正是启蒙运动思想家百花齐放、百家争鸣的年代，他深受卢梭自然主义、性善论的影响，从本国的教育现状出发展开了教育实践活动，影响深远。滕大春曾说："在欧洲国家中，几乎没有例外地受到裴斯泰洛齐的启发，不过德国人把兴奋点放在学习他的献身精神上，英国人把兴奋点放在学习他的教学更新上。他们是各取所需而非全面的探索者和研究者。"[1] 这已经点明了裴氏在欧洲的影响之大。有研究表明，受到裴氏的教育影响的国家远不止英国和德国，还有法国、美国、日本、中国等国家。[2] 德国教育学家费希特、洪堡、赫尔巴特、福禄贝尔、第斯多惠；英国教育家贝尔（Bell Lancaster）、欧文（Robert Owen）、格里夫斯（James P. Greaves）美国教育家麦克卢尔（William Maclure）、卡贝尔（Joseph Cabell）、伍德布里奇（William C. Woodbridge）；日本教育家高峰秀夫；中国教育家王国维等都受到了裴氏教育思想、教育实践、教育使命感的影

---

① 滕大春.美国教育史［M］.北京：人民教育出版社，2001：162–163.

② 赵伟平.试论裴斯泰洛齐的影响和历史地位——基于相关文献的考察［C］//戴特灵（Dettling Roger），顾正祥.以爱为本：跨越时空惠及子孙的教育理念.上海：上海交通大学出版社，2014：30–39.

响而深化了自身的教育理论或实践。

三、自由作为道德人格的教育思想方案

霍布斯、卢梭等自然主义者所假设的人的自由状态是处于自然状态与现代公民状态的混合体，一方面他们死守自然赋予人的自我保存的权利；另一方面，他们不满足于原初状态而寻求主权国家的庇护，界定了自然法则的社会原则，从而形成了自然原则与社会原则的张力。康德等人却不满足于这样的解答方案，将国家主权/自然法则/教育与自然状态之间的张力转化为规范/强制/管理与自由之间的张力问题。这一转化的第一位明确提出者是康德，费希特则继承了康德关于道德法则、理性界限方面的内容，将这种道德法则赋予了主体实体性的存在——纯粹自我，自我本身就具有自由的内在性质，自由是纯粹自我的产生基础；赫尔巴特与其说继承了康德的自由思想不如说批判了康德的先验自由思想，他更多的是接替了费希特的想法继续深入下去，将纯粹自我经验化和教育化，试图实现从教育学立场来建构纯粹自我的生成和发展；施莱尔马赫继承了康德的先验自由思想，并将其关于宗教的讨论、上帝的存在与道德紧密联系起来，形成了以宗教为基础的自由论断，将自由拉入了精神的广阔领域；杜威则在批判以赫尔巴特为代表的传统教育中提出了进步教育，反溯了柏拉图、卢梭和康德的教育观点，将自由人的养成限定在民主社会的日常生活世界之中，从而启发了自由人养成教育方案的从道德人格向实践解放的转变。

（一）康德：自由人之"四化"教育

伊曼努尔·康德（Immanuel Kant，1724—1804），德国启蒙运动时期

最著名的哲学家、教育学家。代表作有《纯粹理性批判》《实践理性批判》《判断力批判》《论教育学》等。他从哲学上讨论了先验自由、自由意志的存在，以此为基础关涉教育学领域，从教育哲学的角度系统地讨论了教育如何从强制中培养自由之人，为费希特、赫尔巴特等德国教育学家的相关讨论奠定了基础。

1. 自由人：自我立法的道德人

康德在评论启蒙运动时称，启蒙运动的价值是引导人类从不成熟走向成熟。他所谓人的成熟状态，是人"独立地使用自己的理性"。当人类运用理性的时候，他就会不断建构形式推理，寻找判断的依据，理性最终的追寻会追溯到无条件的、不证自明的东西上面，或是上帝或是鬼神。因而如果对理性的运用范围不加限制，就会造成启蒙危机：陷入怀疑论、对自然科学的极端推崇，进而否定知识、限制知识，因为理性给我们自然秩序的表象，理性不能提供知识，只是安排、整理经验，要让我们误认为知识来源于感性和知性。为了更好地捍卫理性和自我，理性就必须为自己加上枷锁，这就是康德再三强调的"我不得不悬置知识，以便为信仰保留地盘"[①]。因而《纯粹理性批判》解决了一个关键问题：防止理性的过度使用，把自由问题放在理性范畴之外，因为如果人的一切都可以用规律来解决，那么人类在规律面前就会无能为力，从而陷入因果决定论的境地。由于康德认为人类在规律面前具有先验的能动性和主体性，他因此也就步入了"先验自由"论的轨道。在他看来，当自由不在因果决定论的范畴之内，人的

---

① （德）伊曼努尔·康德. 纯粹理性批判［M］. 邓晓芒，译. 北京：人民出版社，2004：53.

自由就是"大有可为"的，人可以根据自己的意志行事，并且为自己的决定负责，自由就是指我们可以根据我们的意愿活动而不被其他外在因素所驱动，但这同时也就意味着人类的欲求有成为风险的可能，这便是自由的二律背反，在此基础上，康德进一步思考的是实践领域——道德领域，即人的自由边界问题。①

康德首先设定了人具有先验自由，在自然界，人类受到自然规律的决定和支配；但在实践中，人是有积极能力行动的决定者。人在自然界的行动，是被本能驱动的。在道德中，人们始终按照某种规则来行动。"按照准则"这一行动或选择表明了人们在道德领域中的自发性，说明了人的主动性，即人是自由的。准则是意志的主观原则。人在选择是否要行动或以何种方式行动时会遵守一定的普遍的标准，这个普遍的标准是客观的、普遍的准则，被称为命令。命令有假言命令和定言命令之分，在道德领域中的普遍准则均为定言命令，它是无条件的，其权威不是来自功利或私利，而是来自理性的人的有效的实践法则。由先验自由为基础产生了道德义务，道德义务要求自由、自律、自我决定、自我立法。我服从，是因为服从的规则源于我内心的道德义务，即人为自我立法。先验自由决定了人做任何事情的自由，从而确定了自由在价值体系中的无限高度，也就确立了人与人之间是平等的，他人不能将任何人作为工具或手段，人是目的的论证也就顺理成章了，作为人内心的道德秩序也就成了目的王国。②然而，我们

---

① （德）伊曼努尔·康德. 纯粹理性批判［M］. 邓晓芒，译. 北京：人民出版社，2004：53.

② （德）伊曼努尔·康德. 实践理性批判［M］. 邓晓芒，译. 北京：人民出版社，2004.

能够认识并且在实践中产生确定效果的并不一定是我们所期望的或应该获得的，实践与理论之间拥有着不可逾越的鸿沟。人类的审美活动和对自然整体的最终目的的追寻可以让两者有所弥合。①所谓"人好好色，人恶恶物"，人类的审美是一种直觉判断，它在本质上诉诸人的本性情感。从康德以上对自由范畴的论证，可知康德所谓的自由人是拥有理性，能够认识、发现自然规律并按其行事，以人为目的，并遵守内心法则的人。

康德在《论教育》中，对哲学中的自由人描述进行了教育学的转化，以凸显教育在培养自由人中的重要作用。他认为自由人应该是拥有独立理性，独立判断，能够自我立法，拥有必备的生活和生存技能，以人为目的的交往的世界公民。②从这里可以看出，康德对自由人的教育学转化依然是建立在其哲学中对"自由"概念的理解上的。

2.教育：以规训化、文化化、文明化和道德化培育自由之人

康德从哲学上论证了"自由"是人类的道德问题，从教育学理论的视角探讨了如何培养自由人的问题。在他看来，教育作为外在的"强制"，其旨意在于培养"自由人"，这正是"通过强制以使人自由"的最好表现。他指出："人只有通过教育才能成为人。除了教育从他身上所造就出的东西外，他什么也不是。"③也就是说，自由人的养成只有通过教育才能实现。

在他看来，人生来就有两重性，一是具有意志的自由性，二是具有理

---

① （德）伊曼努尔·康德.判断力批判［M］.邓晓芒，译.北京：人民出版社，2004.

② （德）弗里德里希·特奥多尔·林克.康德论教育学［M］.赵鹏，何兆武，译.上海：上海人民出版社，2005：51-52.

③ （德）弗里德里希·特奥多尔·林克.康德论教育学［M］.赵鹏，何兆武，译.上海：上海人民出版社，2005：5.

智的能动性。理智能给我们提供认识自然世界的手段，却无法为我们提供道德上的"超越"状态，而意志自由则为理性的超越提供了可能的空间，"判断力"则构成了能够将人纳入正当秩序的第一基础，沟通自然世界与道德世界，实现人对自然法则的超越。康德认为，教育的目的是使人性中的胚芽、自然禀赋均衡地发展，把人性从其胚芽展开，使得人达到其规定性。然而，人类自身并没有对完善性的确定定义，这样人类将具有无限的可能性和不确定性，"教育一方面是教给人某些东西，另一方面也只是在他那里发展出某些东西"。"人通过他的理性被规定了，与人共处于一个社会之中，并在其中通过艺术和科学将自身文化化、文明化和道德化"。[①] 即教育并非是单纯的向内灌输或向外牵引，而是通过承认人的主动性、理性和独立性，形成一整套的道德培养体系：通过规训以使儿童生蛮的天性得以抑制、脱离；通过文化化以使儿童获得灵魂和精神的教化；通过文明化以使儿童得以融入社会和正常交往；通过道德化获得在公民世界中的独立生活能力。这四个阶段层层递进，环环相扣。

儿童的教育始于规训化。既然儿童具有自由的天性，是生蛮的，在未来的生活中容易坠入生蛮状态，那么，训诫就有必要成为儿童文明化的必要手段，以使儿童从野蛮状态脱离、进入文明状态。"纪律或训诫将动物的本性转化为人性"。[②] 通过纪律的规训是消极的，以便儿童能在其中感

---

① （德）康德. 康德著作全集（第七卷）［M］. 李秋零，译. 北京：中国人民大学出版社，2013：324.

② （德）弗里德里希·特奥多尔·林克. 康德论教育学［M］. 赵鹏，何兆武，译. 上海：上海人民出版社，2005：3.

受到自由。规训化阶段包括婴儿期和儿童期，婴儿期主要为否定性教育，以身体养护为主，不干扰儿童自然的发展，一切人为的帮助都会败坏其自然禀赋。"大自然不做无用之事"，自然所赋予的儿童的自然禀赋就已经为其未来的发展提供了生理学基础。儿童期的主要内容是培养孩子的习惯，是对心灵力量的锻炼。儿童早期养成的习惯很容易保持而又很难改变，因此要通过训诫克服儿童的生蛮性，逐渐削弱儿童的野性，同时也要让孩子时刻感受到他的自由，只要他不妨碍别人的自由，只要他不伤害到自己的健康，他可以自由地游戏。游戏有利于让孩子习惯于按照规则行动，而不是按照某些动机而行动。道德教育的最初努力是要确立一种品质，发展按照准则行动的能力，而宗教概念则是最好的原型，因为宗教会让儿童即使没有义务、责任、好的举止的抽象概念，也能教会他们义务法则，规定他们的动机。康德认为这些宗教概念有利于培养儿童对上帝的敬畏，而最高的敬畏则是依照上帝的意志而行动。通过对生命和整个世界之主的敬畏、对人类的护佑者的敬畏和对人类的法官的敬畏，有利于儿童最初的对上帝的服从和规训。[①]

当儿童已经拥有初步的服从，去除了生蛮性，就会进入到文化化阶段。这一阶段主要包括教导和教学，通过知识教育和精神的教育，通过对情感力量的训练、灵魂的培养和精神的教化，形成儿童达成目的的能力和技能，在年龄上属于学生期。在这一阶段，学生通过学习语言、矿物学、地理学、绘画、数学等知识，获得灵魂的能力，例如记忆力、知性、判断力等等。

---

① （德）弗里德里希·特奥多尔·林克. 康德论教育学 [M]. 赵鹏，何兆武，译. 上海：上海人民出版社，2005：47-49.

在道德上要塑造孩子的品格，关键在于必须极严格地遵循儿童发展的法则，应该时时警惕我们塑造的是儿童的品质，而非成人的品质。在康德看来，学生的品格大致有四种：

品质 {
  服从 {
    孩子的服从——惩罚：人为的惩罚；自然的惩罚
    少年的服从——惩罚：羞耻观念
  }
  诚实：羞耻观念——撤除尊重——否定性惩罚
  合群：与别人保持友谊。教师偏爱某一个孩子，不是因为他的才能，而是因为他的品质。
  心胸开阔——保持快乐的心，让孩子做有助于自由、合理竞争的游戏。
}

图 3-3　学生在文化化时期应该具备的品格

道德的培养要建立在准则基础上，其实质是塑造学生的思维方式。准则的来源最初是学校的标准，最终上升为人性的标准。对准则的认识也应逐渐从服从法则到理解法则、遵守法则、维护法则。在学校的道德教育中，要让孩子明白责任大于正当，道德原则必须坚持，不允许践踏。人的法权是上帝最珍贵的东西，要培养孩子的义务观念，不能将行善想象成某种值得报酬的事情。义务必须出自事物的本性，主要分为两个方面：对自己的义务和对他人的义务。对自身的义务中最重要的是，要在内心有某种尊严，这种尊严使他比世间万物更高贵；对他人的义务主要是对他人的权利的敬畏和尊重。道德教育主要通过榜样和宗教方式教给学生。康德认为，当一个人能够形成自我教育、性本能发展完善、可以用有效的手段来教育下一代时，正规的教育就已经走到了尽头，这个时间点大概是 16 岁。

人脱离了学校指导进入自我教育阶段后，就开启了文明化进程。通过人际交往和社会互动，让儿童变得明智，成为遵守社会风俗、举止文雅的人。

在这一阶段年轻人要首先认识到自身对性的偏好，年长者要向年轻人阐明性欲的全部丑恶，而且想要省力而对此不进行教育是绝对有害的，因为性欲而造成的道德后果要比想象中严重和深远得多。[①] 康德不赞同婚前性行为，认为这是对自身和对方的不负责任。其次，要充分认识到社会等级的差别和人与人之间的不平等，这种不平等是个人通过努力而产生的优势，是对努力进行的褒奖，这种不平等蕴含着平等。再次，要对他人有仁爱之心，要有世界公民的胸怀，人类不应仅关切自身，还应该关切他人和世界的福祉。最后，对自我的定位和认同，既不能依靠宗教教义，也不应该依据他人的评价。

当经过所有规训化、文化化和文明化之后，人类有可能进入到道德化阶段，这是教育的最高阶段，在这个阶段中年轻人不仅拥有达到各种各样目的的技能，而且从中获得了善的观念。[②] 康德认为，只有当孩子成为一个道德人时，他才能充分承担起他的使命。康德在这里所言的道德化，并不是他在哲学中提到的超验自由或自主的概念，而是公民自由，即作为独立公民的生活能力。康德将哲学中的自由经验化、世俗化，认为道德行为的准则必须源于人类本身，是人类自己的理解，因为人的内部隐藏着道德准则。道德规律以及与之相容的准则，都是人类的预先设定，这些预设在逻辑上是必要的，但并不意味着它们会被主体有意识地接受。这样，超验自由的框架才能为学习和教育的观念留下余地。在道德化的过程中，主体

---

① （德）弗里德里希·特奥多尔·林克. 康德论教育学［M］. 赵鹏，何兆武，译. 上海：上海人民出版社，2005：49-50.

② 彭正梅. 德国教育学概观［M］. 北京：北京大学出版社，2011：32.

能够意识到、理解并明确地接受他一直预设的观念。鉴于这一过程的抽象性和复杂性，康德曾经坦言，大多数人可能一辈子都无法达到这一阶段。只有当主体达到道德化的阶段，一个人才能最终实现其自由，成为自由人。

（二）赫尔巴特：培养道德性格力量之教育

约翰·弗里德里希·赫尔巴特（Johann Friedrich Herbart，1776—1841），德国著名教育学家、心理学家，科学教育学的奠基人。代表作有《普通教育学》《教育学讲授纲要》等。他首次以实践哲学和心理学作为教育学的学科基础，建构了系统性的、科学的教育学理论，影响了整个世界教育学的理论研究。

1. 自由人：对内自由对外公正之人

赫尔巴特是康德哲学教席的继任者，同时也是费希特的学生。在很大程度上，他继承了康德和费希特关于自由的观点，但也有所不同。赫尔巴特反对康德提出的先验自由假设，认为康德运用实践理性和自然理性的二元论恰恰证明了道德教育的不可能性。首先，道德作为一种现象，必然受到时代、环境、社会、政治等诸方面的影响；其次，先验自由与纯粹意志排除了人的自我发展的主动性和可能性；再次，先验自由否定了教师的作用，将教师限定为知识传授者。因此，如果承认道德是可能的，就要承认道德不是先验的定言命令，而是自然现象或事件，是特定的意志的表现，是可观察的、可研究的。赫尔巴特的自由观念拥有了存在主义的特性。

在否定了先验自由的同时，赫尔巴特提出了自由表现为做这个、不做那个的可能性和能力。这样，自由就具有了经验的确定性，具有主体的可塑性和主动性，而且具有了实践性质，同时也具有了选择的可能性，并且能够通过行为进行观察。虽然赫尔巴特推翻了康德的先验自由的设定，但是他没有否定自由是道德的基础，也没有否定遵守道德义务而行动是为自由。他将道德义务设定为人的内在特性，一种可以被唤醒的内在潜力，这种特性促使儿童有能力不断做出使自己遵守普遍原则的决定。① 他改变了康德关于所有绝对命令都必须服从的观念，认为绝对命令也需要主体的甄别和选择，因为并不是所有的命令都是道德的。只有主体自己命令自己时，才是道德的。道德并非产生于逻辑、理性或经验，而是产生于审美，审美"根本不作证明，也就是说，它并不强制地实行它的主张，而是完全以纯粹的判断在说话"②。审美判断完全产生于主体平衡的感知，当我们欣赏一朵花时，我们并没有从逻辑、理性、经验等方面来判断它是否美，而是自然而然就认为它是美的。在这个时候，审美将自我代入进去，不知不觉地产生了强制，这种无察觉的强制会让审美判断转变为道德判断。产生这种道德判断的情景会随着时间缓慢逝去，但是判断会存留下来成为人之"良心"。因此，良心并不是先验的，而是审美判断不断挤压凝聚的结果，"最初偶然的任性的意志行为就变成了必然的道德意志，自然的自由选择变成了顺从的自由"③。

---

① 彭正梅.德国教育学概观［M］.北京：北京大学出版社，2011：38.

② 李其龙，郭官义，等译.赫尔巴特文集（教育学卷）［M］.杭州：浙江教育出版社，2002：180.

③ 彭正梅.德国教育学概观［M］.北京：北京大学出版社，2011：39.

从以上的分析可以看出，赫尔巴特的自由之人同样是建立在哲学思辨之上，不过他更倾向于将更多的思考放入"如何做"上，即教育的功用上。在《普通教育学》中，他提出培养人的最高境界是道德境界，内心自由、完善、仁慈、正义和公平，统称为"五道念"，"五道念"形成了一个螺旋趋势，以自我内心自由为发端，通过人之交往而内化为社会准则，最终达到个体、社会、国家的"公平"。在这期间，自律会逐渐消减，他律会逐渐增加。当然，他也没有忘记生存技能的培养，而这又与个人依兴趣选择相关，重新回归到了自由能力。

2. 教育：管理、教育性教学与训育

可以说，赫尔巴特与涂尔干一样，在费希特的哲学精神中悟出了相似的道理，即通过管理、教育性教学、训育等手段，可以让儿童获得最终的自主性，成为对内自由对外公正的自由之人。

赫尔巴特从问题的可操作性入手，通过将道德概念的量化使得这一问题变成了"在教育中，如何将外在强制转化为内在自由"的问题。道德不是先验的绝对命令，而是一种自然现象。作为自然现象的道德，是可以量化、观察和研究的。自由是可以通过外显行为进行观察的，具有经验的确定性。这样，赫尔巴特就将自由和道德变为了可观察、可研究、可教的内容。

赫尔巴特认为，教育的最高目的在于培养道德性格的力量。这种道德性格指向的是启蒙运动中所确立的"独立地使用自己理性"的主体人格，是主体所具有的能动性下的自我意识、自我道德塑造。必须指出的是，这里的"理性"是启蒙运动中的理性精神，根据康德的看法，是指理论理性和实践理性两个层面：前者是理性存在者对待事物时的先天条件和原则，后者是理性存在者在建立社会秩序时所要服从的法则。[①] 赫尔巴特继承了康德对启蒙理性的认识，并指出管理、教学和训育，是实现人能够独立使用理性的方式，也是人实现最终自由的手段。

赫尔巴特在其《教育学讲授纲要》中开宗明义："教育学的基本概念就是学生的可塑性。"在他看来，人的可塑性是指"人的可变性、可教性、能培养性"[②]。其内含有人出自主动的自我修养，强调内在的转变动力，即内在能力。赫尔巴特对可塑性的强调，实际上是指出了人具有从不确定性走向确定性的可能，当然这种确定性乃是暂时的、阶段性的确定性。正如本纳先生所言："教育是一种人的特性从不确定性到确定性的过程。人在这种过程中也是自主、自为的，任何人都可以通过学习和活动成为自己身份的决定者。"[③] 当受教育者达到一定的年龄时，人的道德性格主要表现为内在状态，将难以受到教育者的影响。

赫尔巴特也十分重视学生的主动性问题。他曾批评成人为儿童编写教科书，认为成人与儿童的距离，就像"使文化与腐化现象演变到目前这种程度所延续的时间距离一样巨大"[④]。成人不可能充分了解儿童的思想，儿童可以自己选择吸取适合他的东西，并按照他自己的方式来评价作品与

---

① 韩水法.启蒙：理性与理性主义［J］.云南大学学报（社会科学版），2004，3（4）：14-18，37

② 孙元涛.人的"可塑性"与教育——从赫尔巴特到本纳［J］.全球教育展望，2011（10）：37-42.

③ （德）本纳.普通教育学——教育思想和行动基本结构的系统的和问题史的引论［M］.彭正梅，徐小青，等译.上海：华东师范大学出版社，2006：23.

④ （德）赫尔巴特.普通教育学·教育学讲授纲要［M］.李其龙，译.北京：人民教育出版社，1989：15.

作者。在教育性教学过程中，无论是分析教学还是综合教学，赫尔巴特都十分重视发挥儿童的主动性，允许学生穿插意见打断教学，他指出"教学的许多方面取决于学生对其反应的程度与状态"①。

赫尔巴特在承认人的可塑性与主动性后，将这些预设隐藏于管理、教学与训育的过程中。在他看来，人的认识活动就是思想范围的不断扩展过程，教育者的关注重心也是学生思想范围的形成过程。思想范围基于统觉，是经过明了、联想、系统、方法的思维整合和提升最终形成的。统觉的形成是在儿童通过观察、体验，获得大量多层次的日常经验之后，人内部会形成新观念与旧观念的复合与融合，意识中较弱的观念则对已有观念进行刺激，进而被旧观念吸收和占有。在思想范围不断扩大的过程中，"包含着由兴趣上升为欲望，依靠行动上升为意志的积累过程，也包含着一切智慧活动的积累"②。而且，思想范围还具有克服环境不利方面、不断吸收环境有利方面的能力，进而教育自己。因此可以看到，赫尔巴特认为，主体能够认识客观事物乃是基于已有环境所提供给主体的经验观念，并在与外界环境观念的刺激下不断扩展，形成"一种广阔的、其中各部分都紧紧联系在一起的思想范围"③。这样，他就将教育学建立在心理学的基础上，将人看作是可以进行道德教育的对象。

---

① （德）赫尔巴特. 普通教育学·教育学讲授纲要［M］. 李其龙，译. 北京：人民教育出版社，1989：105.

② （德）赫尔巴特. 普通教育学·教育学讲授纲要［M］. 李其龙，译. 北京：人民教育出版社，1989：132.

③ （德）赫尔巴特. 普通教育学·教育学讲授纲要［M］. 李其龙，译. 北京：人民教育出版社，1989：21.

赫尔巴特的教育学系统地阐述了培养道德性格与掌握生活技能两个目的所需的内容、方法和手段。通过确定人的主体性、可塑性和审美性，他指出了在儿童的不同阶段要进行侧重点不同的教育，当管理、教育性教学与训育成为整体结构，教育的最高目的"道德性格的力量"就具备了可能性。三者的关系可以如图3-4所示：

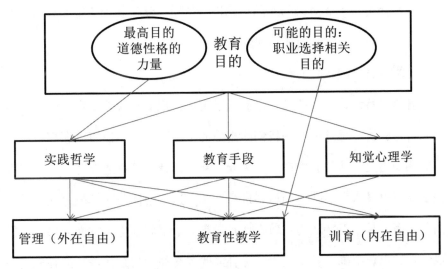

图3-4 赫尔巴特的教育学系统中内容、方法和手段的关系图

（1）管理

赫尔巴特认为，教育与管理之间有着本质的区别，管理在教育中是必要的，管理是进行正常教学的前提，是教养的一部分。管理的目的在于让儿童形成自我管理的手段，因为儿童在出生时并没有善恶的道德观念，他们在早期会产生不服从的烈性，这种烈性是儿童不守秩序的根源，只有通过管理才能克服这种烈性，从而养成儿童遵守秩序的习惯，需要注意的是，这种管理不能对儿童的心灵产生危害。这里的管理是消极意义的，"对儿童的管理是有效预防社会犯罪、道德犯罪的必要手段……儿童的管理对儿童的心灵并没有目的，而是为了养成一种秩序"[1]。当秩序形成，就为教育性教学提供了外在的条件。但是在儿童没有形成意志之前，是不能进行道德教育的，因为这会将教育变为一种压制和训练。赫尔巴特提出儿童管理的三个手段：威胁、权威与爱。威胁手段有着严格的限定；权威通过卓越的智慧获得，不能对人的恶的意志进行惩罚；爱是基于情感的和谐与习惯，这样能养成儿童的同理性和同情心。

（2）教育性教学

赫尔巴特认为，人能通过经验揭示现象，现象蕴含着实在。认识的本源来自经验，"感觉是唯一我们能把握的本源事件"，任何概念都是从纯粹的感知出发，从经验中产生。因此，赫尔巴特在《普通教育学》中多次提到要通过日常生活获得的材料进行教学。这集中体现在其教育性教学的内容方面。赫尔巴特认为，教育性教学是为了培养学生多方面的兴趣，形成学生的思想范围。教学是为了弥补经验和交往的欠缺而进行的补充。多方面的兴趣包括了两大类：经验的兴趣和同情的兴趣。经验的兴趣包括对思辨的兴趣、对鉴赏的兴趣；同情的兴趣是对人类的同情兴趣、对社会的兴趣和对宗教的兴趣。他明确指出，教学不能仅限于书本知识，应当让学生将书本知识和周围环境结合起来，促进儿童智力活动的良好教育，只能在"它们（周围世界与书本）的结合之中找到它"[2]。他进而指出，"有

---

① （德）赫尔巴特. 普通教育学·教育学讲授纲要［M］. 李其龙，译. 北京：人民教育出版社，1989：6.

② （德）赫尔巴特. 普通教育学·教育学讲授纲要［M］. 李其龙，译. 北京：人民教育出版社，1989：8.

谁在教育中撇开经验与交往，那就仿佛避开白天而满足于烛光一样"①。

在这种情况下，教育性教学的内容形成了两个系列六个内容：

图3-5 教育性教学的内容分类

从这六个内容看，其材料来源均为日常生活与交往过程，因此可以断定，赫尔巴特教育学的教学内容与理性主义所认为的"理性是知识的唯一来源"截然不同。

教育性教学通过展示教学、分析教学和综合教学，扩展日常经验和交往，从而建构和拓展思想范围，也培养儿童多方面的兴趣。经过明了、联想、系统、方法等四个形式阶段的培养，形成儿童多方面的兴趣，也为儿童提供职业选择的自由。当儿童学会用独立的思考来判断自身行为时，训育就介入其中，以促进儿童向着正确的方向发展。

（3）训育

赫尔巴特强调训育并不是在后一阶段才进行的，而是隐藏在管理的背后，更是教育性教学的暗线。训育解决的是道德实践的问题，很显然，"知道应该怎样做"并不意味着就会这样去做。具有道德方面的知识不

---

① （德）赫尔巴特. 普通教育学·教育学讲授纲要［M］. 李其龙，译. 北京：人民教育出版社，1989：63.

意味着具有道德的行为。在这一假设之下，赫尔巴特提出使用训育的手段，让儿童获得道德的性格力量，从而让儿童自觉地依据普遍的道德伦理来规范自身行为。训育是直接作用于儿童的内心的，能介入儿童自我负责的行动之中，"训育是使儿童教育性教学过渡到由儿童自我负责的并指向普遍的伦理标准的行动"①。训育的任务会对思想范围的形成提供协成作用，但对于如何限制和鼓励自我行为有着更为重要的影响，也就是说，训育更重要的是形成自我行为，更倾向于实践道德层面。赫尔巴特在《普通教育学》中提出了四种训育措施，分别为止观的训育、决定的训育、调节的训育和支持的训育。这四种措施保证了儿童能够逐渐脱离教育的支持，走向自主和自由。

赫尔巴特在谈论性格的力量时区分了客观性和主观性，内心自由、完善、善念是性格的主观方面，其中内在自由涉及意志和判断的关系；完善是从多种意志追求的关系来理解内在自由，可以让人停止对一种兴趣的追求而转向另一种追求；善意的观念是在多人交往的概念上来阐释内在自由，因多主体的交往而产生"公平"的观念，公平给予每个个体同样的兴趣空间，并寻求一种规则来预防冲突，当有主体违反了这种规则，就需要运用正义的观念对其进行引导。就"五道念"的产生和逻辑而言，性格的主观方面是为了维护内心自由而存在的，性格的客观方面（公平和正义）则是为了社会发展中人与人交往的规则所设定的。这是一种螺旋的、不断由内而外的道德准则。

---

① 彭正梅.德国教育学概观［M］.北京：北京大学出版社，2011：62.

总而言之，通过管理、教育性教学、训育，儿童实现了依靠外在强制向内在自由的转变。

（三）杜威：善过民主生活的自由人之教育

约翰·杜威（John Dewey，1859—1952），美国哲学家、教育学家，实用主义的集大成者。他在批判了以赫尔巴特及其学派的教育学体系基础上，建立了新的、进步主义的教育学理论，以经验为核心，注重在儿童的兴趣基础上开展教育教学活动，并立志于通过教育形成与民主社会的双向建构。由于他的教育学体系庞大，对教育历史中的各派理论都有所涉猎，被称为教育学界的"康德式人物"。代表作有《民主主义与教育》《我的教育信条》《经验与教育》《自由与文化》等。

1. 时代背景

杜威所处时代是自由放任的资本主义的生活正在"公有化"的阶段，"没有任何词语可以充分表达正在发生的事情……美国已经从先前的个人主义先驱状态稳步转变为集体主导的状态。"[1] 美国的这种转变与"集体""农村地区的停滞"和"城市中不安定的过渡运动"有关。集体性意味着个人主义的终结："在生活的每一个裂缝中形成一种相互依存的集体主义方案"，个人生活是集体的；智力生活是集体的；情感生活是集体的；休闲和工作具有更多的集体品质，道德和经济也是如此。集体主义推翻了个人主义，一方面通过融资将人类资本进行整合，从而构成资本上的垄断；另一方面通过机器大规模生产来降低成本，以便资本家获得更高的利润。然而，集

---

[1] Dewey, J. Individualism, old and new [M]. New York: Minton Balch & Co, 1930: 36.

体式的经济催生了精神的病态：企业领导者普遍缺乏道德约束，他们的社会价值观消融在了经济理性化的泥潭中，集体主义的经济也淹没了拥有特殊个人能力的人才，让他们泯然众人矣。更为甚者，社会价值感的缺失随着部分优势阶层和权力阶层的活动而不断加剧。集体中要求的标准化导致了人们无法体察他人的内心活动，也在这个过程中迷失了自我。也许那些金融寡头、政治寡头在这个过程中获得了内心满足，但是对于大部分的人而言，他们是被自身无法控制的力量推向了集体主义的。

杜威观察到了美国资本主义最为严重的资源集中行为，资本被集中于极少数人，现代技术、权力和财富也被集中到相对少数的大公司手中，那些争取宗教自由和反叛英国文化最为激烈的阶级本应拥有的权力和财富，都被这些大公司巧取豪夺。不过，当时的美国政治领域依然有部分政客在坚守着个人主义和个人自由的古老文化传统。经济领域要求的合作、集体主义和政治领域坚守的自由、个人主义构成了一种尖锐的、激烈的矛盾。

用美国总统胡佛（Herbert Clark Hoover，1874—1964）的话来说："我们面临着选择适合美国的国家制度的挑战——选择牢固的个人主义——或者选择一种与之截然不同的欧洲体系的学说——父权式主义和国家社会主义的学说。"① 很明显，历史表明美国最终选择了一种妥协的"国家社会主义"做法，个人主义衰落了。杜威在 20 世纪 20 年代将美国人的

---

① Hoover, H. Speech delivered in New York city by republican presidential candidate〔DB/OL〕. 〔1928-10-22〕. http：//memory.loc.gov/cgi-bin/query/r?ammem/rbaapcbib：@field(NUMBER+@od1(rbaapc+22100)).

个性归结为革命历史的遗留产物，而不是美国个体灵魂的宗教历史遗产。他认为："从根本上说，美国人的个性源于非个性化。智力追根溯源是属于无意识范畴的，在智力发展过程中，本能和情感在其中是至关重要的。我们一直忽视了这种潜意识：它被压制或从属于有意识的理性，这意味着它适应了外部世界的需要和条件……我们的情感生活是快速的、兴奋的、不加区别的、缺乏个性和知识的生活。因此，美国灵魂是外在的和肤浅的，没有最终的内在统一性和独特性——没有真正的个性……我不会否认这些特征的存在。"①

"美国化"，这是一种以促进公司牟利为目的的工具主义生产方式，正在对美国人的灵魂进行改变，而且这种方式正在从美国传播到世界各个地方。"美国化"实质上是美国新生活方式的"量化、机械化和标准化"，这种规范生活的新方式模仿了大公司的成功经验，这意味着人们的生活方式受到了经济领域的重大影响，而这种方式竟然受到了广大民众的认可。所以，杜威说，没有任何词语可以充分表达正在发生的一切。正是这种美国社会现实，敦促了杜威对民主的生活方式的探讨。

2. 自由人：创造和适应民主社会的生活方式之人

杜威对自由的探索并不是单纯的出于理论上的自觉或兴趣，而是察觉到了当时美国经济集体主义对政治领域乃至人民生活方式的重大影响。因此，他探讨自由的出发点是道德的和伦理的，他尝试着建构一个道德理论来调和不同群体、机构和社群之间的紧张关系，其中最为关键的一点就

---

① Dewey, J. Individualism, old and new［M］. London: Allen & Unwin, 1931: 25-27.

是自由的概念不能与民主的观念割裂开来。对于杜威来说，启蒙运动留给世界的遗产中最大的一个局限在于，它过于严格地区分了类别之间的差异，将主客、物我等进行了二分。在他与詹姆斯·塔夫茨（James Hayden Tufts，1862—1942）合著的《伦理学》中，集中地反对了社会/个人与道德/法律之间的传统二分法，他们认为个体的行为本质上应反映出社会习俗，这与柏林关于构成个人与国家之间边界的积极和消极自由的概念截然不同。从康德开始，现代的道德理论总是不断强化道德与法律之间的差别，哪怕是一些伟大的哲学家在讨论自由概念时，也将自由定义在了个人和社会层面。杜威说："康德本人想要超越一种集体主义的道德立场，因此建立了'目的王国'，每个人都被视为是自身的目的。""密尔（John Stuart Mill，1806—1873）虽然坚持了功利主义的伦理立场，但是也依然尊重个人的社会权利和习惯。"[①] 杜威认为他们在讨论自由时，均是以道德或伦理开场，却以调和个人和社会在自由行动中的矛盾为结束，这样的二分法并不利于自由概念乃至行动的真正产生。

杜威在《民主主义与教育》中集中阐述了讨论自由时存在的二分法，他严厉地批判了历史上出现的社会形态和群体形态，如城邦制、个人主义制和机构主义制，无论是何种形态的社会构成都是一种基于条件和限制的、非开放的组织。因此，他致力于揭示一种民主的、开放的社会，一个理想的社会。这个社会是一个能够形成一个联合的、整体的社会，"一个群体的利益由其所有成员共享，并且有能够与其他群体交流的充分性和自由性。

---

① Dewey, J. Tufts, J. Ethics［M］. New York：Henry Holt and Company, 1906：433.

换句话说，一个不受欢迎的社会是内部和外部为自由交流和经验交流设置障碍的社会。"① 这个理想的社会虽然是由群体而构成的，内部却是以自由为精神内核而建构的，自由性是最为核心的特质，因为成员之间自由所以产生交流；因为成员在社会内部是自由的，所以能交互共享。因此，在杜威看来，自由构成了民主社会的根基，自由并不被单独分为个体自由或是社会自由，而是一种统合概念。

这一点与柏林的两个自由概念有所不同，柏林将自由视为不干涉自我行动或超越、克服存在的限制条件的能力或行动，而杜威则是从将一个人培养成为拥有"个体化自我"能力的人的方面来理解自由的。个体化特质一方面涉及通过反思过程合理地履行个人愿望的能力，以及做出选择的能力；另一方面，也应该在社会背景下考虑行动。也就是说，杜威增加了自由实现的具体背景，认为实现自由与社区生活的社会条件有关。这样，自由就与民主社会的背景联系起来，成为参与式民主思想的根本所在。因此，如果想要实现自由，就需要重建能让人以自由的方式行事的社会条件。

既然自由的实现与民主社会的构建是双向互动、双向建构的过程，这也就意味着，个体的自由不能仅仅通过限制或促成自己行为的内、外部力量来实现，而是要通过在民主建立过程中内化的社会规范来实现：民主社会在政治上是有组织、有结构的；在公共秩序上是与全面的法律制度体系相适应的；在法律所覆盖不到的领域，存在着道德的空间，民主社会的道

---

① （美）约翰·杜威. 民主主义与教育［M］. 王承绪，译. 北京：人民教育出版社，2001：96~97.

德是以民众所共有的社会目标和维护民众的普遍意愿为基础产生的。在这里，他强调人与人之间的关系、建立联合体以及道德的重要性。

然而他在后期丰富和修正了这种自由的观念，肯定了自由实现的复杂性，并以这种方式来调和传统的自由主义观念和实用主义的进步理想。他认为，自由首先是和文化联系在一起的，而不是与正式机构（政治机构）联系在一起的。"不管人性的天然构成是什么，人性的实际活动，即反应于制度和规章而最后又形成制度和规章的式样的那些活动，都是由各种职业、兴趣、技能、信仰等等（它们构成一定的文化）的整体所产生的。"① 这说明他已经意识到了文化对自由形成的重要性，有什么样的文化就会产生什么类型的自由，同时也就养成了什么样的人和意识形态。"自由和民主制度的问题和存在着哪种类型的文化的问题是联系在一起的；和自由的政治制度必须有自由的文化的问题是联系在一起的。"② 他这种自由由文化决定的思想源于对当时国际上流行的不同的政权形式的分析。不同的人文背景和思维方式，塑造了不同的人类模式，这种模式也影响了政体的性质。因此，他认为我们在争取文化自由时应该对政治自由保持足够的警惕和反思。在分析国际形势的基础上，他认同了马克思主义的观点："决定性的证据是，无论口头信仰如何，经济因素都是决定政治措施和规则实际转变的文化的固有部分。"然而，他又批评了马克思主义对艺术作用的忽视："它一直没有将艺术和美术作为社会条件的重要组成部分，而是包含在民主体制和个人自由的选择之中。"他认为艺

---

① 杜威. 自由与文化［M］. 傅统先，译. 北京：商务印书馆，1964：6.

② 杜威. 自由与文化［M］. 傅统先，译. 北京：商务印书馆，1964：10.

术和美术在强化自我认同方面拥有巨大潜力，并展示了艺术如何被用来操纵民众和灌输思想。在民主社会中，应该重视文化在反映不同群体意识形态中的重要作用，同时也应该鼓励人们根据自己的喜好定义自己的文化。作为文化的重要组成部分的道德，鉴于其在国家认同和自我认同等方面的作用，联合体应该找到几种被民众接受和珍视的道德要素，力图融合成为民主社会所需要的道德准则。

杜威意识到理想社会面临的巨大挑战之一在于要设法协调社会的不同要素，并建立一种能为民主和自由社会创造适当条件的共同文化。在这个意义上说，实现自由社会最可行的办法是建立适当的教育体系，促进自由和民主的价值的普及。教育的作用是让学生成为民主社会的积极参与者，正如坎宁安（Craig A. Cunningham）所解释的那样：简而言之，教师在学校中有特殊的义务来营造环境，孩子们学会将他们的行为与这些行为的后果联系起来，逐渐学会做出明智的选择和计划，同时分享更大社会的理想。[1]教师的工作应该涉及建立与学生建立的良好动态关系，并为他们持续参与民主提供条件。换句话说，如果学校应该为学生的公民生活做好准备，那么教师有责任尊重个别学生和帮助学生建立与自己社会生活的联系，并提供教育活动来表明他们的教育与公民培养之间存在的联系。

3. 教育：培养具有民主生活方式的自由人

将一种普遍的、抽象的自由概念进行教育学的转化是极为困难的。作为一名教育学家，杜威不满足于从哲学上、理论上讨论自由与民主社会建

---

[1]　Craig, A. C. What is Democratic about New Instructional Technologies？［C］. Vienna: European Conference on Educational Research, 2009：3.

构的关系，进一步将自由进行了教育学的转化。他在《经验与教育》中，明确指出自由是智慧的自由，"智慧的自由是对于选择具有价值的目的所有的观察和判断自由"①。这一概念既包含着对自由内部心理特征的描述也包括外显行为。外部或形体的自由不能与内部的活动分开，外部的自由反映了内部自由的具体状况。"因为脱离束缚，即自由的消极方面，所有的价值，只在于它是一种借以获得有力自由的工具。"② 从这个意义上讲，外部自由只是手段而不是目的。但是，这并不意味着外部自由是不重要的，相反，它为获得判断自由和实现目的自由的基础。如果没有外部活动的自由，就会让成熟的个体失去与外界联系的动力，从而缺乏对智慧自由的材料的补充。传统的教育将自由限制在知识上和道德上，缺乏对外部活动自由的照顾，因此杜威特别提出了"在做中学"的观点，增加了对外部活动自由的论证。

杜威经常强调自己是一位哲学家，其次才是教育家，这是与其思考方式有着密切的联系的。在《民主主义与教育》中，他认为本书是教育哲学的总纲。他以自然科学方法进入哲学，将哲学改造成了一种寻找"总体性、普遍性和终极性"的学科。然而，杜威对哲学的这三个关键词的解释完全打破了常规的理解。他认为，总体性即连续性，是指"很多不同的行动保持着一种平衡状态，使各个行动的意义相互补充"；终极性即联系性，"深入到事物的更深层的意义……发现事物的联系，并且锲而不舍"；普遍性

---

① （美）杜威. 经验与教育 [M]. 李培囿，译. 上海：商务印书馆，1946：36.

② （美）杜威. 经验与教育 [M]. 李培囿，译. 上海：商务印书馆，1946：36.

即全面性，"把行动放在它的背景中——这个背景就构成它的意义"。①
所有这些哲学的特性，都证明了哲学乃是"教育的一般理论"，如果我们
将教育看作是"塑造人们对于自然和人类的基本理智的和情感的倾向的过
程"，凭借教育，就可以将哲学问题具体化、实践化，"教育乃是使哲学
上的分歧具体化并受到检验的实验室"②。

既然教育成为哲学观点验证的主要领域，而哲学的任务在于"根据科
学的现状评判现有的种种目的……另一方面要解释专门科学的成果与将来
社会事业的关系"③，那么，解决"当代社会生活的种种问题，明确地表
述培养正确的理智的习惯和道德的习惯的问题"④也是杜威需要教育解决
的重要问题。解决"当代社会生活的种种问题"是杜威教育中实践论的部
分，"培养正确的理智的习惯"构成了杜威教育中认识论的部分，而解释"道
德的习惯的问题"则构成了杜威教育中价值论的内容，这也与杜威对自由
的界定相吻合。

（1）经验的教学

杜威的经验的教学的哲学基础是实用主义认识论，杜威认为真理或
知识是经验的产物，是人们适应自然和社会需要的工具，实践将检验其

---

① 吕达，刘立德，邹海燕. 杜威教育文集（第2卷）[M].北京：人民教育出版社，
2008：311-313.

② 吕达，刘立德，邹海燕. 杜威教育文集（第2卷）[M].北京：人民教育出版社，
2008：316-317.

③ （美）约翰·杜威. 民主主义与教育 [M]. 王承绪，译. 北京：人民教育出版社，
2001：348.

④ （美）约翰·杜威. 民主主义与教育 [M]. 王承绪，译. 北京：人民教育出版社，
2001：318.

真理性；他将人看作自然界的一部分，个人通过参加社会活动得到发展，因此真理和生活是分不开的，探求真理不应该脱离真实的实践经验。实际上，经验与知识是统一的，"经验的产生有赖于感觉器官接受外界刺激，然后由人对之做出反应，而做出反应时既要利用旧有的经验，又须做出新的假定，从而获得新事物和新意义，即知识。活动、思维和知识是结为一体的"①。这样，他就论述了经验、知识和思维之间的关系，教育因此才要"在做中学"，在经验中学习，教育即"经验的改组或改造"。教育不是要教给学生具体的知识或经验，而是为他们创设较为真实的学习经验的环境，引导他们形成科学的思维方式。

从理论上，杜威是赞同科学方法的：科学的试验方法比其他方法更重视观念；观念或假设来自于实行这些观念或假设后的结果；试验法所表示的智慧方法，对于观念、活动及观察所得的结果，需要人们做进一步的跟踪研究。杜威之所以强调科学方法，在于它是获得日常生活经验的本质的唯一方法，科学方法提供了工作的模型和条件，使得经验可以在这种模型和条件下得到持续性发展。杜威在《我们怎样思维》中，将思维活动分为了五步，并应用于教学之中形成了设计教学法：1.要安排真实的情境；2.在情境中要有刺激思维的课题；3.要有可利用的资料以做出解决疑难的假定；4.要从活动中去验证假定；5.根据验证成败得出结论。这五步思维方法对应了"大胆假设，小心求证"的整体科学思维范式。

在对待教材内容的选择上，杜威依然遵循了日常生活的原则，即任

---

① （美）约翰·杜威. 民主主义与教育［M］. 王承绪，译. 北京：人民教育出版社，2001：27.

何学科，其内容必须要来源于日常生活的经验。随后要将已有经验进一步发展为更丰富、充实，而且更有组织的形式，逐渐逼近适合成人的教材形式。新事物有必要和以往的经验存在理智上的联系，观念与事实要有有意识的连接。我们要用历史的眼光来看待经验，以往的经验是了解现在经验的基础，而未来所能达到的程度，是现在的经验所决定的。"它能够伸展到将来，又唯赖它能扩大的容纳已往的经验。"[①] 杜威也认识到，新教育的问题是没有确定的知识目标、经验范围。在杜威看来，经验的范围是很大的，它的内容随着时间和空间而异。"利用学习者现在生活经验中之材料已达到科学，也许是这基本原则的最好例证，这基本原则就是把学习者现有经验作为工具，使他们走入比他们的教育生长所由而起的经验较广大的、较优美的，及在组织上较好的物质的和人类的世界。"[②] 如果经验能够成为教育内容或成为科学，必然是以原有经验作为基础和原点，在已有生活经验上将更广泛的、更好的人类世界和物质更有秩序的组织起来。知识的组织本身不是目的，而只是为了成为了解和更聪明地整理社会关系的工具。知识的科学组织原则之一是因果原则。因果关系表明了人类的智慧。"在幼时的经验中，因果之关系不是抽象的，而是手段与目的之关系，手段与结果之关系。"[③] 教育的困难不在于没有含有手段和目的的情境，而在于我们常常忽略这些情境。有智慧的活动，在于它含有分析和综合。杜威批判了当前社会中，社会需

---

① （美）杜威. 经验与教育［M］. 李培囿，译. 上海：商务印书馆，1946：48.

② （美）杜威. 经验与教育［M］. 李培囿，译. 上海：商务印书馆，1946：52.

③ （美）杜威. 经验与教育［M］. 李培囿，译. 上海：商务印书馆，1946：53.

要什么技术教育就主要培养什么技术的现象，同时也批判了我们要回到古典时期的观点。

杜威在讨论教材的组织基础上探讨了不同阶段的儿童应该如何组织经验的问题。杜威一直秉持着综合性和发展性的观点，这也是与他的经验观念相一致的。杜威认为，儿童4到8岁之间是通过活动和工作来学习的阶段，所学的是怎样做，方法是从做中学，所习得的知识都来自日常实践中的应用，而且是为了应用。这一时期是直接经验学习期间，儿童的活动和工作需要充分利用儿童的游戏本能，而且要引起儿童的兴趣，这样儿童才会对学习有所期待。第二阶段为8到12岁，主要为自由注意学习时间，相对于上一阶段而言，这一阶段的学习要加入一些间接知识，这些间接知识是建立在直接经验的扩展上的，而且要与儿童的日常经验相联系。这些间接知识的获得也是为了实际应用而非为了囤积它。第三阶段为12岁以后，是反省注意学习时期，学生要掌握"系统性和理论性的科学知识或事物规律，并且随而习得科学的思维方法"[1]。经过从日常经验逐渐发展到间接知识，最终深化为学习科学的思维方法，杜威的教学实现了从经验到抽象思维的转变和过渡。

（2）道德的教育

杜威对以往的包括柏拉图"知识即美德"、康德的义务论和边沁的功利主义在内的诸多道德哲学进行了批判性分析，指出了现有学校道德教育中方法、内容与道德发展的分离，提出道德的学习应该与社会生活紧密切

---

① （美）约翰·杜威. 民主主义与教育［M］. 王承绪，译. 北京：人民教育出版社，2001：28.

合，在参与社会生活中塑造性格，最终达到社会需求的道德行为，并形成个体对生长和环境适应的兴趣。

杜威十分反对自笛卡尔（René Descartes，1596—1650）和牛顿（Isaac Newton，1643—1727）模式以来的二分法①，认为二分法的分离对立是对哲学性质的背离。道德哲学的二分法源于哲学的二分法传统，而这种二分法是对道德训练的辩护，是理想化的状态。显而易见，这种二分的学校道德教育并不能达到理想的效果。在流行的学校道德教育中，存在着三种主要的对立观点：一是行动的动机与效果的分离；二是兴趣与义务的对立；三是性格与智力的对立。

行为与动机的对立表现在学校道德中产生了两种取向。一种取向认为，我们要重视孩子的出发点，重视孩子的情感状态，保证孩子怀有善意，即使造成了不良的后果也是可以被原谅的，这也是受到教师鼓励的；一种取向认为，我们不必考虑孩子的情绪，因为有些原则是必须遵守的，有些事情是必须要做的，无关孩子是否有此意愿，我们仅仅是重视孩子的行为或者结果。兴趣与义务的对立根源在于，人们并没有正确地理解兴趣和义务的概念。义务在这里指按原则行动。按原则行动就是无私地按超越一切非人考虑的一般法则行动。②杜威认为高尚的人所做的行为不是出于自我的兴趣，而是源自原则的观念是值得商榷的，原则来源于习惯，

---

① "二分法"作为启蒙运动时期以来重要的方法论，是指将事物一分为二的思维方法，如我们在分析问题时经常用到的主观方面与客观方面，正面与反面、善与恶、和谐与抗衡等。罗素也成为二元论。

② （美）约翰·杜威. 民主主义与教育［M］. 王承绪，译. 北京：人民教育出版社，2001：335.

习惯会令人身心愉悦，这就是习惯的力量。将习惯看作是不可改变的且完美的事物，就会被视为是原则，这样会陷入自我思想的狭隘和孤立之中。而兴趣这个概念也被曲解了，兴趣并不是对所做事务的"有利可图"，或是"一个对象影响个人的利害和成败"，而是"自我和某一对象的主动的认同"，[①]那么，义务与兴趣的对立矛盾也就迎刃而解了。而以上两者的矛盾归根结底是智力和性格的矛盾，正如杜威所言，"我们应该警惕足以阻碍实现这个目的的有关智力与性格关系的概念"[②]，这些概念包括了动机与结果、义务与兴趣、道德知识与平常知识、道德知识与知识等。智力与性格的矛盾大概有两种主要倾向：第一种倾向是将道德与理性等同起来，认为理性是人类认识世界的最终工具，道德来源于理性。理性能提供唯一正确的道德动机。因此教授理性即为教授道德。第二种倾向是将道德与知识等同起来。包括亚里士多德以及后来的很多研究者，都将柏拉图的知识误解为间接的知识，符号化的知识，书本知识。[③]这种知识是第二手的，已经去掉了知识获得的过程资料，缺乏鲜活的生命力，它所描述的"善"只是一个空洞的名词，它并非个人亲身所经历的知识，因此它的获得并不保证人的行为，同样也不保证会影响人的性格。这样，

---

① （美）约翰·杜威. 民主主义与教育［M］. 王承绪，译. 北京：人民教育出版社，2001：368-371.

② （美）约翰·杜威. 民主主义与教育［M］. 王承绪，译. 北京：人民教育出版社，2001：368-371.

③ 注释：当柏拉图认为知识即美德时，这里的知识是经过多年的实际锻炼和艰苦的训练中得来的，是经过长期的教育得来的，是在经验中获得并得到实践验证的知识。因此，这种知识就是美德，它是与个人的行动相关的，是与个人的经验相联系的，是应用的。

教授知识就变为了教授道德。

杜威认为，道德教育具有社会性，因为道德，潜在地包括我们的一切行为，每一个行为都会引起人倾向性的改变，进而影响我们性格的形成，我们的某些性格特征就会与社会关系有明显的联系。杜威所说的道德教育不是向儿童传授"关于道德的观念"，而是通过教师的"品性""教授方法"，以及通过"学校的气氛和理想、教材"等向儿童传递"道德观念"。这说明杜威从根本上反对单纯的道德知识的传授，而注重道德教育的社会实际效果。学校道德教育的价值是由社会性决定的，社会性是衡量学校道德教育的价值标准。"威胁着学校工作的巨大危险，是缺乏养成渗透一切的社会精神的条件。"[①] 为了达到道德教育的社会目的，学校要具备一定的条件。

首先，学校生活"社会化"是最基本要素。"学校本身必须是一种社会生活，具有社会生活的全部含义"[②]。校内生活与校外生活应融为一体。学校要使儿童成为适应社会的人，自身应适应社会生活而成为社会生活的一部分。其次，学校教材的社会化。学校的历史、地理等社会科学以及自然科学等等都是统一的社会生活的几个方面，它们的内容都要来自社会，具有社会意义；最后，学校学习与社会学习的方法也要联系起来。杜威批判了传统的学校道德教育把重点放在矫正错误行为，而不是养成积极服务

---

① 吕达，刘立德，邹海燕.杜威教育文集（第2卷）［M］.北京：人民教育出版社，2008：342.

② 吕达，刘立德，邹海燕.杜威教育文集（第2卷）［M］.北京：人民教育出版社，2008：342.

的习惯上，"教师关心学生的道德生活，太经常地采取警惕学生不能遵守学校规则和秩序的形式"①，主张积极地引导与培养。

从整体上看，杜威对道德哲学的分析与论证建立在已有的道德观念之上，通过对已有观念的批判分析，杜威赋予了一些传统概念以新的内涵，从而建构了自己的独特的道德观念。他将学校道德教育与社会结合起来，利用社会情境所提供的素材，形成校外其他各种形式的共同经验的交互影响，最终实现道德教育塑造个人性格、"做一个有用的好人"的目的。在评论杜威的道德哲学论证逻辑时，理查德·罗蒂（Richard Rorty，1931—2007）说，"当杜威这样写时，他正走在正确的道路上"②。

杜威对自由的讨论是复杂的，因此并不能一概而论。不过就其本质而言，杜威深信自由是构成民主社会的基石，教育的目的也在于培养能够在民主社会中生活并能为之奉献的自由之人。因此，当各国哲学家、教育学家、心理学家在讨论民主社会的建构、教育在其中的作用时，都无法回避他，也无法不被他的理论所吸引。

杜威反思和批判了很多人的思想，包括古希腊的柏拉图、亚里士多德，现代的笛卡尔、康德、费希特、赫尔巴特、黑格尔，与他同时代的詹姆斯、皮尔斯（Charles Sanders Peirce 1839—1914）、胡塞尔（Edmund Gustav Albrecht Husserl，1859—1938）、狄尔泰等人。他甚少提及这些哲学家或教育家的名字，不过却从不吝啬对他们作品的研究。他也成就了很多新的

---

① 赵祥麟，王承绪. 杜威教育论著选［M］. 上海：华东师范大学出版社，1981：103.

② （美）理查德·罗蒂. 困于康德和杜威之间——道德哲学的当前状况［J］. 吴冠军，译. 开放时代，2004（5）：153-158.

流派和思想，他内心对儿童经验的重视，形成了"儿童中心主义"的重要理论；他提出的关于"经验""生活世界"的概念占有很大的市场，以致成了现象学的基本概念之一；他对民主社会的建构，成了"乌托邦"研究的重要组成部分；他对"连续性""经验"概念的研究，成了"叙事探究"方法论的重要基石；他对民主与教育的关系解读，启发了实践教育学的发展。杜威的工作，被认为是西方教育学的蓄水池，同样，他的蓄水池也启发了众多后世的教育思想和理念。

四、自由作为解放实践的教育思想方案

人类的自由史，是一部解放史，同时也是一部实践史。从卢梭将自由作为权利来展现的时候开始，人类争取自由、解放的历程就永不会止步。从康斯坦特（Henri-Benjamin Constant de Rebecque，1767—1830）到密尔，从卢梭到康德，自由实现了从不干涉他人的消极自由到自我实现和自我掌握的积极自由的转变。当自由成为自我实现与自我掌握时，自由就已经被赋予了自我解放的意义。及至马克思，自由被明确地定义为一种人类解放的观念，目的在于克服外在障碍，消灭资本主义劳动剥削过程所带来的异化，实现自我解放。马克思的自由解放思想深刻影响了20世纪的哲学家，启发了弗莱雷、鲍尔斯（Samuel Bowles，1939—）、弗洛姆、吉鲁（Henry A. Giroux，1943—）等批判教育学家。受此影响，教育的自由问题史也从道德人格的教育方案转向了人类实践的教育方案。本部分的研究着重从解放和实践两个方面进行解析，通过对弗洛姆、弗莱雷和本纳的理论探讨挖掘他们对"自由人养成"的教育方案。

（一）弗洛姆：教育应培养人的独立而全面发展的心理

艾瑞克·弗洛姆（Erich Fromm，1900—1980），美籍德国犹太人，终生致力于将弗洛伊德（Freud Sigmund，1856—1939）精神分析哲学与人本主义哲学融合起来。虽然他一直以心理学和哲学为学术背景，不过他的代表作《逃避自由》《爱的艺术》等等，都是通过心理学手段分析人类自由的社会结构，探讨人类逃避自由的心理结构，最终归结为教育的作用。他深受杜威教育学的影响，也为当代批判教育学的发展提供了借鉴。

1. 时代背景

弗洛姆经历了西方资本主义最为动荡、政治最为集权的时代，无论是一战还是二战，都对他产生了极大的影响。作为一名德国籍犹太人，在二战前夕他经受了以希特勒为首的法西斯的残酷对待，看到了民众狂热地追求集体主义，在政治上放弃个体自由以获得安全感和归属感，这令他感到极其的震惊和痛苦。对这种现象的反思形成了他对自由、解放的分析，从 20 世纪 30 年代起，他就与法兰克福社会研究学院合作，进行了长达 30 年的研究，致力于将弗洛伊德理论的各个方面与马克思主义批判结合起来。据麦克劳伦（Neil McLaughlin）说："弗洛姆专注于研究人类的破坏性的根源……他强调人类对共同体的需要，认为人类情感为大规模的政治暴力提供了核心动力。"① 许多精神分析学、社会学和批判

---

① McLaughlin, N. Nazism, Nationalism, and the Sociology of Emotions：Escape from Freedom Revisited［J］. Sociological Theory, 1996, 14（3）：242.

理论学者都认为弗洛姆是一位重要的思想革新者，但到 20 世纪 60 年代后期，他的思想变得越来越不合时宜，失去了知识界的青睐，现在他已被人称为"被遗忘的知识分子"。作为一个"被遗忘的知识分子"，他在自己的领域里从事着被人忽视的教育事业。在观察自由、解放、人性化和自我的角色时，他提供了批判教育学中没有的重要分析。在其代表作《逃避自由》中，他在批判分析弗洛伊德潜意识和非理性因素的基础上，提出了从现代人的性格结构和有关心理因素、社会因素相互作用的角度来阐述自由之人是什么样的状态以及我们如何成为这样的现代自由之人的。在他看来，现代社会和文化面临的最紧要的危机就是要解决自由对现代人的意义问题。

2. 自由人：摆脱束缚与自由地发展之人

自由之人在不同社会的界定是完全不同的，这取决于"自由之人"处于什么样的社会进程之中，毕竟人是社会进程的产物，人是文化的产物，是社会创造了人。如果一个人脱离了这个社会所赋予的文化的、历史的背景，那么这个人将不能被称为"人"，而仅仅只是一个概念。如果要研究一个人，就要将其放在塑造他的文化环境中加以考察，对"自由之人"的考察也不能免俗。

"自由之人"的概念并不是一个与生俱来的概念，它是承接着不同的历史社会中所表现的核心特质而演化而成的，具有不同历史阶段的确定性。在弗洛姆看来，自由之人核心概念的特质形成至少要由三个历史阶段相续构成：第一个阶段为前个人状态社会；第二个阶段则相应的为"现代人社会"；第三个阶段为后现代人社会。"现代人社会"指向了"个人状态"，依然遵循了现代社会的基本单元是"个人"这样的基本观点。虽然弗洛姆本人并未真正进入过"后现代社会",但是在他的某些表述中,他预见到了这样一个"去中心/解构"的社会存在,并为此做了部分探讨。

前个人状态社会并没有自由之人的概念,同样也没有人想要去追求"自由"。这一观点在某种程度上有些颠覆部分人的已有认知,毕竟"无知的自由是否就是自由"的问题,是仁者见仁智者见智的问题。弗洛姆认为,"前个人状态社会既为人提供了安全保护,又限制了人的发展"①。在这里他没有提到关于自由的任何话语。反而是在进入现代人社会之后,人类脱离了前个人状态社会的束缚,却没有学会如何在积极意义上运用自己的自由,来表达自己的思想、情感及感官等方面的潜力。"自由虽然给他带来了独立和理性,但也使他孤立,并感到焦虑和无能为力。"②为此,弗洛姆认为,现代人应该抛弃想要回到依附状态的心理,而追求"实现以人的独一无二及个性为基础的积极自由"③,如何成为这种自由之人成了现代社会才有的议题。

就像其他批判理论家一样,弗洛姆质疑自由的本质和现实,将以往存在的自由的概念问题化。他质疑自由的概念,认为我们对自由概念的定义永远抱有积极的态度,认为这些定义都是善的、有利的。然而,与大多数法兰克福学派的其他批判理论家不同的是,弗洛姆的兴趣在于研究现代人的心理和情感状态,以及这些状态如何表现在"消极自由"状态中。在

---

① (美)弗洛姆. 逃避自由［M］. 刘林海,译. 上海:上海译文出版社,2015:1.

② (美)弗洛姆. 逃避自由［M］. 刘林海,译. 上海:上海译文出版社,2015:2.

③ (美)弗洛姆. 逃避自由［M］. 刘林海,译. 上海:上海译文出版社,2015:2.

这个过程中，他看到了人性是如何影响到世界以及我们如何逐渐走向一个"专制"的社会的。"消极自由"可以理解为一种自由观念，即人类处于一个孤立、无权力和疏离的状态，不受传统社会道德的束缚，而是屈服于其他社会，以减轻他们孤独感和深受社会负担的压倒性焦虑。通过对消极自由的概念化，弗洛姆为我们提供了一个"为什么还没有能够创造像格林（Greene）所提出的政治领域这样的东西"的令人信服的解释。然而，在他看来，这并非是没有希望的事情。一旦我们了解消极自由，我们就可以开始创造积极自由的空间，他将自由定义为通过爱的自发行为来充分实现自我的自由，这使得人们能够真正地与他人团结在一起。这也是使得格林的政治领域概念能够成为可能的依据。

弗洛姆是如何分析自由问题的？他批评我们界定人类的存在状态的方式，以及我们用来描述我们存在状态的术语或我们在世界中的方式。在他批判这些时，他揭示了我们存在状态的矛盾本质，表明我们现在的生活方式远远不是一种自由的状态。他通过分析，揭示了通常被视为自由的压迫机制，并着眼于现代男性和女性想要放弃自由的原因。这样，他利用这些矛盾来揭示什么是真正的自由，以及这种真正的自由对我们而言意味着什么。

弗洛姆关于自由的概念化的一个重要部分是从他理解人类的主要动机和需求开始。对弗洛姆来说，我们的主要动机是自我保护："这种自我保存需求是人性的一部分，在任何情况下，都必须得到满足，从而它们构成人行为的首要动机。"[①] 我们需要自我保护，但同样令人信服的是，我们

---

① （美）弗洛姆. 逃避自由［M］. 刘林海，译. 上海：上海译文出版社，2015：10.

正在努力避免被孤立。他认为，我们有一个与自己以外的世界相关联的基本需要。这种关联性并不仅仅指物质，同时更是精神上、观念、价值或至少是社会模式上与外界的交往，这是一种"共融"或"归属感"。最终，我们避免这种孤立状态的努力，表明我们对归属和价值的深刻需求。"除非他有所归依，除非他的生命有着某种意义和方向，否则，他就会感到自己像一粒尘埃，被个人的微不足道感所压垮。他将无法同任何能赋予其生命以意义，并指导其方向的制度相联系，他将疑虑重重，并最终使他行动的能力——生命——丧失殆尽。"①

这一分析的重要部分涉及这些动机和需求是如何体现在男性和女性在历史上的、不断变化的角色和身份之中的。弗洛姆认为，人类在一定程度上处于与自然的统一状态中，但随着时间的推移，个体通过个性化过程从这些关系中脱离。然而这些联系在每个人的生活史中都有反映和回应。这种个性化将人类置于危机之中——虽然我们现在意识到自己是个人，但我们也认识到我们的微小，无助，最重要的是我们的分离孤立无援。孤立就是要被割断，或者无奈，无法把握世界的事物和人的主动性；它意味着世界可以在我没有的反应能力的情况下侵入我的精神。因此，人们的孤立感是这种极度焦虑的根源，它导致人们丧失了通过消极自由而获得真正或积极自由的可能性。摆在人们面前的只有两条路或两个选择：一是向消极自由投降，人们投入到以往的那种"奴役"状态，接受他人及世界的束缚；或者是通过自发的爱和生产劳动来表现自身与世界之间的关系，并通过积

---

① （美）弗洛姆. 逃避自由［M］. 刘林海，译. 上海：上海译文出版社，2015：13.

极的自由来成为一个自由、自决、有创造力的个人。在世界范围内，个人无法处理看似微不足道的事情，个体在此状态下产生一种对无力感和焦虑感的恐惧，唯一的出路似乎是牺牲自己的个性或自我，走向消极自由的状态，而现代社会的结构也为这种消极自由的蓬勃发展提供了基础。

对于弗洛姆来说，现代自由一直关注的是如何免于外部形式权威和制度的约束，比如教会或国家。人们相信这些外部压制形式越被消除，自己获得的自由就越多。然而，人们对仍然禁止或摧毁我们自由的内部力量置之不理。在弗洛姆看来，人们对争取外部权力而获得自由的行动相当痴迷，因此而完全忽视了限制或取消人们获得外部自由的内部机制。这些内部机制充当了隐形的权威，迫使人们遵守社会对规范性的期望。弗洛姆描述了这个心理过程是如何运作的：

大多数人都被认为是自由的个人，可以随己所愿自由思考、感觉和行动。这确实不仅是对现代个人主义的普遍看法，而且是每个个人的真实想法，大家都坚信他就是"他"，他的思想、感情、愿望就是"他的"思想、感情和愿望。不过，尽管人们中有真正的个人存在，但这种信念多半只是幻想，是很危险的，因为它妨碍了清除那些造成这种局面的行为。[①]

诸如舆论和常识之类的东西可能会被误用来引发恐惧，异化和孤立，这使得人们因为害怕自己不同而被迫遵守社会期望。这些内部约束被认为是强制的和恐惧的，它们影响了自我的心理，因为它们阻碍了人类"充分实现人格自由"，从而限制了个体自我发展和创造积极自由的任何可能性。

---

① （美）弗洛姆. 逃避自由［M］. 刘林海，译. 上海：上海译文出版社，2015：123.

3. 教育：作为自由的实践

弗洛姆论述了自由之人应该是一种"摆脱外在束缚，寻求自由发展"的人，但如何培养这样的人呢？弗洛姆并不是一位教育家，因此他只是从批判的角度给出了自己的想法。

弗洛姆批判了现存的教育，因为现存的教育制度为逃避自由提供了温床。简单地说，弗洛姆的论点是，通过消除自我，我们就消除了自由的负担。逃避机制就是通过这种方式来完成的。学校是消极自由永久化的一个重要部分，事实上，学校在鼓励逃避行为。从表层上看，很容易就看出教师扮演着虐待狂的角色，同时教导学生扮演受虐狂的角色。我们可以用弗洛姆描述有虐待倾向的人的相同方式来描述教师扮演的角色："让别人依赖自己，对他们拥有绝对的和不受限制的权力，以便使他们成为工具，成为陶工的陶土手。"[①] 教师是不是将学生训练成为了受虐分子，以便显示出教师角色以外的权力，让学生有所依赖，使得学生不能坚持自我，不能遵从自己的意愿，而是为了彰显服从这些外部力量的事实或命令？教师通过教导学生压抑自己的欲望而显示自己的权威和命令。弗洛姆只是提供了两者分裂的起点，个人通过贴合社会心理既满足了自身对自由的渴望，又完全消除了自我。

弗洛姆用批判性的语言解释了学校在消极自由永久化中发挥的关键作用，但他并没有止步于此，他在此基础上提供了如何挖掘积极自由潜力的路径。重新建构积极自由的概念，是为了揭露非人化的手段，而不是为了

---

① （美）弗洛姆. 逃避自由［M］. 刘林海，译. 上海：上海译文出版社，2015：109.

让他魅化。积极地看待人类的情感和智力潜能，他认为不仅要通过思维活动，而且要通过实现人的总体个性来回到积极自由上。弗洛姆相信存在这样的积极自由：人可以自由但并不孤独，有批判精神但并不疑虑重重，独立但又是人类的有机组成部分。① 这种自由的获得需要靠自我的实现。换言之，积极自由在于全面完整的人格的自发活动。在这里，弗洛姆认为自发活动不是强制活动，反而是自由意志的自由活动。活动，是一种创造性活动特征，表达了一个人的情感、理性、感觉经历及意志。自发活动提供了超越消极自由的手段，它保证了人类保留一个真正的、没有被碎片化的自我，同时保证了自我与世界的联合。在他看来，自发活动的关键在于"爱"，没有"爱"就没有积极自由：

成熟的爱情，是在保持诚信、维持个性的情况下产生的。爱是人的一种活跃的力量；一种能够穿破将人与其他人分开隔离的墙的力量，这种力量将他与他人联合起来；爱使他克服了孤立和分离的感觉，让他允许成为他自己，保持他的正直。在爱情中，这个悖论让两个人成为一个整体，但是每个人依然保有自己的独立。②

爱是弗洛姆积极自由的重要组成部分，因为它为人们确认自我及其与世界的联系提供了方式，同时它也成为思考"自我确认"意味着什么提供了方式。积极自由不再仅仅根据自我来定义，自我的实现取决于个人与他人联系的能力，是否能成为联合体的一部分。这种自我的建立、积极自由的实现依然需要教育。

---

① （美）弗洛姆. 逃避自由［M］. 刘林海，译. 上海：上海译文出版社，2015：172.

② Fromm，E. The Art of Loving［M］.New York：Open Road Media，2013：8.

除此之外，自发活动还产生了劳动，劳动不是为逃避孤独的强迫活动，而是一种创造，人在创造活动中与自然融为一体。正是爱与劳动，将人与自然融为一体，"人的自发活动在更高的基础上解决了自由与生俱来的根本矛盾——个性的诞生与孤独之痛苦"①。

　　如前文所述，弗洛姆认为学校是传播非人化消极自由的重要场所之一，学校的官方话语让学生甚少质疑或挑战对现实的特定解释。事实上，学校往往要求我们的学生像"自动机"一样行事，不加批判地将教科书中提供的知识作为真理，接受规范的智力评估手段。教育者们在学校教育中看到基于种族、阶级和性别的学业水平间存在着巨大的不平等和差距。在这个教育模式中，学生被异化、焦虑、恐惧和孤立所包围，一次又一次地破坏自我。人们将消极自由的原因归结于学校结构，正是这种压迫的学校结构，使得知识和经验分离，使学校教育的经历与积极自由相悖。在将知识与生活经验分离的过程中，教育失去了应对消极自由造成的自我分裂的能力。完整的人格变得不可能，因而消极自由的出现也变得不可能。这与大众对学校教育是将人培养成为自由之人的看法截然相反。

　　当弗洛姆将教育看作是培养自由的实践时，他同时也表明了这样的教育是民主社会的应有之义。教育与民主构成了一个有关自由的循环：教育的目的在于实现积极自由，而判断自由实现的唯一标准则是看"个人是否积极参与决定自己及社会的生活"，而这种生活则是只有民主社会才能提供的生活；民主社会如果要想维持，战胜权威主义和虚无主义，就必须"向

_____

① （美）弗洛姆. 逃避自由［M］. 刘林海，译. 上海：上海译文出版社，2015：175.

人们灌输最强烈的、人的思想能够有的信念，即，对生命、真理及积极自发实现个人自我的自由的信念"，①而这又需要教育的参与。这也回应了杜威的论断：对我们民主的严重威胁，并不在于外部的集权国家，而在于我们自己的个人态度和环境的法律习俗，……战场也正在这里——在我们自己心中，在我们的法律习俗中。②

当胡克斯（Bell Hooks，1952—）将教育看作自由时，她描述了一种革命的和反霸权的学校体验，在这种体验中，学习带有解放性质。③作为积极自由的实现方式，教育为此还大有可为。当我们开始对教室空间进行彻底的反思的时候，这意味着在揭开消极自由使我们失去人性的方式的神秘面纱；当我们将爱定义为"一种行为，一种有关人的能力的实践，而这种行为只能在自由中实践，而不是因强迫而实践"时，教育就开始走向正轨。爱和劳动是一种活动，而不是被动的影响；它是积极的，而不是堕落的。

弗洛姆作为一个心理学家，与法兰克福学派共同开展研究逾30年，深受法兰克福学派的影响。众所周知，法兰克福学派是批判教育学的重要流派之一，同时也是当今影响教育学发展的重要流派。批判教育学有两个目标：首先，它从语言批评开始，使我们能够揭露社会生活的矛盾和被压迫的现实。其次，它转变自身语言为超越压迫的语言，为我们提供了解放

---

① （美）弗洛姆. 逃避自由［M］. 刘林海，译. 上海：上海译文出版社，2015：185.

② （美）弗洛姆. 逃避自由［M］. 刘林海，译. 上海：上海译文出版社，2015：2.

③ Hooks，B. Teaching to Transgress：Education as the Practice of Freedom［M］. New York：Routledge，1994；Freire，P. Pedagogy of the Oppressed［M］. New York：Herder & Herder，1970：1–12.

的希望。弗洛姆对消极自由的分析是一种批判语言的分析，揭示了人类生存在虚假的、自由的异化、焦虑和恐惧之中。他的逃避机制是弗莱雷"人的异化"表达的另一种方式。而这，将是下一部分的主题之一。另外，弗洛姆还启发了"自由作为一种实践"的讨论，这一讨论与马克思、弗莱雷、胡克斯、格林、福柯等人的工作相关。

（二）弗莱雷：教育是自我解放的实践

保罗·弗莱雷（Paulo Freire，1921—1997），巴西教育学家，解放教育家。他毕生致力于通过教育解放被殖民地民族和国家，整个教育都围绕着人类的解放、自由来进行拓展和延伸，对处境不利的人们怀有悲天悯人的情怀，平等而尊重地对待所有人。代表作有《教育：自由的实践》《被压迫者教育学》《解放教育学》《自由教育学：伦理学、民主和公民胆识》等。

1. 自由人：自我解放之人

二战后的资本主义世界实现了生产的全球化，频繁的交换和科学技术系统将人们带入了经济高速发展的时代。分裂的主流价值和意识形态的统治依然存在，人类的野蛮和贪婪，对利益的追逐，对失去的恐惧都植根于一个善变的体系之中，忠诚的人格也泯灭在对利益的追求之中，为了利益可以背叛任何人。经济利益的大发展造就了人们的仇富心理，问题不在于稀缺，而在于不平等。不患寡而患不均在现代社会有了赤裸裸的展示。这种不平等导致了非理性主义的重生，即有组织和无组织的迷信，人们倒向了这种或那种形式的神秘主义和信仰。在全世界范围内，我们见证了特权是如何产生和运作的。我们进入了历史危急时刻,那些对民主社会追捧,对社会正义拥护的人显然获得了最大的收益,然而那些落后地区的人呢?弗莱雷认为,落后的不是经济或者政治,而是人民的政治意识和组织,即使是阿普尔(Michael W. Apple,1942—)也认为,我们需要重新发现劳动和社会阶层在渐进式变革中的核心作用。

大概弗莱雷在写作《被压迫者教育学》的时候没有想到自己会引领一个潮流,或者是开创教育学领域的一个流派:批判教育学。但历史有时候就是这样充满了戏剧性,他只是想要通过教育的方式来启发、解决巴西、几内亚等国人民的贫困、缺少教育问题,让他们意识到他们正处于被压迫的情境中,通过教育解放自己、解放被压迫者,最终重新建构社会现实。这是弗莱雷社会变革的现实图谱。为了更好地理解这个问题并且解决它,弗莱雷借鉴了相当多的哲学家的思想,其中最为重要的哲学家是黑格尔和马克思,形成了理想主义和唯物主义思想。

黑格尔是客观理想主义的集大成者,在他看来,外在世界是心灵的创造物,心灵的转变构成了变革的动力,任何形式的理想主义都是一个封闭的系统。不过,弗莱雷认为,任何形式的理想主义都充斥着自恋。如果一个人只能确认"心灵",进而确定自己的思想的存在,这种倾向会导致某种形式的后现代主义和对自我的崇拜。在研究黑格尔的过程中,弗莱雷从中吸取了积极的元素:如果思想是主体性的,那么它的交流过程就构成了变革过程的关键。通过话语分析,将物质世界剔除,基于理想主义者的立场将提出永恒的道德观,这不同于对社会条件的物质分析所衍生出的道德观,这种道德观会坚定地认为,必须用某些道德的语言来表达善恶。

弗莱雷同样借鉴了马克思的观点，主要为辩证唯物主义。辩证唯物主义是关于物质世界变化的理论，是指客体确实存在于主体之外，客体决定了人的主体意识，但人类的劳动实践却可以让客体发生变化，从而改变世界。在社会变革中，机构是社会变革的关键部分。马克思在黑格尔研究的基础上，仔细考察了物质世界和社会实践，并提出结论：能解决主观性与客观性的问题的不是知识，而是生活，哲学无法从理论上完全解决它。只有在设定外部物质世界为首要地位的情况下，才能理解事物如何变化，才能辩证地看待问题。马克思将黑格尔的劳动定义为人类生活的本质，是人类自我创造的行为。这样，以劳动为基础的实践就具有了与以往不同的特质。马克思将这种方法表述为：从真正的具体开始，通过抽象到思想具体，最后达到思维抽象。而真正具体的只有我们生活的世界。

弗莱雷继承了黑格尔、马克思的基本思想，在他看来，物质世界从属于思想和宗教的世界，并在其中发挥作用。抽象通常来自审视心灵的过程，这种过程永远都不会像真正的具体那样丰满。同时，弗莱雷还是一位基督教徒，他相信世界和思想最终都会成为上帝思想的领土，这就使得他能够同时认同对原罪和革命的信仰。基督教和黑格尔都是马克思主义的源泉，也是弗莱雷"崇尚平等、尊重和意识形态的重要性的基础"。①不过，这仅仅是弗莱雷认为的马克思主义，一个关注必然性的外表、拥有客观理想主义的世界观的人，并不比关注统治的预言家更深刻。弗莱雷认为，"我认为我们时代的基本主题是统治（domination），这也暗示

① Gibson, R. The promethean literacy: Paulo Freire's pedagogy of reading, praxis, and liberation［D］.The Pennsylvania State University, 1995.

了其对立面，即解放（liberation）这一主题，作为有待实现的目标"①。因此，在实践中，这种世界观决定了弗莱雷只能关注到事物的外表而不能触及它的思想核心。意识本身永远不会像它与之相互作用的对象和主体那样丰富和复杂。基于这样的认识论和世界观，弗莱雷提出了"认知方法"这个概念，他认为这是一种认识手段：认识是人类持续不变的过程，主体不是作为被动的接受者，而是作为知识主体，能够对形成自己生活的社会文化现实和改变现实的能力有深刻的认识和了解。这代表了批判意识的觉醒过程，当人们意识到自己受到压迫，并为之努力反抗压迫时，批判意识就已经悄悄萌芽了。

弗莱雷认为，批判意识具有四种品质：权力意识，可以通过了解社会和历史以及人类行动和有组织的团体活动进行重建和重塑；批判性识字，通过思考、阅读、写作、演讲或讨论的分析习惯，了解任意一个主题的社会背景和产生的后果，发现任何事件、文本、技术、过程、对象、陈述、图像或情况的深层含义，并将这种含义应用于自己的解放运动；去社会化，认识并挑战大众文化中学到的神话、价值观、行为和语言，批判性地认识社会运行中的价值观，这些价值观有些已经被内化为意识，例如种族主义、性别歧视、阶级偏见、仇富心理或者对强者的迷恋、英雄崇拜、过度消费主义、军国主义等；自我组织或自我教育，主动改变学校和社会，摆脱专制关系和不民主、不平等的权力分配，参与并启动社会变革过程，克服由大众教育引发的反智主义。

---

①　（巴西）保罗·弗莱雷. 被压迫者教育学 三十周年纪念版［M］. 顾建新，等译. 上海：华东师范大学出版社，2001：50.

当批判意识已经深藏于个人内心的时候，按照弗莱雷的意见，他就会寻求反抗，寻求解放。解放的过程就是恢复人性化的过程，人性化是人类本真的追求。人性化是一种呼唤，在这种呼唤中我们选择是否参与人性化世界或者去除人性化世界，那些去除人性化的人可以窃取他人的人性，并在此过程中剥夺自己的人性。教育的作用，就是解放人类，包括压迫者和被压迫者，以及那些拥有精英观念和统治永久化的人。解放就是实践，是人类的行动和反思以及改变世界的实践。教育是实现人类自由的实践，作为人们批判社会的手段，弗莱雷创造性地将教育与现实相结合，发现其如何参与世界变革。

2. 教育：自由的实践

弗莱雷依据马克思主义和存在主义的观点，认为被压迫者要形成真正的自我，不仅要为了免于饥饿而战，而且要为了创造自由而战、而冒险。他将自己的教育主张定义为"解放教育"，解放教育是自由的实践而不是统治的实践，它否认人类是抽象的、孤立的、被世界隔离的；它也否认世界是一个存在于人类的现实世界。它是相互联系的，是关系性的，解放不仅仅是人类现象，也是上帝的主动活动。解放是一种社会行为，一种社会过程，教育的目的在于通过改变整个社会来帮助他人获得自由。它是对话性质的，是针对问题产生的对话，并且由学生对世界的看法构成；解放教育是唤起教师和学生的批判性反思的媒介，"通过对话，教师的学生（students-of-the-teacher）及学生的教师（teacher-of-the-students）等字眼不复存在，新的术语随之出现：教师学生（teacher-student）及学生教师（students-teachers）。教师不再仅仅是授业者，在与学生的对话中，教师本身也得到教益，学生在被教的同时反过来也在教育教师，他们合作起来共同成长"①。解放教育还提出了一种新的研究问题的方法，即教师和学生是重要的共同参与社会的调查者，世界在学生的眼中，不再是一个静态的社会，而是一个动态过程中的现实世界；对话是教师和学生在认识和重新认识对象的共同行为中的解密过程，对话中教师的任务是"把他们希望知道更多的东西有条理、有系统、完整地'再现'给各个人"②。解放教育的内容是有组织的、系统的、发展的，是由学生对世界的看法构成和组织的，因此，在解放教育中，学生是产生自己的想法并按照自己的想法行事，而不是消费他人的观点。

弗莱雷的解放教育有几个前提假设需要澄清：第一，教育是非中立性质的，它要么是现有社会制度的延续者，要么就是要为社会转型提供工具和人才。解放教育很明显是后者，弗莱雷将教育作为自由的实践，是社会批判的手段。第二，人性化是人类的本职，但人类的腐败欲望却倾向于沉迷于非人化的活动。因此解放教育在于响应人性化的呼唤，参与人性化世界，维持、保有自己的人性。第三，压迫者无法解放被压迫者，被压迫者的任务是解放他们自己和压迫者，压迫者解放被压迫者和自身的任何企图都将被视为是虚假的慷慨。第四，教育需要被压迫者的教育学，这种教育学是受压迫的个人和民族共同创造的，其目的在于人性化，

---

① （巴西）保罗·弗莱雷. 被压迫者教育学 三十周年纪念版［M］. 顾建新，等译. 上海：华东师范大学出版社，2001：31.

② （巴西）保罗·弗莱雷. 被压迫者教育学 三十周年纪念版［M］. 顾建新，等译. 上海：华东师范大学出版社，2001：42.

被压迫者在这个过程中是主体而不是对象。第五，被压迫者的教育学导致解放行动，解放教育不仅关注知识的吸收，而且更加关注辨别社会现实并通过自由行动来回应现实。解放教育的第一阶段在于揭示压迫世界和压迫者，第二阶段则在于改变这个世界。以上五个假设构成了弗莱雷解放教育的前提和基础。

解放教育如何实现自由的实践？换言之，教育如何实现人的自由的解放？弗莱雷认为，要通过积极的对话方法来实现人性化，改变教育内容，改变教学方法等。解放教育是一种以学生为中心的对话，它将日常生活中生成的主题以及来自特定学科的社会和学术上的主题问题化，课程材料以学生的思想和语言为基础，从他们对材料的理解和思考开始。这些材料是多元化的，涵盖了社会中的各个种族、民族、地区、年龄和性文化。课程讨论鼓励自我反思和社会反思，学生批判性地反思他们的知识、语言、主题、学习过程的质量以及知识与社会的关系；在此期间，课程的话语是民主的，是由学生和教师共同建构的，学生与教师拥有同样的发言权以及评价课程的权利。学生需要批判性地审视歧视和不平等。课程的基本形式是围绕教师和学生提出的问题进行对话，教师引导学生将问题引入更深层次的讨论，但一般情况下，教师不应该干预学生的发言和思考，这样能激发学生的主动性，挑战反智主义和权威主义（教师在一定程度上代表了权威）。在对话中，教师和学生同为需要反思的对象，学生不再是温顺的听众，而是与教师对话的重要研究者；教师向学生提供材料供他们思考，并在学生表达自己的想法时重新考虑他之前的思考，这样，教师与学生一起将传统意义的知识替代为真正知识。

弗莱雷的解放教育最为重要的一个概念是"对话"，对话概念是一种横向关系，它具有爱、谦虚、信任、希望的特点，同时也为批判性思维创造了空间。对话是调节人际关系的法宝，通过对话可以改造世界，为所有人的人性化而努力。而精英提出的对话是垂直的，在这种对话中，受教育的人只需要倾听和服从。因此，对话的第一个要点是尊重那些被教育为人而不是工具的人。对话的本质是真实的话语，真正的话语是反思和行动的"单位"，它是人与人之间的相遇和碰撞。

不过，缺乏对世界、对人的挚爱，对话就不能存在。对世界的命名是一种创造与再创造的行为，若不倾注爱是不可能实现的。爱同时是对话的基础和对话本身，对话因此就一定是负责的主体要担负的任务，而在控制关系中，对话不能存在。控制展示的是病态的爱；控制者身上体现的是虐待狂，而被控制者身上则是受虐狂。因为爱是充满勇气的行为，不是充满恐惧的行为，因为，爱意味着对别人的责任。无论哪里有压迫者，爱的行为就意味着投身于他们的事业——解放的事业。而且，因为这种投入充满了爱，所以就是对话式的。作为一种勇敢的行为，爱不能是多愁善感的；作为一种自由的行为，爱不应充当操纵的借口。爱必须产生其他的自由行为，否则就不是爱。只有打破压迫局面，才有可能重新获得爱。如果我不爱这个世界——如果我不爱生活——如果我不爱人民——我就不能进入对话。①

因此，除非对话涉及批判性思维，否则真正的对话不可能存在。真正

---

① （巴西）保罗·弗莱雷. 被压迫者教育学 三十周年纪念版［M］. 顾建新，等译. 上海：华东师范大学出版社，2001：38-39.

的对话能够辨别出世界与人类之间不可分割的联系，将现实视为一个转变思维的过程，而不是一个静态的实体。对话唤醒了意识，在对话中，教育者与受教育者共同前进，形成批判态度，其结果是对知识的整体感知。这种知识反映了世界，反映了人类在世界中的地位及其对世界的解释。因此，弗莱雷说，"教育作为自由的实践"①，它不是转移或传播知识，也不是一种特定文化价值观的延续，同样不是一种使教育适应现有环境的尝试。因此，教育的内容源于学习者自身及其与世界的关系，是这种关系的扩宽和转变。从这个意义上讲，人们可以自由地塑造自己的世界，他们可以自由地成为人性化的主体。

弗莱雷留下了一系列的实践和理论工作的遗产，其影响也不仅体现在批判教育学和成人教育上，而且体现在各级教育的大部分领域，而且他还影响到了文学领域，这在教育学领域中是不多见的。弗莱雷也影响了很多的教育家，其中最为著名的是胡克（Bell Hooks）和格林（Maxine Greene）。

胡克继承了弗莱雷关于教育是一种自由的实践的观点，她认为教育作为自由的实践，意味着任何人都可以学习，学习过程不仅仅是分享信息，而且是分享他人的知识和精神成长。她描述了一种革命的和反霸权的学校体验，在这种体验中，学习是解放性质的。教室不应该作为统治空间而存在，而是一个维持生命和拓展心智的地方，这是一个解放教师和学生合作的互助的场所。教师和学生的关系也不应该是一种权威关系，而是一种合

---

① （巴西）保罗·弗莱雷. 被压迫者教育学 三十周年纪念版 [M]. 顾建新，等译. 上海：华东师范大学出版社，2001：32.

作伙伴关系。教师应该以尊重和关心学生灵魂的方式来教学，以非威胁性的、反歧视的方式来教学，为学生提供必要的条件，积极参与并致力于实现自我和学生的自我实现，这才是教学的目的，同时也是学校的目的。胡克还赞同弗莱雷关于通过阅读来获得批判意识的看法，她认为识字和阅读是使那些在社会上被边缘化和受歧视的人群获得批判意识的重要手段。她还借鉴了对话的重要性，认为对话是培育知识自由的学校和社区的必要途径，同时也可以让学生最大限度地成长为一个人。格林也回应了弗莱雷的读写能力培养，她认为教育应该让每个人都能接受他们喜欢的话语的方式，读写能力的养成是个人成就，是通向个人意义的大门。因此，教育工作者需要努力认识读写能力与权力的关系，在关系社会中理解读写能力，并深刻了解如何培养读写能力。

（三）本纳：教育是非目的论、非等级论意义上的实践

底特里希·本纳（Dietrich Benner, 1941— ），德国著名当代教育学家，教育理论家。他继承了康德、赫尔巴特、施莱尔马赫等传统德国教育学家的思想，形成了从人类实践总体入手讨论教育理论、教养理论、教育机构理论的普通教育学体系。此外，他对教育与其他人类实践领域的关系研究也颇为深入，如教育与政治、教育与道德等。代表作有《普通教育学：教育思想和行动基本结构的系统的和问题史的引论》《教育理论与教育研究：基本思考与应用领域》《教育与宗教：只有象征性的存在才能揭示上帝》《教育、道德、民主：道德教育与教育的理论、观念及其与伦理政治的关系》等。

1. 自由人：基于肉体性的实践之人

人类的生活都是围绕实践展开的，总体实践对人类行动来说是基本的实践形式的总和。从这个意义上而言，总体实践的包含内容可能并不能涉及所能想象到的任何一种行动方式，不过根据本纳的说法，依据思考行动理论的一般传统，可以将总体实践划分为：经济实践、伦理实践、教育实践、政治实践、美学实践和宗教实践。这些实践之间存在着部分交叉，不过总体上区分了人类现有的实践行为。

本纳认为，实践既是一种包含公共政治范围和个人道德的行动，也是艺术和经济、教育和宗教的行动。实践具有两个方面的含义：第一是人类有意识的、有动机的行为能够在活动或行动中创造可能性；第二是人类具有的能动性、主动性和超越性，当面对困难或遭遇挫折时拥有迎面直上的勇气并展开行动。实践的这种特点导致了人类需要和动机之间的紧张关系，人类只有通过不断地创造可能性才能获得短暂的确定性，人类永远也无法达到自身的永久确定性。这是人之为人的最为核心的实践特征。"人基于其'未完成性'只有通过自己的行动才能自己确立和得出自己的确定性。"[①]实践的必要性和动机性两种的结合，构成了实践的本质：

第一，如果它源于一种不完善或一种困境，它改变这种困境，却不消除这种不完善；第二，如果人通过这种行动获得了其确定性，但这种确定性不是直接出于人的不完善性，而首先是通过其行动达到的。[②]

---

① （德）底特利希·本纳. 普通教育学 教育思想和行动基本结构的系统的和问题史的引论［M］. 彭正梅，徐小青，张可创，译. 上海：华东师范大学出版社，2006：16.

② （德）底特利希·本纳. 普通教育学 教育思想和行动基本结构的系统的和问题史的引论［M］. 彭正梅，徐小青，张可创，译. 上海：华东师范大学出版社，2006：17.

　　第一条实际上是在表明实践是这样一种动机：想要完善自身的动机；第二条则表明确定性或完善需要行动而非仅仅依靠动机。这两者是不可或缺的互补关系。无论是道德行为还是政治行为或是经济、宗教等行为，都具有这样的特征，存在着同样的张力。"实践的每一种形式都不会消除其根本的，人类共存的不完善性，而只能使它发生一种转变，让人自己可以获得其在对未来自觉和对世界阐释的实践开放的意义上的决定。"① 实践的这种让人获得自觉和开放的决定的能力，是实践自由性的前提。

　　本纳指出，人类的存在是一种肉体性的、自由的、历史的和语言的实践，这是萨特的存在观念的整合和精髓。萨特认为，存在先于本质，其中包括了卢梭的"可完善"的观念、康德的人性概念和洪堡的人与世界关系的确定性的讨论。② 实践的自由性是建立在肉体性的基础上的，肉体性确保了人类的感觉与世界的联系，同时也禁锢了肉体与外界联系的可能的确定性，即肉体获得的外界的联系可能是虚假的。由于肉体经验的共通性，人类赋予了肉体某些动作以意义，从而确定了肉体的文化传递价值。而只有将肉体的不完善性和自由结合起来思考时，我们才能解释"人通过行动获得其确定性的必要的不确定性"，只有通过实践才能转变源于肉体局限导致的自由的困境。

　　自由不是单纯的选择自由，因为自由是随着实践而产生和变化的，单纯的选择自由限制了人类实践未来发展的可能性；而自由也不是任意

_____

　　① （德）底特利希·本纳. 普通教育学 教育思想和行动基本结构的系统的和问题史的引论 [M]. 彭正梅，徐小青，张可创，译. 上海：华东师范大学出版社，2006：18.

　　② Sartre J P. The humanism of existentialism [J]. Essays in existentialism，1965：31-62.

的自由，因为这种自由排除了实践的必要性，实践的存在就是对任意自由的限制。换句话说，单纯的选择自由实际上是因果决定论的委婉表达，它没有为人的未来留有可发挥、创造的空间；而任意自由则是将这种可能性无限制地扩大了，脱离了人的肉体性的存在。单纯的选择自由将人局限于肉体，任意的自由则将肉体完全抛弃，过和不及都不是实践性的自由。实践性的自由是存在于人与人之间的关系中的，是个体与自身现实的关系，同时也是个人与过去的自我与未来的自我之间的关系，这样，实践性的自由就具有了历史的特性。历史性其实是一种时间的维度，它的存在表明了人是时间维度上的存在。历史性证明了人类是基于时间的创造性的自由存在物，"我们存在于前人通过实践找到其确定性的规划与尝试的影响史中……当我们的行动不直接产生于这个影响史，而通过对未来的预期和借助实践改变历史的方式方法来传承它，并从我们共创传统关系的角度重写历史时，我们都是摆脱了传统束缚的。"① 摆脱传统的束缚，而又创造性地预期未来，这是人类对历史的自由性的改变。人对创造性自由的可能和局限，对历史性的理性认知都需要语言来充当中介。"语言的音韵和表情都来自于我们身体的表达，其中既体现了我们与自己的关系，也体现了我们与世界的关系。"② 语言构成了实践的历史性和创造的自由性的中介。语言将历史串联起来，将人类在历史中的自

① （德）底特利希·本纳. 普通教育学 教育思想和行动基本结构的系统的和问题史的引论［M］. 彭正梅，徐小青，张可创，译. 上海：华东师范大学出版社，2006：23-24.

② （德）底特利希·本纳. 普通教育学 教育思想和行动基本结构的系统的和问题史的引论［M］. 彭正梅，徐小青，张可创，译. 上海：华东师范大学出版社，2006：34.

由创造表达出来，从而构成了人类的实践。

　　教育作为人类实践的一种方式，它与其他类型的实践并不构成等级性的秩序，因为它们具有同样的特质和前提。只有教育实践和其他实践构成非等级性的秩序，才能保证实践不受到伤害。而这种非等级性的秩序是如此难以建立，一方面在于人们对实践领域的划分，有区别才会有比较，有比较就会有矛盾；另一方面在于理性与实践理性的关系，人类总是试图将人类实践抽象出规律，过度理性导致了理性或科学方法对实践的碾压。对实践的两种伤害，直接导致了教育实践总是被其他实践如政治、经济、宗教等作为工具，受到蔑视；而理性的碾压在教育实践中就形成了教育理论与实践的脱节，对实证主义研究的青睐等等。

　　2. 教育：走向暂时的确定性的自由实践

　　教育实践作为总体实践的分化领域，拥有着总体实践的共同特质：动机和行动。教育实践就是在教育领域中拥有动机和行动。教育领域中的动机是寻求自身的确定性，从未完成性走向完成性，而行动则是自由的实践。这样，教育就成为走向暂时的确定性的自由的实践。本纳将教育实践的理论思考分为三类：关于教育作用和教育影响的教育理论；关于教育目的和任务的教养理论；关于教育制度及其改革的教育机构理论。教育理论的核心问题是要回答教育者应该做什么，他如何对学生产生教育影响？而教养理论的核心问题则是，如何去组织一种学习的过程，让学生在学习过程中学到新的东西，哪一些教育机智是需要进行结构化和安排的？除此之外，还有教育机构理论，机构理论回答的是，像教育这样的机构需要怎样的安排来使得教师的教和学生的"学"能够真正展开。

在德国传统中，教育与教养是两个核心的概念，教育是针对教师而言，是教师对教学的忧虑；教养则是针对学生而言，是学生对学习的忧虑。这样，教育的整个过程实际上是以教养为目标，而教养过程则分为两种学习过程，一种是在教育者支持下的学习过程，一种是脱离了教育者的学习过程，即自我教育过程。正规的学校教育是以第一种情况为主，而且学生的学习也不是对教师的意志内容进行学习，而是针对教学内容的学习。这样，教育的话题指向的是教育行动者，教育学本身也是针对教育行动者的学问，关于学习者的学问是教养的核心内容。教养，它所指涉的是学习者自身与世界的交互过程，学习者与世界在交互中发生改变。因此，本纳认为，教育过程的目标在于教养过程，即学习者在他人支持下的学习和自我学习。这样，以教养过程为目标的教育过程有两种影响：教育行动支持教养过程的发生和进行，教育过程要使教养过程能够在脱离教育过程中继续发展。从这个意义上来说，教育总是有解放性的，将学生从必须得到教育支持的情境中解放出来。当学习者不再需要教育的支持时，就是教育的终点。而教养是没有终点的，正如我们所说的终身教育，教养过程持续到人的死亡。

教育与教养这两个概念所指的事实是相关涉的，但不等同，教育概念的核心在于自然或专业的教育者的行动与作用，这个教育者包括家长、教师等；教养的核心在于人与世界的交互作用，在这个交互作用中，人学得世界的内容，同时世界被人学习和掌握（被学得），二者（人与世界）在这一过程都发生了变化。

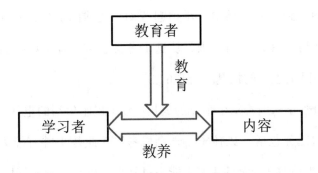

图 3-6 教育与教养的关系图[①]

"教育"总是涉及一种非对等的关系，老师教学生而不是学生教老师。因此，在教育上，我们不能够用对等式的理论。同时，学习者处于一种未成熟状态，需要教育者的引导。在关于人的成长方面，本纳遵循了心理学对成长的阶段性划分，给予了教育学意义上的解释。在他看来，人的成长虽然具有阶段性特征，但是每个阶段之间都具有普遍性的联系以及不确定性的未来，这种不确定性扩展、延伸到生命的各个阶段，因此每个阶段都需要学习，从而确保个体从童年到成年的顺利过渡，这也是教育在民主社会的最主要的任务。在后现代社会，人们会经常讨论人类的终结问题，事实证明，人类在永无止境地学习、劳动和实践。劳动是社会发展的奠基性活动，是民主社会对每个公民的要求。杜威曾说，只有让青年能够劳动，才能保证老年人能有正常的晚年生活，让儿童有良好的成长环境。杜威批判了当时的教育并没有真正指导青年人获得必要的劳动技能，现在看来，这种批判依然适用于当今的教育。在本纳看来，

---

① 教育发生在教育者和学习者之间，但二者不对等，所以箭头不是双向的；教养过程中学习者和世界都发生了改变，因此箭头是双向的。

只有人类参与到公共生活中，承担起劳动、实践的责任，童年、青年、成年才能获得一种开放的未来，从这个意义上讲，杜威将公共生活的民主参与视为民主生活的根基是合理的。

教育和教养承担着每个个体的成长、建构民主生活的重任。如果说，公共教育的任务包括：让孩子"学会思考"（康德）并有能力"加入公共生活"（黑格尔），而且使之有能力过好个人生活并参与到国家、宗教、社会和科学的生活共同体中去（施莱尔马赫），那么，现代教育的任务和形式就不再能够从一种当前的伦理和政治中推导出来。教育、道德和政治更应该进入这样一种关系，在这种关系中，伦理学的和道德的讨论依赖于一种成功的教育的前提，成功的教育的前提同样也依赖于道德的和政治的前提，这些前提是由教育、道德或政治独自无法保障的。学生作为一个人，在学校完成学业时，学校对他所做的判断不应该是终结性的。学生以后的命运取决于他自己的规划及其与社会的互动。学校的任务是在实施一种介于知与未知、能与未能之间的教学过程。学习发生于学习者已经获得的观念产生的问题和刺激中；不存在单一的学习形式，而是存在不同的学习形式和经验形式；公立教育的目的是培养成长中的一代人的判断能力和参与能力。

这对教育学而言就意味着，学会思考和学会判断不能只靠某一种范式来实现，要引领青少年儿童看到各种判断形式的多样性和矛盾冲突，并让他们认识教育、道德、政治之间的复杂关系。这样一种道德教育的核心在于支持青少年儿童进行目光转向，以使他们有可能对已有的各种道德和伦理思想以及政治关系和政治学讨论进行有教养意义的研究。这尤其对现代语境中所谓的伦理－道德的讨论和政治－民主的讨论有影响。好的道德实践和政治实践并非当然地就是一种成功的教育的结果，一种成功的教育也不是线性地从社会的道德和政治现状推导而来的。教育、道德、政治在现代的条件下不再是由一种合目的论原理或范畴论原理相互连接了，而是这样联系起来的：某一领域中的消极经验不仅在这个领域中能产生教养性的作用，还能在其他领域中产生教养性的作用且始终与"新来人"有关，这些新人不是由教育，而是由出生而来到这个世界的，我们在现代语境中认为他们具有一种未确定的、向世界开放的可塑性，这种可塑性既需要支持性教育和管制性教育的力量，也需要社会影响的教育性转化，和与教育之外的要求进行非等级性的协调。

对民主社会和公共教育的思考，引入了政治、伦理、道德等领域，教育作为这些实践领域中的一员，在与这些实践领域相关的同时也拥有着教育实践的独特性。本纳将教育实践在行动和思想上的独特性与其他实践领域的关系界定为两个层次四个原则，并且与实践的总体性特征——肉体性、自由性、历史性和语言性相关联，从而构成一个网状关系。这四个原则分别为可塑性原则和主动性原则，由社会决定向教育决定转化的原则和人类总体实践非等级秩序的原则，前两个属于基础性原则，后两个属于调节性原则。这四个原则都与人类总体实践的自由性相关。

从教育历史中可以发现，无论是卢梭、康德、赫尔巴特或施莱尔马赫，都强调人类的天生的可塑性和主体性，他们既避过了教育上的幼稚主义缺点又避过了政治上的实用主义立场，将人的个体确定性安置在个体和社会的实践活动上。"人类实践本身，包括教育实践，是一切人类确定性的历史先验。"① 这种教育实践的历史先验讨论奠定了教育以可塑性和主体性为基础。可塑性将人的天资的不定型性作为教育责任的出发点，它将教育实践作为个体的、主体间的和代际之间的实践，这样，也确立了人类可以自由实践的依据。"只有在选什么和怎么选既不是身体上确定的，也不是由影响身体的环境直接产生的情况下，人才能在身体上达到自由的选择。实践的自由体现于选择者通过选择既选择了自己也选择了要选的东西本身。"② "选择了自己"意味着人类拥有自我决定和自我独立的能力和可能，而"选择了要选的东西本身"则表明了他有能力来做出自身的选择，拥有选择东西的机会和能力。两者一个是行动上的表述，一个是意愿上的动机。主动性与可塑性是一体的，教育互动只有通过促成受教育者的主动性，才能承认可塑性；主动性只有作为具有可塑性的人之间的交往才能真正体现。主动性为人的自由提供了可能，它一方面限制了任意自由，使其认识到人的选择受到过去经验和回忆及其反思等的限制；一方面开拓了单纯选择的自由，将人的思维发展到更为广阔的空间。

后两个原则更倾向于讨论教育实践的外部条件，即教育实践与其他实践的关系论问题。可以毫不讳言地说，教育实践正在沦为其他实践领域的试验场。教育的幼稚主义立场将教育实践与其他实践分割开来，期望成就"教育的真空环境"，似乎只有这样教育才能不受其他领域的影响；而政治上实用的立场则认为只要具备政治上的合理性就应该在教育上绝

---

① （德）底特利希·本纳. 普通教育学 教育思想和行动基本结构的系统的和问题史的引论［M］. 彭正梅，徐小青，张可创，译. 上海：华东师范大学出版社，2006：48.

② （德）底特利希·本纳. 普通教育学 教育思想和行动基本结构的系统的和问题史的引论［M］. 彭正梅，徐小青，张可创，译. 上海：华东师范大学出版社，2006：54.

对肯定，似乎教育成了万能的培养皿。教育实践不能因噎废食，要求隔绝；也不能大包大揽，被其他领域占领。因此，本纳认为要提出教育实践的第三条道路："这个立场既不自我肯定教育实践去脱离社会影响，也不肯定现有社会的要求，而是必须遵守社会确定性向教育确定性转化的调节性原则。第三种立场与前两种已经介绍的立场的区别在于它将彻底检验这些社会要求，包括其复杂的实现条件和重视它们的具体困难。"①与此相关联的是，教育实践不能被其他实践蔑视，应该与其他实践构成非等级性的秩序。教育沦为其他实践尤其是政治实践和经济实践的手段有着悠久的历史。古代的教育被看作政治的实用部分，是维护城邦统治的工具，构成了目的--手段关系；近代的教育被看作是人类自我建构的根据，是科学技术进步实现的工具，构成了理性—工具关系。科学绑架了政治，政治也沦为了不平等实践的一部分。现代教育实践应该扭转这一观念。教育实践应该与其他实践一样，具有同等的实践地位，建构一种人类实践非等级秩序关系。

五、本章小结

西方的启蒙运动是西方社会真正走向现代社会的思想准备，自然主义者是这场声势浩大的思想革命的先驱者，从他们身上，诞生了后世的许多经典思想，也开创了关于现代自由思想讨论的许多基本命题。作为政治哲学家的霍布斯提出了自由人是以回归人的自然状态为初始，而不是重归神

---

① （德）底特利希・本纳. 普通教育学 教育思想和行动基本结构的系统的和问题史的引论［M］. 彭正梅，徐小青，张可创，译. 上海：华东师范大学出版社，2006：83.

的设定。人是自然的产物，知识也不是神授予的而是人通过感官获得的；人在社会中的生存法则也不是上帝规定的，而是人与人在理性、经验等支配下自然的选择。霍布斯提供了这样的知识和主权假设，启发了包括洛克、卢梭和裴斯泰洛齐在内的欧洲哲学家和教育家，形成了自由作为权利的法权意义上的讨论。法权意义上的讨论引申入教育学领域，转变为了自由作为能力的教育学讨论。洛克将古希腊的博雅教育赋予了新的内涵，加入了实用知识和科学内容，通过培养具有广博知识的个体形成自由的绅士；卢梭从人之自然状态出发，通过自然的教育、事物的教育和人的教育，培养在道德、国家中自由生活的公民；裴斯泰洛齐将洛克的博雅教育发展为要素教育，将卢梭的自然教育看作要素教育的核心内容。洛克填充和变革了古典博雅教育的内容，使得其更适应启蒙运动时期的精神，也为后世对博雅教育的发展起到了中继作用；卢梭开启了自然教育的先河，同时其理论也催生了"如何在强制中培养自由"的萌芽，这种萌芽被后继者明晰化，在不断重申中寻找解决的方略。

"如何从强制中培养自由"这样一个问题萌芽于卢梭，成型于康德，继承于费希特和赫尔巴特，在赫尔巴特这里形成教育学的科学体系。在自然主义者眼中，"强制"概念更多指向了外在的规范、法律、契约等，无论这种外在约束是众人理性之共识还是主权者的强权，都是依靠国家机器来进行维护的，教育所解决的问题是，如何将这种外在的约束让儿童认知、认同、依恋，成为自觉的责任。随着对理性理解的深入，对父权制等的质疑，学者们转换了思路，因为主体拥有的自由意志/主动性和理性，最终将主体推向自我决定和自我选择，这种选择或决定应该是所有拥有理性的主体都会遵守和采用的选择和决定，这种自我决定和选择就成为人类共有的、出于内心的准则。康德成功地将"强制"的概念转换为内心道德准则的恪守，将自由与道德准则联系起来，自由成为道德目的或道德状态的内容，这样，教育学所解决的问题就变为如何让儿童获得道德准则，如何在道德准则中感受到自由，其隐意在于，如果道德准则本身出自我手，我在思想和行为中会自觉地遵守这些道德准则，这些道德准则就不属于强制的范畴，既然无所谓强制，主体自然会成为自由之人。费希特在康德的基础上继续推进这一研究，将这一问题转化为"教育如何承认而不伤害人的自由"；赫尔巴特批判地吸收了费希特和康德的研究成果，通过管理、教育性教学和训育三方面系统地回答了这一问题；施莱尔马赫将康德对宗教的讨论以及上帝存在的设定进行了合理化的论证，将自由人的养成限定在了精神领域；杜威从经验概念的重构开始，将人之自由放入日常生活世界之中，试图以自由人来推动民主社会的建立，而又以民主社会的建设来维护人的自由的生活方式，在双向建构中教育是不可或缺的工具和方式。对自由人的研究，在这些教育思想家的努力下，也实现了从自然法则向内在道德准则的转变。确切地说，前一阶段的教育思想家更倾向于将人的本性回归到自然法则的约束之下，从而实现个体在自然法则面前的顺应以及在社会面前的自由，类属于一种外在的束缚或强制；到了这一阶段，经由康德、费希特、赫尔巴特等人的努力，人类在面对自然界时对自然法则的顺应被保留下来，自然法则却不再成为自由人在社会中畅行的标准或规范，而是内心的道德准则确立了人类社会秩序的原理，这样，外在的强制或约束转变为内在的道德准则或道德约束。就这种转变而言，正如福柯在《规训与惩罚》中所表露的，心灵的控制总是远远地超越于肉体的控制，人所遵守的内心准则从手段上讲要远远严格于外在的强制力量。这在实际上说明了，启蒙运动时期及其以后的自由人所限定的自由要远远严格于在这之前的阶段。

二战改变了整个世界的进程和版图，越来越多的民族独立和复兴加入到了全球的竞争之中，老牌的资本主义国家也进入了反思和快速发展时期。民族独立呼唤着人之解放和人之自由；信息社会和全球化、多元化的社会现实催促着人的不断反思和批判。以弗洛姆和弗莱雷为代表的批判教育学乘风而起，前者从心理学的视角研究了人为什么宁愿为了获得心理安全而放弃/逃避自由，人为了精神上的依附和归属感而放弃自由是因为个体从未正视和摆脱来自内心的约束——恐惧、孤独，只有人能积极地面对和解除内心的约束，发展积极自由并自由地发展，才能成为自由之人；后者则从马克思主义理论中吸取营养，将自由从理论上的探讨、公民的核心素养转变为实践和行为，教育转变为争取自我自由的手段。只有将教育作为自由解放的实践，教育才能真正引领人走向自由，才能摆脱"教育上的实用主义"和"教育上的真空主义"，成为具有自身独特价值的实践领域。

纵观整个西方教育思想家对"自由人"如何培养的解决方案，大致出现了三次转折：第一次是从以主权国家为外在规范向内在道德准则的转变，承上启下的人物是康德；第二次是从内在道德准则向日常生活世界的解释的转变，核心人物是杜威；第三次是从日常生活世界的解释向生活世界批判的转变，核心人物是弗洛姆和弗莱雷，两者都指向了人类的自由和解放，人类解放作为一种实践最终引向了自由的实践。

第四章 中国"自由人"
内涵及教育思想方案

　　立足于"当代中国"场域和"自由人的养成"这两个关键主题，决定了对这个问题的回答不会局限在西方教育学家的领域。不论西方的解决方案再完美所对应的都是西方的社会变革环境，引进到中国总归会有适应性和本土化的过程。他山之石已经为我们展示了西方教育学家在自由人培养中的解决方案，要想更清楚、系统地解决这个问题，依然需要我们返回到中国传统的思想中来寻找那些根植于中国人血脉中的自由思想元素，才有可能让这个问题成为中国的问题、当代的问题、当代中国过渡人的问题，以及教育学的问题。

　　如果想要了解当代中国人根植于血脉中的自由思想，大概必须从中国传统文化形成的轴心时期和西方文化传入的本土化时期入手，第一个是周末春秋战国时期，第二个是清末民初时期，这两个时期深刻地改变和影响了当代中国人的思想观念。前者开创了整个封建社会时期的思想原型,封建社会时期的思想家只是在原有基础上的不断完善和系统化;后者深受西方文化的冲击和熏陶,粗略地摸索出了如何在大变革时期将西方文化与中国文化融合的路径和方法。不了解前者无法了解后者,不了解西方也无法了解后者,而后者又是当今我们寻找"自由人养成"的最关键的思想源泉。[①]

众所周知,"自由"概念是西方概念,中国本土或文化传统中并没有直接的自由概念,与之相近的有"自觉""自如""逍遥"等概念。在本章的讨论中,中国传统文化中主要以"自觉"概念来作为相近概念进行阐释和梳理,盖因自觉与西方自由相似者甚多。第一,"自觉"一词最先出自《孔子家语·致思》:"吾有三失,晚而自觉,悔之何及。"[②]其意为"自我觉察、自我意识"。在《哲学新概念词典》中,自觉被认为是自由,是马克思对人类自觉的最高向往,自由实现的过程体现了人类自觉的历史积淀。[③]第二,西方的自由概念大致有三个层面:一是天赋权利,二是道德人格,三是能力素质。而在中国传统文化中,"自觉"的概念大致也有两个层面:道德人格、道德良能。到了近代之后,哪怕接受了西方自由权利的思想,部分学者[④]依然认为自由权利应该归为传统的"自觉"概念之中。有鉴于此,本章将传统文化中的自觉概念略等于西方的自由概念。

---

①　鉴于中国古代尚未形成明确的教育学学科观念,因此对古代人的自由思想的分析是以思想家为载体的;在民国时期虽然有了教育学学科的概念,但由于对自由思想的讨论者多属于教育家的范畴,因此,在这里统称为思想家。

②　(三国)王肃. 孔子家语 [M]. 黄敦兵,注. 长沙:岳麓书社,2018:45.

③　石磊. 哲学新概念词典 [M]. 哈尔滨:黑龙江人民出版社,1988:119.

④　如牟宗三、梁漱溟等新儒家的代表人物。

中国自古至今的思想家、教育家对"自由"的内涵分为两类：一类是将自由作为一种道德人格，主要代表有儒家和道家；一类是将自由作为自由权利和道德人格的融合，主要以蔡元培、陶行知等民国时期融会中西思想的教育家为代表。本章将从这两种对自由内涵的解释入手进行总体性的梳理和讨论。

一、儒释道的关系及历史框架

中国传统文化以儒释道的融合和贯通为主干，发展出了一整套以生命为核心的自觉人格培养体系。在探讨和研究中国的"自觉"和"自由"概念之前，有必要以时间为线索，概要地呈现儒家、道家、佛家是如何在历史长河中逐渐融合为当前的形态的。在这个简要的历史梳理中涵盖了三个问题：第一，中国传统文化中是如何形成佛道儒三家的融合的？三家的融合有什么样的意义？第二，"自觉"概念是如何成为中国传统文化中的最高、最终极的人格境界的？第三，为什么会选择"自觉""自觉人格"和如何培养自觉之人的方案作为中国传统文化中"自由人养成"的解答方案？这三个问题的回答可以提供自觉为何能够成为中国独有的"自由"的理论上的、合理化的论证。

儒家和道家是土生土长于中国文化土壤中的，两者都产生于春秋战国时期，有着独特历史产生背景，处于从奴隶制社会向封建社会的转型时期，旧有的周王朝礼制纲常崩溃，原来掌握在贵族手中的学术权力也下移，使得四散的学官能够将知识带往各地，从而也形成了百家争鸣的景象。作为知识分子，似乎从一开始就拥有着济世救国的心态，因此不同的学说都统

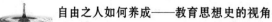

一指向了政治。儒墨道法四家仅仅是杰出的学说中的代表者。在封建社会皇权建立之后，儒家和道家成为主流，更为确切地说，儒家成为中国传统皇权的维护者和主流价值，道家游走在这种主流之间。东汉时期佛教传入中国，由于其与道家思想的相似颇多，在魏晋时期，道家融合了佛家的思想形成了新道家，而到了唐朝，儒家和佛家也逐渐走向融合，儒释道的最终融合呈现在宋明时期的程朱理学和陆王心学，也最终形成了占据整个传统文化的主流的思想体系。

儒释道三家在中国历史中的发展及其融合可以简略通过一张图进行理解：

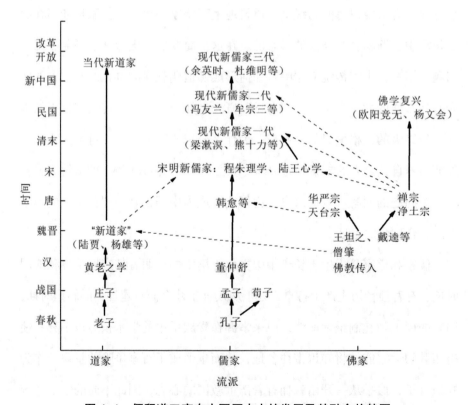

图4-1　儒释道三家在中国历史中的发展及其融合趋势图

儒家作为一直占据着中国传统文化的主流思想，发端于春秋时期的孔子，孔子既想要维护周王朝的礼制传统，又想要在战乱年代能够安天下心，最终妥协为"随心所欲不逾矩"的自觉境界。这种自觉一方面是认识中的"自我意识"和"自我反省"，一方面也包括了道德价值上的自我判断和抉择问题。孔子对"仁""心"的理解在战国时期引发了两种讨论，一种是以孟子为代表的"心即良知"学派，认为心本有四端，只要发挥这四端使其成为四善，就能够达到"圣人"的境界，成就"良知之人"；一种是以荀子为代表，荀子认为天性是先天的遗传素质，并非生而为善，但是人的可塑性为教育培养人提供了可能，使人有了"成圣"的可能性。从这个时候起，"自觉"已经逐渐转变为完全意义上的道德人格，即"自觉人格"问题。"圣人"即是这种"自觉人格"的最终极的呈现。在西汉时期，董仲舒提出要罢黜百家，独尊儒术，实现了"天人合一"的"圣人"人格论证，在一定程度上奠定了儒家在封建社会的正统地位。及至唐代，韩愈等人重建了在魏晋时期被冲击的儒学，尝试着重树儒家的学术正统，这种尝试在宋代有了明显的成果，即程朱理学的出现。程朱理学的出现被认为是儒释道三家正式融合的标志，也是中国整个封建时期的文化标志，这也是被贺麟称为"宋明新儒家"的原因。"宋明新儒家"将天理、人欲、良知等结合起来，"存天理，灭人欲"的主张实现了客观规律的必然性与道德内在性的结合，"自觉"的人格完成了由外而内的转变。程朱理学对外在礼教的严格把控与"灭人欲"的非现实性，导致了陆王心学的出现。陆王心学重归了孟子"良知"学说，将"心"看作包括情感、欲望在内的一切知识、才能的源泉，使"致良知"成为达到"圣人"的手段，降低了达到圣人的难度，"人人皆可成圣"。

陆王心学是对程朱理学的一种批判，同时也是追求自觉人格的另一种路径。程朱理学与陆王心学成为封建王朝的官方思想。一直到清末民初，由于西方思想的传播，带来了中国传统思想的大动荡，在这种情况下，部分传统文化的保守者致力于将中西文化会通起来，以中国传统文化为根基建构新的文化，形成了现代新儒家[①]。现代新儒家的第一代发端于 20 世纪二三十年代，以梁漱溟、熊十力、贺麟等人为代表，他们深受佛家的影响，尤其是唯识宗、净土宗和华严宗，其中梁漱溟、熊十力等人都是由佛学研究而转入儒家研究的代表；第二代是 20 世纪五六十年代，以牟宗三、冯友兰、唐君毅等人为代表，他们深受第一代现代新儒家和西方哲学思想的影响，是由儒家进入而兼顾佛学的；第三代是 20 世纪七八十年代，以余英时、杜维明等人为代表。

道家以其"无为"精神虽然不能成为整个封建时期的主流思想，但是也一直时不时地影响着皇权以及思想界。其创始人老子以无为而无不为的精神，建构了一个"道"的世界，人格的自觉就是顺道无为，无为而无不为，其实质是有为；不争而无不争，其实质也就是争。庄子继承了老子关于道的思想，将"道"应用于一切外物的评价之中，形成了物质的相对主义和绝对的精神自由。这种"无为"与"逍遥"的精神在汉初影响了皇权的统治思想，并于汉末、魏晋时期形成了"新道家"。新道家的产生一方面在于佛教对道家的影响，另一方面在于政权混乱导致的对"士"阶层的打压，从而导致了"隐士"的产生，以杨雄、陆贾、诸葛亮等人为代表。魏晋之后，

---

① 罗义俊.评新儒家［M］.上海：上海人民出版社，1989.

道家的思想有一定程度的衰落，主要是"隐士"无为的精神并不利于整个封建王朝的发展。直至宋明时期，被程朱理学和陆王心学吸收为"宋明新儒家"的思想基础。自此之后，道家在封建社会的思想历史中逐渐隐没。在 1979 年改革开放之后，部分道学研究者重拾道家思想，试图在新时代建构"当代新道家"，其代表人物有陈鼓应、赵卫东、董光璧、谢阳举、刘仲林等。

而佛家作为一种外来的宗教和思想理论，于两汉时期传入中国。可以说，儒道两家的产生是应时代、社会的需求而生，但是佛家的传入并没有社会上的必然需求，这就意味着，佛家在中国的传播是一个被动的过程。在佛家刚刚传入中国的时候，它经常与黄老之学联系在一起，因为佛家也提倡清静无为，因此它与儒家和道家并没有产生较大的冲突。不过当佛家的出世主义尤其是"出家"的思想逐渐被理解后，就与道家特别是儒家的纲常伦理思想产生了极大的冲突。这种冲突在东汉末年就初露端倪，在魏晋时期达到高潮。在整个封建时期，这种冲突一直存在，不过儒家作为整个封建王朝的主流思想一直占据主导地位，佛家的思想也在逐渐向儒家靠拢。道家与佛家的思想较为相近，因此在晋末时期道家与佛家就有所融合，其中以僧肇的《不真空论》为代表。在隋朝时期，佛教分为了天台宗、华严宗为代表的高僧佛教和净土宗、禅宗等民众佛教。其中禅宗的思想超越伦理的个人体验被儒家所吸收和接纳。佛家与儒家思想的融合和渗透从唐代就已经有所展露。韩愈的"道统"论实际上吸收了佛家的"祖统、传灯"的思想，旨在强调儒家学说的圣人之道一脉相承，也激发了儒家追本溯源的自我意识。进入宋代之后，佛家在学术上对儒家思想产生了深远影响，宋明理学是最典型的代表。有研究者认为，佛教影响儒学最大的是其本体论的思维模式，宋明之前的儒家，采用的是"天人合一"的思维模式，而宋明理学则是"本体论"的思维模式。① 宋明理学和心学在整个封建时期一直承担着佛学发展的任务。直到民国时期，佛学才重新从儒学中独立出来，以杨文会、欧阳竞无为代表的佛家学者，批判儒家学说个体主义严重，不利于团结抗战，他们将佛学作为宗教，以宗教精神来振兴中华民族，实现济世救国的抱负。

虽然儒释道三家在历史中有相对独立的发展道路，但是相对于各自的独立发展，它们的融合和渗透更为明显和具有意义。正是因为这种会通，才有了中国传统文化的主干和血脉。在整个儒释道三家的融合和渗透过程中，有两个关键时期特别值得注意：第一个时期是宋明新儒家时期，这个时期被认为是儒释道第一次融合的尝试，其中的二程、朱熹、陆九渊和王阳明为三者的融合做出了突出的贡献。程颐将华严宗的事理概括为"万理归一理"，以理为其本质，是基本符合儒家的思想的，他还吸收了佛家坐禅的修养方法将其改为儒家的"主敬"，吸收了道家"见素抱朴""少私寡欲"的"绝圣弃智"、闻见知识的"绝圣弃智"；程颢在佛法上要较程颐稍有悟性，是禅宗的爱好者，他认为佛学虽然高深，但是要尽性知命，还是应该回归到孝悌伦理的实践生活中，由礼乐等文化来开物成物；朱熹深谙佛学之道，认为佛学超出世故，道家不以身为形役，其克己之学，儒家也多有不及，因此他致力于将佛学、道学纳入儒学的解释中，将"诸佛

---

① 　徐嘉.现代新儒家与佛学［M］.北京：宗教文化出版社，2007：274.

传心印"与"儒学传良知"联系起来，用佛学的语言诠释格物致知的新意。陆九渊的心学体系深受佛家的影响，他吸收了佛家的传统哲学和修养方法以推动儒学的深化，将儒家的伦理道德发展为认识论和本体论问题，他第一次明确地将"仁"发展到"觉"上[1]；王阳明借助于佛教禅学来证明儒家"良知"与"心即体"，实现了儒家从道德论到本体论的转变，成为现代新儒家思想发展的重要借鉴。

第二个时期是现代新儒家时期。贺麟将现代新儒家定义为，以西方哲学与中国孔孟、老庄、程朱、陆王之哲学汇合融贯而成的、体现民族精神的新哲学。[2] 该定义受到了广泛的认同，也与宋明新儒家区分开来。因此，现代新儒家虽然是以儒家为称，却并非严格意义上的儒家学说，而是融汇了儒释道三家的思想再综合、会通走向现代的思想。有研究认为，现代新儒家的本质在于恢复儒家传统的主导地位，重建宋明新儒学的伦理精神，吸纳、融合、会通西学，建构一种中体西用的思想体系，以应对民族文化危机和中国社会的现实出路。[3] 在现代新儒家的代表人物中，有四位具有明显的儒佛会通的人物，梁漱溟和熊十力是以佛入儒的代表，梁漱溟以佛法为根本，用佛儒共同建构中国的传统文化哲学，从而实现儒佛的会通；熊十力最先以唯识宗入儒，后以儒学来批判建构新的唯识宗，形成了新佛家与新儒家的融合。唐君毅和牟宗三是以儒入佛的代表，唐君毅将儒家心性论和佛学的"性之六义"融会贯通，将儒家宗教化；牟

[1] 卢升法.佛学与现代新儒家［M］.沈阳：辽宁大学出版社，1994：206.

[2] 贺麟.儒家思想的新开展［M］//文化与人生.上海：商务印书馆，1988：6.

[3] 徐嘉.现代新儒家与佛学［M］.北京：宗教文化出版社，2007：3.

宗三则以儒家"智的直觉"来与佛家"般若智"进行对比,以"良知明觉"作为传统儒家的道统,形成了儒家的宗教性格。无论是牟宗三还是唐君毅,都受到了西方尤其是德国哲学的影响,都尝试用西方的哲学框架来解释中国传统儒家思想。

从整个儒释道三家的发展历程及其融合来看,中国传统文化的主流价值依然是以儒家为主导,而儒家在吸收佛家、道家的思想后,将道德人格由"仁"发展为了"心即体,致良知","良知"是为"心"引出的,"明觉"是对"良知"的恢复和涤荡,这样,整个中国传统文化中的道德人格都在于"良知明觉"之上,即"自觉"之上。从总体上看,传统文化中对"自觉"的概念大致可以分为三层:第一层次为"自我意识,自我感觉",如《孔子家语·致思》:"吾有三失,晚而自觉,悔之何及。"[①]第二层次为道德自觉,是个体的有意识、有目的的价值选择、内省活动,这种活动是在自己觉察且能够预见到行为后果的情况下的选择,因此既包括认识也包括行动中的价值问题。这种活动可能与历史进程相符或相悖,但都是历史必然性的一部分,即自觉与必然性相联系。第三个层次为自由,是马克思对人类自觉的最高向往,实现了自由与必然性的统一。"在自觉的这一水平上,主体不仅达到了对自然规律和社会行动规律的认识,而且依据这种认识科学地预见未来,把握自己行动的直接后果和间接后果。"[②]即自由与自觉拥有着同样的事物认知、道德动机、行为及其后果责任。也无怪乎牟宗三将"自由意志"等同于"良知",自由意志必须与物自体是同一的,

---

① (三国)王肃. 孔子家语 [M]. 黄敦兵, 注. 长沙:岳麓书社, 2018:45.

② 石磊. 哲学新概念词典 [M]. 哈尔滨:黑龙江人民出版社, 1988:119.

不然"自由意志必受委屈而处于自我否定之境",自由就依然会受到限制而不能成为自由。[①]这三个层次的自觉,共同构成了人的自觉的完整结构。它不仅包含主体认识上的自我察觉,而且也包括行为价值上的选择和判定,因此,自觉也具有道德意义。这也是本研究中将中国传统文化中的"自觉"与西方的"自由"等同的原因。

二、自由作为自觉的道德人格及教育思想方案

中国传统文化的形成伴随着社会的急剧动荡和变革。任何一种文化的诞生或者形成都是社会变革、社会需求召唤的结果。在面临社会动荡和变革时期,总能引起仁人志士的思考和反省,也引发他们对人伦、理想社会的关注和期盼。冯天瑜认为,中国文化的演绎史有两个显著的时期,一个是生成期,主要为晚周和春秋战国时期;一个是转型期,主要为清末民国时期。前者构成了中国传统文化的经典和精髓,后者终结了中国文化古典形态并带领了其转型。[②]这两大分期也勾画了中国古代和近代文化的分水岭。中国古代文化发端于晚周,在生产力极其落后、社会关系相对简单的晚周时期,人们还不能科学地认识到自然规律、道德人伦,每个人都在努力地认识自然、认识社会,同时也对它们充满了幻想,并试图以自身之微薄之力建构起人与自然、人与社会的庞大的关系网络。而这纷繁复杂的关系网络可以分为两大类:无为与有为,相对应的是道家和儒家两大中国传统文化贡献者的思想精髓。

---

① 赵德志.现代新儒家与西方哲学 [M].沈阳:辽宁大学出版社,1994:220–226.

② 冯天瑜.中华元典精神 [M].武汉:武汉大学出版社,2006:序.

（一）儒家"自由人"的内涵及教育思想方案

儒家学说构成了中国传统文化中最为关键和重要的一环。儒家以道德立身，以自觉的圣人境界为目标，从而回归到以心、性为规范，以至自由的路径。虽然儒家没有明确使用"自由""独立"等西方概念，但是从他们的字里行间可以感受到他们在培养人之自由境界方面的所思所想，与西方启蒙运动以来"如何从强制中培养自由"的问题并无实质差别。不过就解决路径而言，儒家从未明确地将规范与自由两者对立而言，更倾向于两者的相互依存和融通。无论是从孔子还是到程朱抑或陆王，都秉持着人性本善的假设，并且在此基础上建构了两条路径：一条以朱熹为代表的通过外在道德约束欲望而达到圣人之境；一条以王阳明为代表的通过内心自省、顺良知而为达到圣人之境。"圣人之境"在儒家这里意味着"随心所欲不逾矩"，即自由状态。

开端于孔子，发展于孟子、荀子的儒家学派，从开始起就存在着两种不同的道德培养路径——孟子性善论前提下的道德反躬自身，寻求内心"四端"的涤荡而求得"至善"；荀子性恶论前提下的道德外在约束，寻求天道和社会礼的节制而求得"至善"。从春秋战国时期开始，这两种分野就已经形成，随后的西汉董仲舒的发展，正式将"天道"与"社会礼"融合在一起，天道与政权的结合，形成了"君权神授"的观念，皇权成为了裁决公正、真理的代言人，而"社会礼"的代言人名正言顺地成了"孔子"，进一步确立了儒家在面对皇权时候的部分"节制"。这种节制并没有合理的制度保证，而是依靠士阶层的兴起形成的"行政制度"——最高长官是丞相，与皇权进行对抗。士阶层代表了部分人民的利益，进而也在一定程度上提升了百姓的社会地位，将天道赋予皇帝权力的选择权用"百姓之合力"进行限制，同时也形成了"天人合一"的观念。这种进行社会统治的技术手段延续了荀子的道路，同时也形成了传统儒家的思想体系。宋明时期，社会发生了极大的动荡和变革，为了应对新的社会关系（资本主义的萌芽）和整饬人的精神世界，儒学的思想家在一定程度上修订了传统儒家思想，形成了新儒家，也被后世称为"宋明新儒家"。程朱理学，"存天理、灭人欲"口号的提出，更是对荀子"天礼"合作的顶峰展现；此时陆九渊、王阳明融合儒道释三家之学，重新修正了孟子时期提出的"人性善"的假说，提出了人性无善无恶，意志和欲望——意有善有恶的观念，通过涤荡社会环境对人心的污染，恢复心本身对事物的判断，并按照这种判断行动，这就重新回归了孟子的主张。其后的几百年间，这两种方法一直无法调和。及至清末民初，中国经历了千年未有之变革，从根本上动摇了以血缘关系为纽带的宗族制度和人身依附关系，儒家为了解决民族危亡和重建中国人之精神，再一次进行了改造，融汇了西方思想，形成了"现代新儒家"。时至今日，在中国改革开放背景下，中国正在形成"第三代现代新儒家"，由于其思想尚未形成定论，本研究暂且搁置对第三代现代新儒家的讨论，专注于传统儒家、宋明新儒家、第一代和第二代现代新儒家的代表人物，对他们自由人的内涵及其教育思想进行阐释。

1. 传统儒家的自由人内涵及教育思想——以孔孟为代表

（1）孔子：自由人是随心所欲不逾矩的人

对于孔子的研究，可以说是汗牛充栋；而对于孔子的教育思想以及其在中国教育史中的贡献，也有专门的研究著述。总体而言，对于孔子的研究一般专注于三点：第一，对孔子的教育思想、教学方法等方面的专门研究，著述繁多；第二，对以孔子为代表的儒家教育思想的承袭关系、历史演变等做专门的研究，如儒家与道德教育、儒家与品格教育等；第三，对孔子与他人思想的比较研究，如孔子与孟子教育思想的比较研究、孔子与老子教育思想的比较研究等。在这些研究中，都有对孔子教育思想的较为系统的、深入的探讨。本研究旨在点明中国教育思想家中对自由、自觉的界定和他们如何通过教育培养自由人的方案，因此不再拘泥于系统地个人思想的梳理，而从自由这一概念入手，从侧面反映孔子对于自由、自由人格及其教育如何培养自由人这三个问题的解答。

作为儒家学说的创始人和核心人物，孔子一直被尊称为"圣人"，这不仅是因为孔子开创了一个新的学说并且深远影响了中国传统文化，而且因为孔子的道德品性与道德境界值得人们学习。孔子在晚年之时，针对自己的学习、思维发展过程而说过："吾十有五而志于学，三十而立，四十不惑，五十而知天命，六十而耳顺，七十而从心所欲，不逾矩。"[①]这是孔子对自身学习生涯、道德发展生涯的总结，也是他对最高道德境界的描述：从心所欲不逾矩。在这个论断中，"从心所欲"比较容易理解，即跟随内心的指引而行动；孔子所说的"矩"，如果与他所处的时代背景相联系的话，就能看出指向的是周王朝的贵族礼义规范，这种礼义规范是外在的行为规范。这意味着，当精神发展到一定的高度，外界的礼仪规范、仁义标准已经完全内化为内心的准则，跟随自身内心的指引就可以渐达自由的境界，而且这种境界是由心发出的，且与外界礼制不冲突。虽然行事随心，

---

①　（春秋）孔丘. 论语［M］. 杨伯峻，杨逢彬，译. 长沙：岳麓书社，2000：9.

但却从不逾越而中庸，这一方面反映了个体思想上的独立，另一方面也反映了自由本身会受到外界规范的影响。从本质上说，孔子已经意识到自由并不是单纯的无限制的自由问题，而是在规矩之内的自由，自由是有限度的。他在不断地学习、游历过程中将周王朝的礼仪规范不断内化为自身的道德准则，即外在强制内化为自由自觉的问题，这样的思想与西方某些思想家的观点也有所重合。那么，孔子是如何发展出了"从心所欲不逾矩"这样的自由境界的呢？

孔子所处的春秋末年战乱时期，民不聊生，孔子的核心理想是建立一个国泰民安的有道社会，建立有道的社会最大的阻碍在于战乱引发的百姓内心的不安感，这种不安容易导致更多的战乱。如何平息、安抚百姓的不安成为孔子最为迫切的任务。他认为，人类不安的来源有两个：一个是动荡的环境，另一个是人的心理问题。外界环境的动荡归根结底在于人的欲望的不满足，在于礼制的崩溃；人的内心不安也源于自我理性自觉和主体意识的不清晰，而这需要求诸于内，即内修、修己以安人。

这样一来，恢复礼制、依礼而行就势在必行。在孔子看来，依礼而行包含着循礼的道德理性自觉和人的主体意识的觉醒，这就是"义"。而人们内心的道德情感和道德信念则是"仁"。仁心指导和引发了义的表象，从而符合道德行为和道德效果。义是以"礼"为标准的，礼的内容确定需要以义为指导。有研究认为，在道德体系中，孔子所说的仁代表了道德基本原则，而礼是道德规范，义则是道德范畴。[①] 从这里也可以

---

① 杨超群.中国教育哲学史［M］.济南：山东教育出版社，2000：11.

看出，孔子的仁、礼、义是紧密相连的，仁是礼制运转的原动力，义是沟通仁和礼的桥梁。

孔子将"仁"作为基本道德规范，同时也是最高的道德准则。他认为"仁"是内在于人心的，是人可以欲求的，同时也是人凭借意志可以达到的，不受外在条件的约束。"仁远乎哉？我欲仁，斯仁至矣！"[1] 仁不是外在于人本身的规则或管理，而是自己的一种追求美德的心愿和动机。"为仁由己"充分说明了仁是个体可以掌握的、实现的。礼是外在的形式和内容，是外在的规范形式，如果没有外在威胁，认识没有达到自觉高度，人们完全可以束之高阁，因此，孔子认为应该从人们对礼的认识和内心信念上着手，认识并懂得循礼的重要性和必要性，从而自觉自愿依礼而行，使行礼成为自觉。对礼的认识和内心信念，就是"义"。因此，当孔子最终说"从心所欲不逾矩"这一判断时，里面整体涉及了"仁""义""礼"三者之间的关系：从心是谓仁，矩是谓礼，而从外在的规范形式深入到人类自身的心灵深处，从被动的他律到自觉主动的自律过程，体现了义的桥梁和沟通作用。

如何获得从外而内的道德自觉过程？孔子认为最为重要的途径是通过教育。教育要经世致用，不能停留在故纸堆中，要培养有德行、有行动力的人才，培养明理行义、有道德修养和治国才能的从政人才。从总体而言，孔子认为通过自我修养可以达到安天下、安百姓的目的。因此，教育的首要目的在于修炼自身，学习是为了自己，即"为己之学"。他批判当时的

---

① （春秋）孔丘. 论语［M］. 杨伯峻，杨逢彬，译. 长沙：岳麓书社，2000：66.

人们为了追求名利而求学，为了外在的物质欲求而求学，"古之学者为己，今之学者为人"，①学习是为了自身知识的扩充，道德的自我完善，并不是为了展示和出售，不然就是学习的异化。为己之学就要求人要时时刻刻注意自身的言行，要慎独，"人不知而不愠，不亦君子乎？"②即使没有人知道、没有人监督的情况下，也要保持对道德的追求和完善。道德追求本身拥有至高无上的独立价值，因此也无须通过利益的诱惑来吸引人追求。这样，孔子就确立了道德追求的独立性和自觉性。

其次，在确立了为己之学的教育价值之后，孔子根据仁的内涵，提出了"为仁"就需要"克己复礼"的主张。"为仁"与"克己""约之以礼"之间有着紧密的联系。为仁是一种内在于心的追求，而克己则是对这种内心追求的一种外在表征，因为想要为仁因此才克己，克己是手段，是途径；而"约之于礼"则是克己的具体内容，以礼作为克己的内容，从自我约束做起，以礼为外在表征，从而确立了以礼作为外在行为的"克己"内涵，进而上升为道德自觉，当这种道德自觉达成之时，也就成就了"自由境界"。孔子在回答颜渊什么是"仁"时说，"克己复礼为仁"③，就是以外在约束自身来获得"仁"的简略回答。有研究者认为，"克己就是自觉约束自己，复礼就是把外在的礼仪规范反之于己身而自觉践履，即将外在的道德规范内化为个体内在自觉，再外化为自觉的外在道德行为"④。这种看法有一

---

① （春秋）孔丘. 论语［M］. 杨伯峻，杨逢彬，译. 长沙：岳麓书社，2000：136.

② （春秋）孔丘. 论语［M］. 杨伯峻，杨逢彬，译. 长沙：岳麓书社，2000：1.

③ （春秋）孔丘. 论语［M］. 杨伯峻，杨逢彬，译. 长沙：岳麓书社，2000：106.

④ 白臣. 道德自觉论［D］. 河北师范大学，2014：51.

定的合理之处，不过就孔子而言，他似乎还没有达到这样一个自省克己的循环，因此这种看法难免有美化之嫌。那么"复礼"是实践、践行什么样的礼？孔子的"礼"是周礼，是"非礼勿听，非礼勿视，非礼勿言，非礼勿动"，[①] 是无论从感官还是从行动上都要符合的"君子"之道，从思想到行为都要克制自己的私欲从而获得"礼"的规范。除此之外，孔子还认为，"内省""自讼"同样是对"礼"的内容的诠释。内省是自我的反思，自我反思的前提是对礼的内涵有着较为清晰的理解和认知，内省是建立在认知和行动基础上的，因此内省在思维层级上要高于认知和行动；自讼是对自我的批评，因对自身有更高、更好的期望因而才能产生批评，可以说，自讼是自省的一个部分，自省的一个内容就是自讼。内省与自讼构成了孔子"复礼"的较为高级的阶段。这样，孔子就形成了一整套关于道德认知、道德行为、道德反省的循环体系，从而实现"立己"，"不学礼，无以立"，[②] 只有在真正的认识、践行、内化与反省礼的日常活动中，自身才能真正地"立"起来，"三十而立"意味着个体的"独立"存在，并且能承担整个家庭和社会的责任。

克己与立己成为对个体自我的道德要求，然而人是社会的动物，不可能脱离社会而存在。因此，在确立个体自我独立和道德发展之后，孔子又提出了个体在社会交往中的道德建构：以己度人，己所不欲勿施于人，这就是同理心的价值和推广。当每个人都将他人看作自身，自然就会"爱人"，

---

① （春秋）孔丘. 论语［M］. 杨伯峻，杨逢彬，译. 长沙：岳麓书社，2000：106.

② （春秋）孔丘. 论语［M］. 杨伯峻，杨逢彬，译. 长沙：岳麓书社，2000：162.

也会产生"道义"。所谓"仁者爱人",爱人是对人类的善良天性的回归,"己欲立而立人,己欲达而达人。"①也就是孔子提出的"忠恕之道",忠是推己及人,恕是不强加于人。通过推己及人,从而获得多数人一致的道义。道义是形式的观念,仁的观念则是具体的内容。人在社会中的义务,其形式的本质就是应该,义务的具体的本质就是爱人,爱人就是"仁德"。这样,以"仁"为起点,就又构成了一个个体与社会关系的循环。冯友兰认为,孔子的仁,不光是指一种特殊的德性,而且是指一切德性的总和。②钱新祖认为:"仁为礼提供一种内在的道德标准,是合乎礼的行为的内在道德意涵,礼而无仁,就只是形式;仁也不能离开礼而单独存在,因为如果没有礼,仁就不能在我们的日常生活中具体显现。"③当"礼"成为行动的准则,并且内化于心之时,"仁"也就获得了,也就达到了孔子"从心所欲,不逾矩"的境界了。

（2）孟子:自由人是"放心"之人

在孟子看来,"心"是一切知识、才能、善的源头,当心能够回归到最初的"善"时,人就完成了最高的道德修行,也就成为自觉之人。因此,教育的作用就是求其放心,也就是回归心之自由的过程。

孟子在很大程度上继承了孔子的观点。他继承了孔子由礼而仁、仁心内化的思维路线,不同的是,他将仁义礼智等道德规范内化为人心固

---

① （春秋）孔丘.论语［M］.杨伯峻,杨逢彬,译.长沙:岳麓书社,2000:57.

② 冯友兰.中国哲学简史［M］.赵复三,译.北京:生活·读书·新知 三联书店,2009:47.

③ 钱新祖.中国思想史讲义［M］.上海:东方出版中心,2016:64.

有的道德特征，得出了一切道德品质都是内存于心的论断。孔子也说"生而知之"，但提及略少，到了孟子这里，他对其进行了系统的论述。孟子认为"人之所不学而能者，其良能也；所不虑而知者，其良知也"①。人天生就拥有天赋的知识、才能和道德观念，不需要经过学习和思考，这种天赋良知是先天的，并非后天培养而来。而且，这种良知、良能是每个人都有的，是人皆有之②的人类本能。道德内存于心，将孔子的"仁"发展为"良知""心"。人天生存德，是因为人有四心："恻隐之心""羞恶之心""辞让之心"和"是非之心"，这四心是人自然而然的本能反应，是人类道德的基础同时也是人之为人的决定因素。只要将这四心进行扩充，就能形成现实中的"仁义礼智"的四德。"凡有四端于我者，知皆扩而充之矣，若火之始然，泉之始达。苟能充之，足以保四海；苟不能充之，不足以事父母。"③他极力推崇这四端扩充的必要性，一旦形成四德，就能够治国平天下；而如果无法形成四德，则连最起码的孝道都无法实现。从四端发展为四德，拥有着对应关系，"仁"所对应的是"恻隐之心"，可见孟子缩小了孔子关于"仁"的概念的内涵，而仅仅取用了"爱人"之一方面。义是"羞恶之心"，义是由内而外的更为具体的道德行为，能够反映人类最基本的善恶观念，同时也沟通了仁和礼。礼是"辞让之

① （战国）孟轲. 孟子·尽心上 [M]. 杨伯峻，杨逢彬，译. 长沙：岳麓书社，2000：230.

② （战国）孟轲. 孟子·告子上 [M]. 杨伯峻，杨逢彬，译. 长沙：岳麓书社，2000：193.

③ （战国）孟轲. 孟子·公孙丑上 [M]. 杨伯峻，杨逢彬，译. 长沙：岳麓书社，2000：56.

心",因为遵循礼仪制度,才能谦恭谦让,它既能适当地调节仁、义的冲突,也能对其进行修饰。智是"是非之心",因为明智才能分辨是非,判断是否合仁合礼,所以智也是明白仁、义内涵的基础。

如何让四端扩充为四德?孟子明确提出了要通过教育的手段。"得天下英才而教育之"是为君子三大快事之一。在他看来,通过教育要让人获得人生的价值,"穷则独善其身,达则兼济天下"[①],"穷""达"并非单指物质上的贫富,而是指人生道路的顺达与否。人在穷途末路之时才能只考虑保全自身的问题,只要没有走到穷途末路,都应该考虑他人的福祉。从这个方面而言,孟子所提出的道德人格是非常光辉的。

通过教育来修身养性,寻求本心,那么,人要如何进行学习?孟子回答说:"学问之道无他,求其放心而已矣。"[②]学习修养并没有其他的途径,不过是把丧失掉的良知、善心找回来罢了。在这里,"心"是四端,是百善的源头。这样求学与修身本身成了目的而不是手段,学习也就成了自己的事情,成了"为己之学"。相对于孔子而言,孟子在讨论为己之学时增加了其特点的论述。他认为,为己之学的首要特点是自足,是以修身养性、行仁履义、求学得道为满足,而不是为了外在的财富、名声等。学习是为了道德的自我完善,当道德自我完善之后,世间的功名利禄自然就会获得。为己之学的第二特点是自乐。乐的本质不是物欲的满足,而是从实行仁义

---

① (战国)孟轲. 孟子·尽心上 [M]. 杨伯峻,杨逢彬,译. 长沙:岳麓书社,2000:227.

② (战国)孟轲. 孟子·告子上 [M]. 杨伯峻,杨逢彬,译. 长沙:岳麓书社,2000:200.

中自得其乐，他将自得其乐上升到了审美的高度，认为道德修养的过程就是乐在其中的审美过程，是善与美的统一。"尊德乐义，则可以嚣嚣矣"①。为己之学的第三点在于修养者能具备无穷的力量，拥有自身内在的人格力量。一切的力量和知识都是存在于内心的，经过不断的修炼和存养就能使内在的良知、良能、力量挖掘出来。

孟子的为己之学直接关心的是个人的发展，是如何不断扩充善端以便能更好地拥有独立的人格力量，同时也造福于民。如何扩充善端？孟子提出了"尽心"的论点。既然"心"是与生俱来，那么修养就是无须借助客观知识的纯主观活动。善心已经包括了天地之间的一切知识、道德、力量，那人们所能做的就是"尽心"。"尽其心者，知其性也；知其性，则知天矣。"②人性是天生的，因此性与天统一，是天然之性。尽心就会知性，本性既知，就能知道天之性，这个"天"一方面指最高的精神本体，一方面指事物的必然性，即一般的知识和普遍的法则或标准。"天不言，以行与事示之而已。"③孟子所谓的"天"与孔子所谓的"天"有着一定的差别。在孟子看来，天具有自然和精神两种性质，是必然性和自由的统一；而孔子所谓的"天"则是单纯的精神上世界观问题。如何"尽心"？孟子认为，要"存其心，

①　（战国）孟轲. 孟子·尽心上［M］. 杨伯峻，杨逢彬，译. 长沙：岳麓书社，2000：227.

②　（战国）孟轲. 孟子·尽心上［M］. 杨伯峻，杨逢彬，译. 长沙：岳麓书社，2000：224.

③　（战国）孟轲. 孟子·万章章句上［M］. 杨伯峻，杨逢彬，译. 长沙：岳麓书社，2000：162.

养其性，所心事天也。天寿不贰，修身以俟之，所以立命也"①。让心能够一直保持清明，善念长存，修养人之本性，就能以纯善之心来参悟天道，从而能顺天而为。存心修养就成为立命之法，存心和养性以"自反"为内容，"自反"与孔子的"自省"概念有异曲同工之妙，均是要自我反省与自我批评。孟子认为，君子要经常反思自己的行为，要反求诸己，诚心静思，反思自身的所思所想，这样才能知耻，知耻而后勇。知耻是道德自觉产生的基础，如果没有知耻，就没有自我反省，就更不可能会有主体的自觉的改进。

虽然心以善为主体，但也有恶的潜在因素——欲望。孟子认为，欲望与道德之间是存在矛盾的，仁的内在善性之所以得不到扩充和广大，很大的一个原因就是被人的利益之心所损害。因此，他提出"仁者不富，富者不仁"②的观点，将仁与财富对立起来，从而论证个体要寡欲的修养方法。"养心莫善于寡欲。"③只有寡欲，才能使内心的欲求与外在的有限的利益达到平衡。欲望产生于耳目之官，而善心源于心，做到寡欲就意味着要抑制耳目而扩充善心。"耳目之官不思，则蔽于物；物交物，则引之而已矣。"④寡欲的实质是调动和发挥理性的作用，适当地控制和引导感性欲求。寡欲

---

① （战国）孟轲. 孟子·尽心上［M］. 杨伯峻，杨逢彬，译. 长沙：岳麓书社，2000：224.

② （战国）孟轲. 孟子·滕文公上［M］. 杨伯峻，杨逢彬，译. 长沙：岳麓书社，2000：82.

③ （战国）孟轲. 孟子·尽心下［M］. 杨伯峻，杨逢彬，译. 长沙：岳麓书社，2000：260.

④ （战国）孟轲. 孟子·告子上［M］. 杨伯峻，杨逢彬，译. 长沙：岳麓书社，2000：202.

仅仅是其中一个方面，与寡欲相关的是要吃苦，从而抵御环境不良的侵蚀和诱惑。"故天将降大任于斯人也，必先苦其心志，劳其筋骨，饿其体肤，空乏其身"[①]，吃苦是成就大业的必然之路，只有在苦难中才能居安思危，通达事理。

从整体上看，孔子和孟子都讨论了规范与自由、自觉的问题。不过两者的差别在于，孔子的规范源于他对礼的理解，是对周王朝贵族外在礼仪规范的抽象；而孟子的礼则是源于人之内心的，是内心本身就拥有的廉耻，这样礼也拥有的道德的意义。孔子将自觉定义为"从心所欲不逾矩"的精神境界，孟子将自觉看作是回归本心的善。孔子遵循了一条由外而内的自由发展道路，而孟子则开创了从内而外再到内的道路，通过外在的教育手段使得自觉复归的道路。

2. 宋明新儒家的自由人内涵及教育思想方案——以朱熹和王阳明为代表

宋明新儒家既是对传统儒家思想的继承，又吸收了道家和佛家的思想，形成了儒释道的融合。学界赞同将宋明新儒家与传统儒家区分的主要原因有两点：第一，新儒家融汇了道家和佛家的思想，在本体论、方法论等方面都有融合[②]，这与春秋战国时期儒家完全和其他各家思想都泾渭分明的

---

① （战国）孟轲. 孟子·告子下［M］. 杨伯峻，杨逢彬，译. 长沙：岳麓书社，2000：223.

② 冯友兰. 中国哲学简史［M］. 赵复三，译. 北京：生活·读书·新知 三联书店，2009：294–295.

做法不同；第二，新儒家新在对格物致知的理解与孔孟儒学截然不同。[①]
因此，本研究将程朱理学和陆王心学作为宋明新儒学来进行研究，并将目
光转向两派最为核心的、思想最为系统的朱熹和王阳明思想上。

（1）朱熹：到达性理同一之人为自由人

孔子开创了以礼反观仁的自觉之人养成的先河，随后的孟子也阐明了
以存心修身反射"心"的道路。由于两者存在着学理上的差异，导致在儒
学发展的中后期产生了较大的分歧。以孔子"礼"为基础扩展而来的"理"
成就了程朱理学；以孟子"心"为基础发展而来的"良知"成就了陆王心学。

程朱理学紧紧抓住孔子学说"礼"的概念，将其延伸扩展为"天理"，"父
子君臣，天下之定理"，"天理如此，岂可逆哉"[②]。天理是由孔子"天命"
发展而来的一系列的现实道德规范、礼仪规范。天理同孔子的"天命"，"在
天为命，在义为理，在人为性，主于身为心，其实一也。"[③]人的性是天的命，
即无论是天还是人，都要遵守其发展的必然性和必然规律。因此，人要重
回人之本性就应该回归本心，也就是"道"。这里的"道"和道家的天道
有一定的相似之处，吸收了道家的部分思想。这样，程朱理学就形成了一
个天命、人性、心理的三角关系。他们还发展了孔子关于自省、爱人等回
归人本性的方法。"敬以涵养也，集义然后为有事也。知敬而不知集义，

---

① 牟宗三．心体与性体［M］．上海：上海古籍出版社，1999：15.

② （宋）程颢，程颐撰，潘富恩导读．二程遗书·语录［M］．上海：上海古籍出版社，
2000.

③ （宋）程颢，程颐撰，潘富恩导读．二程遗书（卷十八）［M］．上海：上海古籍出版社，
2000：258.

不几于兀然无所为者乎？"[1] 持敬是涵养身心的方法，对天命、人性怀有敬畏之心，也就是对必然性持有敬畏之心，在此敬畏之心的心态下，行事合乎礼度和道义，这样就做到了知行合一。道德认知的获得需要"格物致知"，格物是一个逐渐认识世界万物运行规律的过程，也是一个累积的过程，在时间的沉淀中逐渐触摸天理与人性，无论是在学习还是在日常活动中，都是认识、理解规律的过程。因此，只有在充分地理解天理的基础上，人才能持敬，才能自觉地顺从天理和人性而活动。在这里，认知与行为已经分离，先有道德认知后有道德行为，只有道德认知而没有道德行为，就是没有道德。

朱熹是理学的集大成者，他系统地阐述了理的概念和如何培养自觉之人的方法。在他看来，人们对自觉的认识首先来自"道"的观念。道具有生生不息的活力和创造性，而且还能够被人所认识，被人所需要和适应。朱熹在《中庸章句集注序》中说：

若吾夫子，则虽不得其位，而所以继往圣、开来学，其功反有贤于尧舜者。然当是时，见而知之者，惟颜氏、曾氏之传得其宗。及曾氏之再传，而复得夫子之孙子思，则去圣远而异端起矣。[2]

从以上可以看出，朱熹认为，道是生而不灭的，虽因外力可阻隔，但天性禀赋之人依然可以重得。道统是不灭的。道即是理，他认为，理既是事物发展的规律、是事物之所以这样发展的原理，也是人们做事的原则、是人情世故的道理。朱熹的"天理"观念，其实质在于要求人们树立牢固

---

① （宋）杨时. 二程粹言·论道篇［M］. 上海：商务印书馆，1936.

② （宋）朱熹. 四书章句集注·序［M］. 北京：中华书局，2011.

的对现世道德规范的信仰。

如何获得"天理"？朱熹认为要通过学习，即教育的作用。在他看来，想要了解道、天理，就必须通过读书，"为学之道，莫先于穷理，穷理之要，必在于读书"①。之所以要通过读书来穷理，是因为这些理都掩藏在儒家的经典之中。而且仅仅读书还是不行的，必须要在掌握理之后去践行，以理指导自己的行为。"知而不行，则前所穷之理，无所安顿，徒费讲学之功。"②如此可见，朱熹是非常重视践行的，天理如果得不到行为的支持，就只能停留在言语中，这就与真正的天理相违背了。

在获得"道"或"理"的过程中，心起到关键性的作用，"正其心"就是守其本心之正使自己在道德和精神上都合乎于道。其中"心统性情"，将人的七情六欲包括理智全部包含在一起，心的特点是"虚灵知觉"，心因虚而可待性、理，因性、理深藏于心中，而可从其中引出；知觉是心的运用，它能感知周围的一切，所以它是动态的。当心统摄性和情之时，为了重归天性，就必须要"灭人欲"，对情所带来的欲望予以打击。"敬则天理长明，自然人欲惩窒消治。"③居敬、持敬是一种自我反思、自我关照的过程，是一种直觉性的体察和觉悟的过程。朱熹认为，敬是个人对自己道德和精神生活不断的用心和关注；是正心和慎独所不可或缺的态度。

除了需要居敬之外，朱熹还认为要通过格物来"穷理"，穷尽"理"方能"致知"。朱熹所说的"物"，并不是真实存在的物，而是抽象的绝

---

① （宋）朱熹. 四书章句集注·性理精义［M］. 北京：中华书局，2011.
② （宋）朱熹. 四书章句集注·白鹿洞书院教条［M］. 北京：中华书局，2011.
③ （宋）朱熹. 朱子语类（卷十二）［M］. 北京：中华书局，1986.

对的"理"的显现，"格"也不是亲自与客观事物接触，如王阳明所做的那样，而是追究到底的意思。格物致知就是要人"穷天理，明人伦，讲圣言，通世故"①。从格物致知的目的也可以看出，朱熹所谓的"天理"更倾向于封建社会所规定的礼仪道德规范。这也确定了他知识优先于行动的原则，同时也表明了他认知真理从而确保行动正确的方案。当穷理致知与居敬结合，个体才能达到更高的道德水准，最终实现"存天理"的圣人境界。朱熹认为，学习修身是为了自身更好地发展和获得内心深刻的满足，而不是为了外在的物质或名声。在他看来，"为己修学"是每一个读书人都应该清楚明白的事情，为己不仅为了自爱，而且为了他人，实际上是以修己为开端，并推己及人，②这样，修学就成了可以成全他人的事情。

朱熹在讨论自觉之人的养成过程中，也着重讨论了人与社会、人与人之间的关系问题。在朱熹看来，儒家传统的"己"是消极的，是带有私利性的，因此要"克己复礼"，克制自身的、私人的利益和欲望，真正的人格在于克制自己的欲望使其能为了公众的利益或社会的利益而牺牲。同时，心本身是有善念的存在的，复礼就是要将内心中本有的善念发扬出来。正是因为每个人心中都有善念，并且能将善念发展出来，因而善念才能推己及人，在外在的礼仪的社会秩序中，用正式的方式与其他人和谐相处。③而君主则应该"修己治人"，即理想的治人之术不应该依靠权威的力量或者暴力，

---

① （宋）朱熹. 朱子语类·答陈齐仲［M］. 北京：中华书局，1986.

② 狄百瑞. 中国的自由传统——钱宾四先生学术文化讲座［M］. 李弘祺，译. 香港：香港中文大学出版社，1989：18.

③ 狄百瑞. 中国的自由传统——钱宾四先生学术文化讲座［M］. 李弘祺，译. 香港：香港中文大学出版社，1989：23-28.

而应该依靠自我的修养来感化、教化、提升人民的自我涵养，只有每个人都清楚自身的责任，并将道德内化于心，才能实现自治，也实现每个人的自由。

（2）王阳明：致良知之人为自由人

陆王心学体系是与程朱理学体系差异较大的一个体系。程朱理学的"理"来自世俗道德体系，而陆王心学的"理"则来源于心，心本身具有良知，这是延续了孟子对心之四端的观点，加以扩充而得的。陆九渊认为人们要认识宇宙万物，不必向客观外界探索，只需向内反省，就能达到对自己"心"的认识，从而获得宇宙万物的知识，毕竟"万物皆备于我"，世界上的知识早已存在于人的内心之中，只要发挥心的作用，自然就可以无所不知。因此，他提出了要"尽我之心"，要"致知不假外求"，坚决反对通过实践或经验来获得知识。①

王阳明继承和批判了陆九渊的心学观念，陆九渊认为心本身就是善的，是拥有一切知识、才能和道德的。但是王阳明从本体论的角度上认为，心本身是没有善恶之分的，只有人的欲念、意志等等才会让心有了善恶之分。所以他提出：无善无恶心之体，有善有恶意之动。从他总结的这两句话来看，心本身没有善恶好坏之分的，但是每个人的心中都拥有意念，跟随意念而动则有了善恶的划分。这一方面说明了心作为本体虽然有一切知识、才能、道德，所谓"心外无事，心外无理，故心外无学"②；但

---

① 周德昌.中国古代教育思想的批判继承［M］.北京：教育科学出版社，1982：25.

② （明）王守仁.王阳明全集·紫阳书院集序［M］.吴光，等编.上海：上海古籍出版社，1992.

同时也包含着欲望、情感、意志等，所以最终呈现出了一种"无善无恶"的状态；另一方面也说明了当人类表现出善恶的时候是因为他受到了外界社会的熏陶和影响，导致了"意动"，意动在这里可以简称为动机或意念，因为拥有了动机才会表现出善恶的分别。欲望是心本体的一部分，也就否定了程朱理学"灭人欲"的合理性和可能性。因为人欲——人的情感、欲望、意志等等本身就是良知所拥有的一部分，是不可能通过外在的约束或规范来将其割除的。

那么什么才是善的？良知。孟子首先提出了良知的概念，后被王阳明所扩充和系统化。孟子认为："人之所不学而能者，其良能也；所不虑而知者，良知也。"[①]人具有一种不需学习、不需忧虑就拥有的天然的道德品质，即良知。良知是心之四端之一，良能是仁之端，良知是义之端。王阳明重申了"良知"的先天性和先验性，他认为良知就是"不待虑而知，不待学而能，是故谓之良知"[②]。不通过思考、学习就能获得的知识、才能，即是天赋的，是先验的。从良能、良知扩充、扩展出去，就可以涵盖整个世界的道德体系。良知是人先天的道德律，是内在的道德意识和道德规则。"良知是天理之昭明灵觉处，故良知即是天理。思是良知之发用，若是良知发用之思，则所思莫非天理矣。"[③]良知是天理，是天理在人心中的"昭明灵觉"。有研究者认为，天理的昭明灵觉是道德自身

① （战国）孟轲. 孟子·尽心上［M］. 杨伯峻，杨逢彬，译. 长沙：岳麓书社，2000.

② （明）王守仁. 王阳明全集·大学问［M］. 吴光，等编. 上海：上海古籍出版社，1992.

③ （明）王守仁. 王阳明全集·答学生欧阳崇一［M］. 吴光，等编. 上海：上海古籍出版社，1992.

所具有的道德自觉[①]，因而当个体恢复了良知，涤荡了内心的尘埃，自会明察自身的良善，从而拥有道德自觉。既然良知先天具备，而且它还是道德良善形成的基础，那么良知自然就成为先验的道德准则、是非准则。王阳明一方面强调了良知的先天性、先验性，另一方面也强调了良知不是外界所能给予的或内化的，这样，就确保了良知。这种道德因素在人发展中的基础地位，也将人从程朱理学的"天理"束缚中解脱出来，从而宣扬了道德人的自律性和自觉性。

良知的情感部分是人行善的一个动因，意志部分构成另外一个动因。当人们将行善作为意志来实践时，行善就同时具备了普遍道德准则和主体道德意识双重的意义。"七情顺自然之流行，皆是良知之用。""良知只是个是非之心，是非只是个好恶。只好恶就尽了是非，只是非就尽了万事万变。"[②]正是因为有了是非之心，有了好恶，因此才能将道德认知和道德行为合二为一。王阳明曾以花为例。当我们看到一朵灿烂的花，我们的第一想法是欣赏，它是美的，我们想要接近它。"它是美的"这个道德判断并不是先于思考"我应不应该先弄明白什么是美"，在这里道德判断与道德认知是一并处理而非有先后。我们判断了"它是美的"和"我们想要接近它"的行为是一体的，并没有分出先后来。当我们一眼看到美丽的事物时，我们会不由自主地靠近它，欣赏它，而不会先想一想"它是美的吗？"这样的问题。因此，王阳明说，行为和认知是一体的，知行合一。"若行而不能明觉精察便是冥行，便是'学而不思则罔'，所以必须说个知；知

---

① 戴岳.找回失去的"道德自我"［D］.西南大学，2009：43.

② （明）王守仁.王阳明全集［M］.吴光，等编.上海：上海古籍出版社，1992：111.

而不能真切笃实便是妄想，便是'思而不学则殆'，所以必须说个行。原来只是一个功夫。"① 行为与认知合一，应用于道德领域，意味着王阳明是赞同动机论的，哪怕只是恶念而没有付诸行动，也依然是不对的，因为动机就是行动，来自心的良知会直接将德性与行动结合在一起，不存在有无行动的问题。

因为知行合一，所以成圣的道德自觉乃是良知本有的内涵，只要良知能够昭明灵觉，自然就会引发人之行动，如"人恶恶臭""人好好色"一样，良知行为是先于良知判断的。王阳明所主张的是，人之所以会行恶，在于人之良知被遮盖，如果人的良知所蒙上的尘土被涤清，自然就会回归到道德品性。他用人的良知作为道德标准，而万物一体的观念则是道德良知被他人理解和采纳的根本。

如何使得被蒙尘的良知恢复到原来的状态？王阳明并没有走上程朱理学想尽办法来"灭人欲"的道路，而是提出了要"致良知"。"致"是充分发挥的意思，致良知就是要通过内心反省等方法，使人心中固有的天赋（良知、良能）充分发挥出来。王阳明的"致良知"概念与程朱理学完全不同，程朱理学也讲"致"，是作为"格物致知"方法来提出的，是通过对事理的认识，从每一件事情上获得知识，从而穷理，"致"是达到、获得的意思。王阳明在早期也通过静坐竹林三天而想要"致知"，却没有成功，反而悟出了"从心上体认"的道理，走向了内省的道路。

如何"致良知"？王阳明首先提出要承认良知的普遍性，即每个人都有成为"圣人"的可能，但这并不保证每个人都可以成为"圣人"。他曾

---

① （明）王阳明. 传习录注疏［M］. 邓艾民, 注. 上海：上海古籍出版社，2012：30.

教导其弟子王艮说，"你看满大街都是圣人，满大街的人看你也是圣人"，这充分说明了王阳明认为每个人都有成圣的潜能。其差别在于有些人深陷凡世，或被习俗所染或被私欲所惑，而不想要明觉顿悟，有的人则可以通过各种教育手段回归本心，恢复良知。

其次，要通过读书、礼乐来锻炼和陶冶"心"。"夫学问思辨笃行之功……亦不过致吾心之良知而已。"[①]无论是通过博学、审问、慎思、明辨还是笃行，其最终的目的都是为了充分发挥良心的作用，为了涤除良心在世间沾染的丑恶。除了读书而内省外，王阳明还重视通过礼乐等方式来陶冶情感和德性。在他看来，礼乐拥有极强的涤荡世间歪风邪气的作用，"凡习礼歌诗之数，皆所以常存童子之心，使其乐习不倦，而无暇及于邪僻"[②]。用礼乐使学生精神舒畅、陶冶情感、涵养德性，保存和发扬对传统道德准则的自觉和自律，能够有效地免除邪僻的侵害。

再次，要通过"省察克己"来纯正自己的良知。王阳明认为，圣人之所以为圣人，是因为他们的良知纯净如天理且没有受到人的欲望、意念的牵引、熏染。如果普通人也能够做到良知纯净如圣人一般，则人人都可以成圣。去除习俗、私欲的影响，需要时刻内省自身，克制自己的欲望。他说，"省察克制之功则无时而可闲……到得无私可克，自有端拱时在。"[③]"功

---

①　（明）王阳明. 传习录注疏·传习录中［M］. 邓艾民，注. 上海：上海古籍出版社，2012：130.

②　（明）王阳明. 传习录注疏·传习录中［M］. 邓艾民，注. 上海：上海古籍出版社，2012：191.

③　（明）王阳明. 传习录注疏·传习录上［M］. 邓艾民，注. 上海：上海古籍出版社，2012：37.

夫全在'必有事焉'，上用'勿'忘'勿'助只就其间提撕警觉而已"①。克己不是一日之功，而是一个渐进的过程，每一日都不断克制自己的欲望，渐渐地将所有欲望都克制住，自然就会进入圣人的境界，也就进入了道德自觉的境界。

致良知不是坐在书斋中虚一而静就可以获得的，也不是居敬、思考而得来的，而是从日常生活经验中感悟而来的。要将知行结合起来。"知是行的主义，行是知的功夫。知是行之始，行是知之成"②，"知至者，知也至之者，致知也此知行之所以合一也"③。将行与知结合，致良知是知行合一的最终目的和最高准则。

从宋明新儒家的思想来看，他们都重视通过教育的手段来获得道德的自觉人格，差异在于程朱理学致力于通过外在的"格物"而穷理，将"理"作为世事万物的规则，其手段是"灭人欲"，通过消灭人之欲望来最终达到道德自觉，这无疑是一种试图通过外在规范来获得内在道德自觉的方式；而陆王心学则走上了另一条道路，他们重拾了孟子的良知学说，将"心"看作是一切知识、才能、道德、意念等的载体，教育的过程不过是不断地将外界所熏染的邪僻去除的过程，也是不断恢复良知、道德自觉的过程，因此，这是通过教育不断纯正良知的过程，是一条道德自觉不断自我明晰的道路。

---

① （明）王阳明. 传习录注疏·答聂文蔚 [M]. 邓艾民, 注. 上海：上海古籍出版社, 2012：37.

② （明）王阳明. 传习录注疏·传习录上 [M]. 邓艾民, 注. 上海：上海古籍出版社, 2012：37.

③ 王阳明. 王阳明全集 [M]. 上海：上海古籍出版社, 1992, 208：999.

3.现代新儒家的自由人内涵及教育思想——以梁漱溟、牟宗三等为代表

现代新儒家的说法是区别于宋明新儒家而言，在清末民初时期，在西学东渐的过程中部分学者积极吸收了西方的自由思想，形成了东西会通的新儒家。实际上，现代新儒家是后人的称法，梁漱溟、熊十力、钱穆、冯友兰等人从未明确将自身称为"新儒家"，而且他们也并没有门户之见，而是一直致力于破门户、撤藩篱、去壁垒，也未以学派自居。① 现代新儒家大致可以分为三代，第一代以梁漱溟、熊十力、贺麟等为代表，讲求的是由佛入儒；第二代以冯友兰、牟宗三等为代表，大多是由儒入佛；第三代则以余英时、杜维明等为代表。② 本研究专注于现代新儒家的自由人内涵与教育思想，因此在选择其代表人物时以教育家为首选，加之以思想的系统性和典型性，因此着重选取了梁漱溟和牟宗三作为核心人物。第三代现代新儒家代表人物因为尚无定论，在此不予涉及。

（1）梁漱溟：自由人是具有自觉的能动性的人

梁漱溟被誉为现代新儒家的第一人，始于他被蔡元培聘为北大教授时致力于宣传孔子的言论，认为中国传统文化在当时依然有着强大的生命力和价值。他在《东西文化及其哲学》中，用简明而逻辑的方法比较了东西方的文化，在他看来，东方文化是未来西方文化和印度文化的发展方向，各国文化在批判和进化中最终都会选择中国文化，从这里可以看出梁漱溟

---

① 罗义俊.评新儒家［M］.上海：上海人民出版社，1991：1.

② 可参见：罗义俊.评新儒家［M］.上海：上海人民出版社，1991；徐嘉.现代新儒家与佛学［M］.北京：宗教文化出版社，2007等著作。

有很深厚的文化情感和文化归属感，当然也有文化自豪感。这种自豪感、归属感等等并没有阻止他学习西方文化，他也看到了西方文化的过人之处，也希望中国文化能吸收西方文化的优势，因而他是文化保守主义的典型代表；又因他在教育界有较深的建树，是民国时期著名的教育家，因此他的部分论断对于如何培养自由之人有着借鉴意义。

梁漱溟是清末民初、西方观念传入中国后依然能够清醒地认识中国传统文化的学者。他继承了陆王心学的体系，走向了文化保守主义道路。说他是文化保守主义，仅仅是针对其在中国传统文化方面的态度而言，而非其政治、宗教方面的态度。之所以说他继承了陆王心学，是因为他同样将人的"心"作为一切道德自觉的根源。他指出，动物与人之间最大的差别在于"其心缺乏自觉"，因为人心拥有自觉之能力，因而"人唯自觉乃临于一切动物之上而取得主动地位也"[①]。从而确立了自觉在人心中的基础地位，同时也确立了自觉是人之为人的本质属性。同时，他从中国传统文化中抽象出自觉是人的内在的道德自省的力量。"中国古人……他是在求了解自己，驾驭自己——要使自己对自己有一种办法。""亦即是求自己生命中之机械性能够减少，培养自己内里常常清明自觉的力量。中国人之所谓学养，实在就是指的这个。"[②]在寻求自我认知的过程中，清明自觉是最为关键和重要的力量或动力。正是为了让生命中的机械性减少，更加了解自己，驾驭自己，因而才需要以学习来获得生命自觉，也肯定了教育

---

① 刘梦溪，梁漱溟，梁培宽，等. 中国现代学术经典 梁漱溟卷［M］. 石家庄：河北教育出版社，1996：607.

② 宋恩荣. 梁漱溟教育文集［M］. 南京：江苏教育出版社，1987：108-109.

在培养人生命自觉中的重要价值。

那么，何为"自觉"？梁漱溟认为，自觉是人主观的感受，因人而异。心所专注、集中，自觉的感受就会加强且持续，心不在焉，感受就会减弱且时断时续。"自觉是随在人心任何一点活动中莫不同时而具有的"，"自觉之在人，盖无时不有也"。[①] 有研究者认为，梁漱溟所说的自觉，是心理学意义上的内部觉知，是人的基本的心理机能，是生命自觉的微观的心理基础。[②] 从梁漱溟对自觉的这种描述而言，我们很难判断他说的"自觉"是否是心理学概念，不过"觉知"是佛教概念是毋庸置疑的。梁漱溟深受佛教影响，对佛法的解读也深有见地，在其行文中引用佛家的话语并不罕见。他的自觉概念，指的是学佛的人达到的第一个境界"自觉（格物致知）"：通过感官感受周围环境、事物，从而让自身恢复良知，这是圆满的第一步也是自我觉醒的第一步。梁漱溟在随后自觉与意识的对比中更清晰地说明了这一点："自觉蕴于自心，非以对外，而意识则是对外的"；"自觉与意识既为一心之两面，又且从严从宽而异其宜"；"无意识同于不自觉"，但不自觉并非无意识。[③] 他清楚地划分了自觉和意识，在于更清晰地说明自觉是内在于心、向心内发展的自我觉醒、自我认知。

人之为人在于其心，心之为心在其自觉。人心的自觉在于其能动性，梁漱溟认为，自觉的能动性在于主动性、灵活性和计划性。人的自觉的主

---

① 刘梦溪,梁漱溟,梁培宽,等.中国现代学术经典 梁漱溟卷[M].石家庄:河北教育出版社,1996：601.

② 李伟.培育个体生命自觉［D］.华东师范大学，2008：38.

③ 刘梦溪,梁漱溟,梁培宽,等.中国现代学术经典 梁漱溟卷［M］.石家庄：河北教育出版社，1996：603.

动性是最为重要和关键的，人心的主动性是生命特有的韵律，是在事物上的主动争取，是向前和奋进，是成事的关键，"主动性是促使事情发生的新因素"，"每一个当下都有主动性在。而这里所说人心的主动性，则又是其发展扩展炽然可见的。曰努力，曰争取，曰运用，总都是后力加于前力，新新不已"[1]。正是由于人心的自觉的主动性，才能让人有奋斗之精神，有向前之精神，生命不息，奋斗不止。自觉的灵活性在于不循规蹈矩，因时因势而动，不拘泥于规矩，出奇制胜。灵活性与主动性是相互依赖、相互促进的关系，两者恰如手脚之合作。主动性和灵活性都需要努力争取才能获得，"人身之给人心开出机会来，有灵活之可能而已；灵活固不可以前定者"[2]。灵活性以主动性内抑制为前提，这里的主动性内抑制是意志的概念，即自觉的灵活性是以意志为前提的，没有强有力的意志的支持和导向，灵活性就成了散漫与放纵。正是有了意志力的参与，真正的自主的灵活才有可能。而且灵活性是可遇而不可求的，只有提前做好准备，当事情来临的时候才能巧妙行动。计划性也是自觉的一个特性，"自古及今全部人类文明史，即一部人心计划性的发挥运用史无不可也"[3]。从人类历史发展的角度看，进化并不是随意的，而是有目的、有方向的，是人计划的结果。"计划是人们在其行事之前，却不即行动，而就其所要解决的问

① 刘梦溪，梁漱溟，梁培宽，等. 中国现代学术经典 梁漱溟卷［M］. 石家庄：河北教育出版社，1996：568.

② 刘梦溪，梁漱溟，梁培宽，等. 中国现代学术经典 梁漱溟卷［M］. 石家庄：河北教育出版社，1996：578.

③ 刘梦溪，梁漱溟，梁培宽，等. 中国现代学术经典 梁漱溟卷［M］. 石家庄：河北教育出版社，1996：582.

题中那些对象事物，先从观念上设为运用措置一番或多番，以较量其宜如何行动，假定出一方案或蓝图之谓也。"① 计划是先于行动的，是观念上的筹措和考量，因此更多的是确定实施过程前的计较。"假非人心有计划性，而徒恃主动性、灵活性以相较量，则鸟飞兽走其敏捷灵活固人所不及，人又将何从达成其意图？"② 人正是因为有了计划性，才能与鸟兽不同，才能达成自己的目的。正是由于人心的自觉的主动性、灵活性和计划性，构成了自觉的主动性，让人能够通过努力达到自觉，成就自觉。

当自觉的能动性对应为人具体的道德品格时，那么人就会成为"明人生而敦伦理"，能爱人、能自新的新型儒者；成为心态平和、知识渊博而又充满同情心，能够推进文化、民族精神的贤人；成为奋发向上，致力于改造中国旧局面的仁人志士。③ 梁漱溟之所以有这样的认识，与他自身的学习经历相关，也与当时中国的抗战历程相关。他是由学术研究转向教育实践研究的代表人物，也是期望通过教育来挽救国家于危亡的代表人物。所以，他的自觉人格的实现可以分为较为清晰的两个层面：学术研究层面和教育实践层面。从学理上论证中国传统文化在面临西方学术挑战时的优越性和合理性，这是他生命前期的主要工作；如何用更加快速的、安全的（非暴力革命）的方式提高人民的整体素质以结束战乱状态是他现实的思考，所以他才会在生命的后期致力于乡村教育。

---

① 刘梦溪，梁漱溟，梁培宽，等. 中国现代学术经典 梁漱溟卷［M］. 石家庄：河北教育出版社，1996：580.

② 刘梦溪，梁漱溟，梁培宽，等. 中国现代学术经典 梁漱溟卷［M］. 石家庄：河北教育出版社，1996：582.

③ 李华兴. 民国教育史［M］. 上海：上海教育出版社，1997：348.

在中西文化冲突交融的时代，养成从知识、精神到志向都具有自觉的主动性的人，是通过教育来进行的。梁漱溟认为，教育具有推进文化改造社会的功用，是绵延文化和求文化进步的手段，同时教育也是免除社会暴力的钥匙。这样，对养成自觉主动性品格的人的实现就转为了两个方面：第一个方面是针对文化而言，要积极绵延和推进中国固有的精神，加强对西方文化的吸收，"融取现代文明以求自身文化之长进"，"此融取而长进的功夫，有赖于'巨大之教育工程'"①。第二方面则在于教育实践方面，提升广大人民群众的素质，提高教育的领导力，从而实现社会的变革。

那么从文化上如何实现自觉品格？针对前文所述"自觉"之概念可以得出自觉是人天生就有的、且能够持续感知的一种态度或感觉。梁漱溟在《人心与人生》中具体探讨了人心如何达到自觉，大致有三个途径或者阶段：第一，心首先要静，静心才能感知更敏锐，更深刻，这是思考的前提。"自觉与心静是分不开的。必有自觉于衷，斯可谓之心静；唯此心之静也，斯有自觉于衷焉。"②心静是自觉的必要前提，当心静下来，才有可能进行更深入的觉知。这与朱熹倡导的"虚一而静"中的"静"含义是同样的。

第二，要用心，即注意，要有意志力的参与。心思所用之处，注意力也会随之增强，如果加入意志力的坚持，人心之自觉状态会持续性跟进。"大

①　李华兴.民国教育史［M］.上海：上海教育出版社，1997：347.

②　刘梦溪，梁漱溟，梁培宽，等.中国现代学术经典 梁漱溟卷［M］.石家庄：河北教育出版社，1996：601.

抵自觉不自觉系于用心不用心，注意不注意"①，当心用到了，自觉就会进入状态。

第三，要有无私之精神，到达从容自主自决之度。超越个人的利害得失，心中才会有他人、社会，不拘泥于个人之长短，才能进入更高的境界——为了人类的自由而奋斗。"人类生命是至今尚在争取灵活、争取自由而未已的，外面任何利害得失不能压倒它争取自由的那种生命力。"②争取自由的生命力是人心的最高追求，也是自觉的最终目的。"具此无私的感情，是人类之所以伟大；而人心之有自觉，则为此无私的感情之所寄焉。人必超于利害得失之上来看利害得失，而后乃能正确地处理利害得失。"③无欲则刚，当人类超脱于自身的利害得失，才能更从容自主、自觉地应对自身的利害得失，才能跳出个人主义的窠臼，为了整个人类的自由而考虑和奋斗。

梁漱溟将自觉的概念上升为自由的概念，当人心达到无私状态时，自觉才能获得，同时获得的也是自由。梁漱溟的自觉人格探讨从一开始就是在价值层面的探讨，是关系性的讨论，在国家危亡的战乱年代，又给予了他将这种理念付诸实践的机会和勇气。因此，在教育实践层面，他为了提高广大人民群众的创造性和智能，走上了民众教育的道路。

---

① 刘梦溪，梁漱溟，梁培宽，等. 中国现代学术经典 梁漱溟卷［M］. 石家庄：河北教育出版社，1996：602.

② 刘梦溪，梁漱溟，梁培宽，等. 中国现代学术经典 梁漱溟卷［M］. 石家庄：河北教育出版社，1996：605.

③ 刘梦溪，梁漱溟，梁培宽，等. 中国现代学术经典 梁漱溟卷［M］. 石家庄：河北教育出版社，1996：606.

梁漱溟将民众教育的目标定位为复活国人的人生态度，从而建立一种人生信念，而"不是什么想研究中国文化……我们的真动机是在自己求友，又与青年为友"。"教育应当是着眼一个人的全部生活而领着他去走人生大路，于身体的活泼，心理的活泼两点，实为根本重要；至于知识的讲习，原自重要，然固后于此。"①因此他在乡村建设中尝试性地提出了多种主张，如举办乡村教师假期讲习班，以培训乡村教师；举办农品展览会，以团结农民，融入农民生活；通过精神讲话来鼓舞人民的精神；用礼乐教化来培养农民的学习兴趣，增强凝聚力；建立新的"乡约"，补充和修正了原有的"德业相劝、过失相规、礼俗相交、患难相恤"的内涵，增加了村民自治的成分。通过办乡农学校，使中国普通民众也能够走上自由、自觉、主动创造的道路。

（2）牟宗三：自由人是实践良知的呈用之人

牟宗三先生被誉为当代中国哲学的代表，也最能阐发儒家义理的旨趣和时代使命；更重要的是，他精通西方哲学，明达其内涵逻辑，从而探索出了中西哲学会通之道路，明通而条达，他以中国传统陆王心学的良知为基础，通过道德实践展露良知之本体，并以康德的"自由意志"框架为基础，建构了一个"良知呈现、发用和返回自身的过程"，这一体系和过程将中西关于自由的讨论进行了补充和融合，对近代和现代的"自由"研究有着非同寻常的价值和意义。②

牟宗三也遵循了陆王心学对良知、自觉的建设路径，他认为中国在内

---

① 梁漱溟.办学意见述略［J］.北京大学日刊，1924-6-18.

② 闵仕君.牟宗三道德的形而上学研究［D］.华东师范大学，2003.

省、良知的发用等方面的研究远胜于西方。即使是康德也没能真正解决自由意志和自由人格的外化问题。他在批评康德关于"自由意志"和"道德律令"仅仅是空想之时，说：

"道德律、定然命令不只是一个在理论上令人信服的东西，它必须在道德践履上是一个呈现的现实；而理性的实践运用亦不只是光理论地讲出定然命令之普遍妥当性令人信服而已，它亦必须在道德践履中是一个呈现的实践语用。但如果自由知识一假设，不是一呈现（因非经验知识之所及），则道德律、定然命令等必全部落了空，而吾人亦不知其何以会是一呈现。"①

康德的自由意志是建立在超验自己的基础上的，因自由意志本身超越人类的感性和知性，是无法被人类所理解的，是实践理性的极限，从而将自由意志引入到道德范畴，成为道德律或道德法则。由于两者都受到哲学上的普遍性和必然性的约束，继而如果人真的要为自己立法，做到真正的自律，自由意志就必须跳脱于自然因果关系。康德的讨论从形而上的角度、逻辑上分析了自由意志存在使得人拥有超验的自由，但却无法回归到普遍存在的生活世界。正如牟宗三所说，"它必须在道德践履中是一个呈现的实践语用"。如果自由不能被实践，不能在日常生活世界中被践履，那么自由观念就仅仅是"海市蜃楼""空中楼阁"了。因此，牟宗三对康德自由观念的这种批判就引入了中国传统文化中的解决方式，以陆王心学的良知理论来化解。

康德问题的实质在于知行合一的问题，康德解决了自由的形而上学的

---

① 牟宗三.心体与性体（上册）[M].上海：上海古籍出版社，1999：133.

问题，却没有解决自由的实践问题。牟宗三将这一问题回归到陆王心学是有一定的道理的，毕竟知行合一的最为明澈、通透的答案就是"心学"。

牟宗三认为，自由是属于人的，只有落实到人性中才有可能被实践；人也不只是自然意义上的存在，理性是人与动物的本质性差别。康德对于人性的讨论多是从生理学或心理学角度阐发的，而这种讨论并不能作为自由意志的基础。在他看来，康德的自由意志完全可以提升到儒家的性体或心体上，"意志自由即在此知体，心体，或性体处说，亦可以说它即是此知体，心体，或性体之本质的属性"①。无论是心体、性体还是知体，在牟宗三看来都是良知的代言词。

"知体是就良知之明觉说，良知本身就是体。心体是就此良知明觉即是吾人之'本心'说，此本心就是体。性体是就此知体、心体就是吾人所以为道德的存在之超越的根据，亦即吾人所以能引生德行之'纯亦不己'之超越的根据而说。'性'者所以能起道德创造之理也，此是字面的意思。此性体本身就是体，故曰'性体'。此性体是通过知体心体而被了解的。故性体是客观地说的，知体、心体是主观地说的。此两者是一。"②

无论是知体、性体还是心体，都是良知的本体，本心是为良知，就是体。从客观上而言，良知就是性体，从主观上而言良知就是心体、知体。在牟宗三看来，自由意志就是心体的本质作用，是决定方向的，是心体的自我立法。"意志自由及其所颁布的道德法则代表作为道德理性的'体'，

---

① 牟宗三. 现象与物自身［M］. 台北：台湾学生书局，1984：63.

② 牟宗三. 现象与物自身［M］. 台北：台湾学生书局，1984：63.

而道德行为则是其'用'。"① 这样他就将康德的自由意志从形而上问题
中解放出来，成了体用合一的问题。良知可以从经验和自然的角度来阐述，
从经验的角度讲，良知是超越的本心，超越的本心与道德法则是同一的；
从自然的角度讲良知是自然形成的气之心，是没有理义之说的。如果从经
验上来说心，它既具有情感的因素又具有理性的因素，是主观与客观的统
一。因此，自由意志的实践必须是一个发自本心的、情理结合的产物，而
不是由外在意志所左右的决定。如果本心就是兴趣，就是行动的力量和源
泉，那么自由行动就无须再寻找外在的理由和条件了。儒家在这一论断上
的论证源远流长，"心统七情"，心具有的道德情感是主体在一定的情境
下的主观感受，是心本体的呈现，是具体的心理反应，同时也是理义的反
映和呈现，因此，心本身就是客观性与主观性的统一，心本身就会因兴趣
而按照理义而行动。"本心具有活动的意义，它是即活动即存有的。所以
自由意志既是本心，它自身便就是兴趣之源，具有'沛然莫之能御'的兴
发之力。"②

　　总而言之，在牟宗三看来，良知是心之本体，心本身就同时具有情感
和理性的因素，是客观与主观的结合体，因此，当良知之呈现出来时，就
自然会使主体有兴趣来实践自由意志。这样，他就解决了康德的形而上讨
论自由意志而无法下摄实践的问题，也确立了儒道法的传统文化对西方文
化的补充和完善。牟宗三对自由人格的讨论是学理性的，是建立在陆王心
学基础上对自由意志的实践问题的回答。这种学术探讨没有直接涉及如何

---

① 　闵仕君. 牟宗三道德的形而上学研究［D］. 华东师范大学，2003：67.

② 　闵仕君. 牟宗三道德的形而上学研究［D］. 华东师范大学，2003：68-69.

成为自觉人格，但是在他对康德的理论批判中，我们还是可以看到，他主张内省和在日常生活中的践履。

到现在为止，新儒家已经形成了三代四群，在面对新的社会变革和时代潮流下，新儒家的发展也面临着来自多方面的压力和挑战，首先是多元价值观下儒家思想的创新；其次是跨文化间的交流与思想互鉴；最后是挖掘儒家思想的优秀元素以应对当前的人类困境。以杜维明、余英时为代表的中国新儒家正在不断传承和创新着中国传统文化。

（二）道家"自由人"内涵及其教育思想方案

从某种意义上讲，道家的无为精神并不如儒家的入世精神那样积极乐观，在很长的历史时期内，许多学者都将道家的"无为"看作是消极等待无所作为，而且发起了猛烈的攻击，认为这种精神会导致人生颓废，"固知一死生为虚诞，齐彭殇为妄作"。然而，事实是这样吗？道家无为精神发端如何？其精神实质是什么？无为与自由有何关联？

可以肯定的是，道家"无为"并不能理解为无所作为，消极等待。缘何？道家最早出身于隐者，隐者不必留其名，但为了"洁其身"，而著述以表其志。杨朱就是最为典型的代表。世道险恶，为保其性命，保全本心本性，不以物累形，因此而轻物重生或无用而全生。无用是指既不多为恶事，但也一定不能多做善事，为恶为善都是人之心力所及，都无法逃脱刻意，就有违了"无用"之本意。不刻意，顺其自然，顺水而行自然有所得有所失，是为"无用"。在杨朱之后，老子发展了"无用"的隐士学说，将"无用"发展为"无为"，并追溯了"无为"的起源"道"，还系统性地提升了"无为"的道德精神。

1. 老子：教育应培养顺道无为的自由人

老子与孔子所处的时代背景是相似的，同样是为了"平天下""安百姓"，他们却走上了截然不同的道路。老子在面对纷繁不断的战乱和巨大的贫富差距的时候，用愤世嫉俗的心态和批判精神，强烈谴责了统治阶级的荒淫无道和礼仪文教对百姓生活的束缚。他将百姓生活的贫困归结为统治者对山林水泽等自然资源的限制和无限索取上，不仅如此，统治者还向百姓征收繁重的赋税。"民之饥，以其上食税之多，是以饥。"① "天之道，损有余而补不足。人之道，则不然，损不足而奉有余，孰能有余以奉天下，唯有道者。"② 在这里，老子提出了平均思想，批判了人道不如天道。他认为天道总是比较公平的，能够"损有余而补不足"，人道却不然，总是让富者更富，穷者更穷，加剧贫富差距。

维持人道的是仁义礼制，是当时的教育。他将仁义礼制看作是天下战乱不断的根源，否定阶级社会背后所隐藏的人类文明，认为这种文明使人们误入歧途。正是因为有了利益的等级划分，利益有多有少，利少者必然追求利多，必然出现争夺。所以，必须使利益均等，大家都有均等的机会和利益，这样才能和平而无争端。此外，老子也认为，当时的教育也加强了这种仁义礼制的等级观念，他认为这是残害了人之本性，是与"道"背道而驰的，因此他提出了"为学日益，为道日损"③，必须要绝圣弃智，

---

①　（东周）老子. 道德经［M］. 陈忠译，评. 长春：吉林文史出版社，1999：139.

②　（东周）老子. 道德经［M］. 陈忠译，评. 长春：吉林文史出版社，1999：142.

③　（东周）老子. 道德经［M］. 陈忠译，评. 长春：吉林文史出版社，1999：89.

绝学无忧的主张。

当老子热情地、猛烈地抨击了现实社会的等级制度和教育之后，又提出了自己的观点，即"无为而无不为"。何为"无为"？老子认为，无为是道的本质属性，"道常不为，而无不为"[①]。因不为而有为？何也？这需要从"道"的本真说起。老子认为，道无名，道是强加给无的名称，它不具有任何属性，它是万物之始，它是先于宇宙本原的存在。在老子的观念中，道就是太一，"常"就是不变。有从逻辑上产生于无，万事万物产生于无，这样就确立了"道"是万事万物在产生和发展过程中的内在动力和根基。无为是道之常，无为就是顺道而为，不矫揉造作，不刻意奉承，不强求，实际上是对自然界的无意志、无目的、无属性的一种概括。"天之道，利而不害。"[②]利是天然之利，是不争而得、不为而就的自然之利。"道法自然"[③]，道既是万事万物的规律，也即自然规律，又不单单统摄自然界，同样也延伸至人伦道德社会，"孔德之容，惟道是从"[④]，大德是遵从道的，以道为转移，表现在人的道德行为上也是"惟道是从"。"道"就成为人类所能达到的最高境界的心理和人格状态，在这里，"道"又成为顺其自然而衍生自然本性和道德自觉的存在，成为"德"。在老子看来，最高尚的人格、品格就像"道"一样，道生万物不为主，圣人亦然，圣人恩泽万民而不居功，利于万民而民不知。[⑤]

---

① （东周）老子. 道德经［M］. 陈忠译，评. 长春：吉林文史出版社，1999：69.

② （东周）老子. 道德经［M］. 陈忠译，评. 长春：吉林文史出版社，1999：148.

③ （东周）老子. 道德经［M］. 陈忠译，评. 长春：吉林文史出版社，1999：44.

④ （东周）老子. 道德经［M］. 陈忠译，评. 长春：吉林文史出版社，1999：37.

⑤ 杨超群. 中国教育哲学史［M］. 济南：山东教育出版社，2000：247.

如何获得"无为而无不为"的高尚品格？老子从人类的原始状态、自然万物和天真孩童三个方面，论证了人应该拥有婴儿式的心理状态，"常德不离，复归于婴儿"①。不变的自然本性和道德自觉如果能一直延续下去，就会如新生之婴儿一样，成为顺道之人。从这里就可以看出，老子认为，新生婴儿是符合道的要求的。人天生是循道而为的，这样就奠定了人性本道的观念，也表明了人天生具有至高无上的德性。"含德之厚，比于赤子。毒虫不螫，猛兽不据，攫鸟不搏……知和曰'常'，知常曰'明'，益生曰祥，心使气曰强。物壮则老，谓之不道，不道早已。"②婴儿拥有至纯至厚的德性，百虫不侵，他们无知无欲、天真活泼、自由自在、无忧无惧，最为快乐和幸福。

其次，他批判了人类本有的属性——智慧，认为人类利益争端的根源在于有知有欲有为有争，拥有智慧意味着欲望滋生，有欲望就会想要有所作为，有作为就意味着争夺和竞争。如果没有智慧和知识，就不会产生欲望和争夺。所以老子提倡的得道过程，即从无知到无欲、无为、无争的过程。老子所谓的无知，并不是不知道所有知识，而是不知道世俗知识，却要知道"道"的知识，"知常曰明"。从这一点引发了老子的"愚民思想"，让百姓无知、纯朴，但是统治者要明道，要大智若愚。通过绝圣弃智的"愚民政策"和无欲无求的无为教化，从而让百姓在无知中和顺无争。他认为，愚是一种自然之美德，只有愚才能乐，明就会苦。百姓的无知是要去俗义，去除儒家所提倡的仁义礼教。他主张无为和返

---

① （东周）老子. 道德经［M］. 陈忠译，评. 长春：吉林文史出版社，1999：142.

② （东周）老子. 道德经［M］. 陈忠译，评. 长春：吉林文史出版社，1999：105.

璞归真，追求的是本性复归，符合自然的发展，就是合于道。道可以具化为各种以自然现象为范例的具体行为规范。

再次，在"无知"之外还应"无欲"，减欲返朴。要内外兼施来使人返璞归真。具体而言，就是从主观上要减少私心，才能合于"道"，返回人的本性。一个人应该把他的作为严格限制在必要的、自然的范围之内。"必要的"，是指其作为对于达到一定的目的是必要的，不可缺少也不可过度；"自然的"，是指顺乎个人的道德自觉而行动，而不强求。因此，"齐生死""一物我"也就是可以理解的了。从客观上，要减少能够引起欲望的事物，"去物之教"，要闭目塞听，以防止外物的诱惑和侵害。从主观上要求寡欲的学派并不少，但是老子第一个提出了要通过减少外在的诱惑来去除欲望。在他看来，如果一个人连更方便的器物、更舒适的生活都没有见过的话，那么自然就不会有这方面的欲望。

最后，既然老子的"道"是无法直观的、无法触摸的，因此不能通过经验学习，而是要通过内心的体悟，才能达到。识道的第一步是清除各种杂念，包括一切自私的欲望和世俗的知识，这是一个纯化的过程；然后是心如明镜，自然能映照万物。"致虚极，守静笃，万物并作，吾以观其复。夫物芸芸，各复归其根。归根曰静，是谓复命。复命曰常，知常曰明，不知常，妄作，凶。"[①]

通过以上四点，无论是统治者还是百姓，都能够恢复到原来的纯真和善良的本性，"复归于婴儿"。先验的自由保证了人从出生就具有的最高

---

① （东周）老子. 道德经［M］. 陈忠译，评. 长春：吉林文史出版社，1999：29.

无上的德性,道德善性隐藏在人心中,只要顺此本然,就是最好的道德教化,是不教之教,是无为而无不为。

2. 庄子:教育应培养具有逍遥精神的自由人

冯友兰认为,先秦道家有三个发展阶段:第一阶段以杨朱为代表,主张逃离人世,遁迹山林;第二阶段以老子为代表,主张身为形役,从超越现实的角度看生死、物我;第三阶段以庄子为代表,主张相对幸福,忘我而逍遥。[①] 三个阶段的划分在一定程度上反映了道家思想从消极避世到积极无为最终到忘我逍遥的过程。庄子在老子的基础上发展了其对社会现实的批判观念,同时也充实了自然人性的假设。

庄子所生活的年代相较于老子而言要更为混乱一些。老子还试图通过不争而争,无为而无不为,但是到了庄子这里,他已经完全丧失了对政治上的追求,而只要求能够自保而已。这种退却不是假装的、战略上的而是真切的退避。只要能保住自身原有的财富——肉体和灵魂就可以了。"不求所得,但求无失。""知大备者,无求、无失、无弃,不以物易己也,反己而不穷,循古而不摩,大人之诚。"[②] 这种退却不断重复之后,就进入了一个完全不同的新世界,这个世界就是极致的精神世界,是一个逍遥自在、恬淡静美、其乐无穷而又丰富多彩的精神世界,是理想人生境界,是绝对自由的精神境界。

庄子是绝对的个人主义者,他要求独立自我的精神自由,这是一种消

---

① 冯友兰. 中国哲学简史 [M]. 赵复三,译. 北京:生活·读书·新知 三联书店,2009:72-74.

② (战国)庄周. 庄子 [M]. 任志宏,校注. 长沙:岳麓书社,2016:318.

除了世俗欲求、超越了客观条件的无累、无待的精神自由。自由必须要以独立而完整的主体为前提。因此庄子重视个体的生命价值和精神价值，重生保性。任其性命之情，是庄子最高行为准则。无论是个体性命还是主体精神，完全由自身支配和体会，这一真实的存在不需要求助他人、不求助于物的条件下就能获得。在他看来，人生的自由包括两个方面：一是摆脱世俗生活的束缚，这表现在他对世俗社会现实的批判之中；二是指与自然合二为一，这是一种不依赖于任何客观条件而存在的精神自由。摆脱仁义礼法、争名逐利的束缚，使自己与自然合一，一切任其自然，这才是自由自在，是理想的人生生活，是庄子所描述的人们按照自己的自然本性自然而然地生活。庄子所说的自由表现在身体上，是相对自由，在精神上则是绝对自由。

"道"是这个绝对自由的精神境界的本原和根基。"道"是没有任何规定性的"无"，"道不可闻，闻而非也；道不可见，见而非也；道不可言，言而非也"①。正因为道没有任何规定性，因此它可以有任何规定性。道既不是纯精神的也不是纯物质的，是融物质世界和精神世界为一体，物我交融的统一整体，表现为一种宇宙精神。而且道是先于一切观念，先于天地人神，不以人的意志为转移的客观存在；道是先于天地的存在，是无始无终的。"有始也者，有未始也者，有未始有夫未始有始也者。"②时间向远古无限延伸，向未来永无止境，这是道在时间上的表现形式。从根本上说，死生并没有根本的差别，"生也死之徒，死也生之始……若死生

---

① （战国）庄周. 庄子［M］. 任志宏，校注. 长沙：岳麓书社，2016：281-282.

② （战国）庄周. 庄子［M］. 任志宏，校注. 长沙：岳麓书社，2016：20.

为徒，吾又何患？"①人生短暂，将它与无限的大道融为一体，方能解脱人生之束缚，归其本源，与大道共存，与天地合一。在庄子看来，齐生死是自觉人格必须要达到的人生境界之一，"古之真人，不知说生，不知恶死"②，正是因为生死无法左右人的性情，因此才能让人生得以自由和幸福。庄子将外生提高到了道德修养的高度，才能保证人不因外物而诱惑、痛苦。遗忘了生命的存在，心境自然能清澈，才能感受到道的存在，才能超越古今、生死。在空间上，道也是至大不可围的无限，是"在太极之上""六极之下"③。庄子站在无边无际的宇宙的高度藐视一切，否定人生中的世俗事务和世俗追求。因为时间、空间的无限性以及人的有限性，使得庄子对于运动有着执着的绝对性，在他看来，一切事物都是变动不居的，都是虚幻的过眼云烟。运动不是事物的向前或向后，而是一种循环和重复。"万物皆种也，以不同形相禅，始卒若环，莫得其伦，是谓之天均。"④事物的运动规律是为循环，因此不必强求，自然会回旋。这样，事物变化的最终归宿回到本根，也就有了庄子所谓的回归自然真纯，回归道的观点。时间、空间、运动三者共同构成了庄子的宇宙系统，即道的世界。

既然道成了至高无上的存在，是衡量一切事物的标准，那么，以道为参照物，人的认识、理论或行为是否正确和合理，不是以时俗为依据，因为对任何事物的认识都是暂时的，都会发生变化，没有一致的标准。任何

---

① （战国）庄周. 庄子［M］. 任志宏，校注. 长沙：岳麓书社，2016：271.

② （战国）庄周. 庄子［M］. 任志宏，校注. 长沙：岳麓书社，2016：71.

③ （战国）庄周. 庄子［M］. 任志宏，校注. 长沙：岳麓书社，2016：77.

④ （战国）庄周. 庄子［M］. 任志宏，校注. 长沙：岳麓书社，2016：355.

事物，如果用道的眼光来观察都是一样的，这就是"齐物论"，既然万物齐一，反映万物的认识亦都是齐一的，这就是"齐是非"。这就确立了庄子的相对主义。唯有最实在的道和对道的自我意识，是我们能够认识也应该去认识的知识。正是基于以上人之自然本性的非同一性，庄子批评了人为的法律、道德、制度、政府等工具的目的都在于立同禁异，从而束缚了人之不同的自然本性。他以规矩、礼乐等为例，认为这些都破坏了人天然的、朴素的本性，滋生了人们的欲望，使得人们因贪婪而谋利。"爱利出乎仁义，捐仁义者寡，利仁义者众。"① 从这里也可以看出庄子本身持有一种利己主义观点。讲仁义衍生了人的爱和利，真心实意为他人的人很少，而利用仁义而达到自己目的的人很多。在这样的情况下，仁义就变成了束缚人本性的枷锁，使人丧失了自由的本性。人们的欲望越大，就越渴望能改变自然现实，他就越是痛苦和不幸。而人又无法超脱于现实世界，因此，为了获得绝对的个性的自由，庄子就设想了一种内在的精神上的超越和超脱，即"逍遥游"。这种精神上的自由不受社会现实的约束，脱离了对是非善恶的评判，因此最顺乎本性，也就达到了他所谓的"绝对幸福"。"庄子追求合乎人性或人性化的存在，既显示了人存在的自觉，又表现出对人自身存在的关切，其中蕴含着深层的理性自觉。"②

那么什么样的人才是得道的人呢？庄子认为，得道的人能够依循天理和道德至善，"彼正正者，不失其性命之情"③，不违背事物的本性而又

① （战国）庄周. 庄子［M］. 任志宏，校注. 长沙：岳麓书社，2016：320.

② 白臣. 道德自觉论［D］. 河北师范大学，2014：59.

③ （战国）庄周. 庄子［M］. 任志宏，校注. 长沙：岳麓书社，2016：98.

顺应自然的真情。人的自然本性，在庄子看来是无知无欲、不知利害、不就利不避害的麻木不仁，而最高层次是遵循自然、无知无欲的得道真人的精神状态。得道真人能够保持内心的宁静和独立，不受外物的诱惑和影响，能够一切任由自然，听任本性的自由发展，虚而待物。更重要的是，没有条件限制的精神超脱和精神自由。精神的自然即是放任人的本性的自由发展，要自由发展就必须像草木那样无欲无求，因为有欲有求就会有所待。[①]

　　如何成为这样自由发展的得道之人？庄子明确指出要通过教育。教育的目的在于个人的发展，在于解脱人生痛苦和枷锁，从而实现个人生活的自由和幸福。教育并不是要教导人习得外在的行为规范，不是束缚和枷锁，而是要真正站在人的角度来研究人，为了人而研究人，为了人而教育人。教育的任务是为人生的幸福和自由而进行人生教育，是真正的为己之学，即学习的目的是为了自明、自我完善和精神自由，是为了充实自己的精神生活，这样的教育才是真正的教育。

　　庄子认为，人既然生而具有自然本性，是追求自由的，那么这种无知的状态也就是最真的状态，也是最为道德的状态；然而人生于世，又必然与其他事物、人交往互动，那要怎样才能始终保持自然本性、获得自由呢？他提出了"成和之修"的概念。成和之修指通过虚心、静心、解心、清心，将世俗的烦恼抛至于外，从而获得一种"至人无己，神人无功，圣人无名"[②]的状态，达到"外天下、外物、外生、忘我、忘物、忘适、忘忘的精神自由和自觉境界"[③]。这样他就自然而然地提出了教育过程是忘记的过程，

---

① 杨超群．中国教育哲学史［M］．济南：山东教育出版社，2000：280.

② （战国）庄周．庄子［M］．任志宏，校注．长沙：岳麓书社，2016：5.

③ 白臣．道德自觉论［D］．河北师范大学，2014：60.

忘得越多，获得的自由也就越多。"无思无虑始知道，无处无服始安道，无从无道始得道。"[1] 由此，他提出了"坐忘"的修养方法，要从思想上忘记或遗弃现实的一切利害得失，做到不为外物所动，保持内心的平静和安宁。首先要忘仁义，抛弃对功名利禄的追求；忘礼乐，放弃物质享受；坐忘，即忘却手足，闭目塞听，遗忘身体和智慧，与道合一。不过，既然要忘物忘我，自然就意味着"有所忘"，即认识。在他看来，人的认识有两个层次：较低的层次中，人的认识是片面而有限的，而道德的判断也是建立在有限的认识上，因而道德是相对的；较高的层次，人就会超越有限，用道的观点来看待万事万物。从道的观点看待世界，万物虽均有不同，但同为一个整体。同一的知识是不可言说的，一旦言说就变成了其他内容；而且当我们忘记了万事万物之间的区别之时，就达到了"不知之知"状态，不知状态是先经过有知而达到不知，因而有一个学习和遗忘的过程。从这一点上看，庄子与老子还是有细微的差别的。

庄子极力反对助人，他认为帮助别人的后果是侵害了他人的自然本性，有碍别人的独立和自由。要保持他人的个性，尊重他人的自然本性，不顾外物，逍遥自在，这是在尊重他人的自然本性不受到破坏。教育作为一种对他人的干预，是不是就是不合理的存在了？并非如此。庄子赞同教育的合理性，但是他认为教育要尊重和顺应学生的性命之情和个性特点，教师的任务是诱导和启发学生，不用自己的观点强加于人，不能违背天性，这就是庄子的不言之教。[2] 因循天性的作为是可为的，顺应本性的教育是合

---

① （战国）庄周.庄子［M］.任志宏，校注.长沙：岳麓书社，2016：270.

② 杨超群.中国教育哲学史［M］.济南：山东教育出版社，2000：308.

道的。教育并非要教给学生以知识，学生的知识、才能等都是自得的，自得的知识才是真正的知识。

庄子认为认识自然有助于启发人们对自身天然本性的自觉，有助于人是隐藏于万物之中的道。朴素是自然美的一大特点，"朴素而天下莫能与之争美"①，朴素是天然的、自然状态，是无知无欲，是坦然无极、法天贵真。既然朴素作为自然的本性，那么人类也应该顺应朴素的本性：在主观心态上，要追求朴素纯真，以自然为师，体会到自由自在，自生自长的逍遥之乐，最终达到天地与我并生，万物与我为一的境界。②自然朴素就必然反对过于人工化、精细化的机巧之事，虽然机巧有利于节省劳力，但是机巧更容易滋生人的欲望，欲望和自由是对立的，有欲则无自由，若要自由则需无欲。就身心而言，物质享受和精神自由是对立的，物欲会扰乱人的心境而无法达到宁静的境界。

庄子还提倡劳动，他认为劳动是自由自主的活动，是合乎规律的运动，不能被强制和干涉。劳动的目的是在自然、自由、自如的实践活动中获得一种具有审美意义的快乐，③真正审美的快乐能够让人达到心神不定、无知无识、不知所措的"惑"的境界，使人由惧到怠，由怠到惑以至于愚、坐忘，从而实现天乐，即自然之乐。

作为道家的开创者和继承者，老子面对急剧的社会变迁，提出了"以无为而无不为""不争是为争"的思想，在百家争鸣中以退为进，开创了

---

① （战国）庄周.庄子［M］.任志宏，校注.长沙：岳麓书社，2016：155.

② 杨超群.中国教育哲学史［M］.济南：山东教育出版社，2000：322.

③ 杨超群.中国教育哲学史［M］.济南：山东教育出版社，2000：322.

一条"顺道无为"的道路；庄子在继承了老子"道"的精髓基础上，更系统地阐述了道存在的必要性，将顺道而为演变为齐生死、齐万物的圣人境界，以达到精神上的绝对自由和超脱，表现为对现世的厌弃和退世。正是这种厌世精神被后世所承袭，变为了魏晋时期的"隐士"精神。

相对于新儒家在中国哲学界的兴盛，道家文化的更新和创新则略显失色。虽然近些年来当代新道家在不断建构新时代的道家思想体系，并形成了人文之道、科学之道和创造之道的三大道家思潮，涌现出了一批当代新道家人物，如陈鼓应、赵卫东、董光璧、谢阳举、刘仲林等，但是对于什么是新道家、什么是当代新道家、当代新道家具有怎样的思想体系、应该坚守什么、突破什么等问题都还处于讨论之中，所以当代新道家的发展依然任重道远。

三、自由作为自由权利和道德人格的融合及教育思想方案

将自由作为一种权利思想的提出，明显是受到了西方权利思想的影响。在中国传统文化中，自由一直是作为道德人格、人生境界等提出的，这与西方自由权利思想截然不同。因此，当探讨"自由作为自由权利和道德人格的并重"这一观念时，一定是从西方自由权利思想在中国的引进以及传播为起始时间的，这也就意味着，这一自由层次的研究起点最早可以追溯到清末民初[①]。

自由作为权利的思想在西方自由思想中有着深厚的历史，在中国近代

---

① 有研究指出，中国最早的将自由作为权利观念的引进始于严复，他在翻译密尔的《论自由》时，第一次明确地提出了自由是作为一种权利观念的思想。

文化的形成过程中，自由、民主成为近代新文化运动的两面大旗。诚然，西方思想确实是近代文化的初始推动力，但西方文化并非是中国近代文化的唯一精神来源，中国传统文化中富有生命力的思想，对于中国近代新文化的塑造也有着不可小觑的影响、作用。"正是西方近代思潮与'吾国固有之思想'（中华元典精神为其核心）的会通与整合，加之近代中国人的创造性思维与实践，方构成中国近代文化异彩纷呈的特有风貌。"①

严复作为引进西方自由权利界说的代表人物，开启了近代中国学者对自由权利研究的新局面。以严复、梁启超、蔡元培等人为代表，主张将中国传统文化与西方自由思想相融合，共同推动中国近代新文化的诞生，本部分重点揭示教育家对自由作为权利和人格并重的教育思想。

（一）梁启超：教育应培养独立、自由之人格

梁启超是中国近代以来著名的政治家和教育家，不同于蔡元培或陶行知，梁启超受日本教育家的影响较大，而且在政治改革主张中以国民性批判和新民人格的培养为核心。由于受到日本福泽谕吉（福沢谕吉，1835—1901）等人的影响，所以他可以算是间接地接受了西方自由主义的熏染。

1. 自由人：独立、利群的自由人格

生于乱世，忧国忧民。梁启超看到旧中国之社会现实，一心想要"改天换日"，闯出一番新天地。在儒道法思想和西方自由思想的影响下，在器物学习和制度学习都不曾挽国难于狂澜之际，他与一批志士仁人皆认为，大的、彻底的变革需要从人们的思想转变开始。正是基于此种考虑，

---

① 冯天瑜. 中华元典精神［M］.武汉：武汉大学出版社，2006：23.

他放眼四望，决定先对中国人的国民性的弱点着手，从根源上解决中国人积贫积弱的现状。他认为，中国人有着极重的依赖性和服从权威的性格，可以总结为"奴性"。"中国数千年之腐败，其祸及于今日，推其大原，皆必自奴隶性来。"①他系统性分析了奴隶性的表现：政治上，服从"一王之制"；思想上，崇拜权威和古人，"守一家之言"。最为可悲的是，奴隶往往并不能发觉自己受到了压迫。这种奴隶性或依赖性导致了中国人严重的依赖心理和依附心理，缺乏独立、自尊和自信；造成了人格上的双面现象；导致了人奴颜媚骨，缺乏自尊；缺乏团体和国家观念，对公共事务冷淡；培养了顺从、苟活的顺民性格。②不单单梁启超对中国人的奴性有所描述，鲁迅也曾发文声讨中国人的奴性，认为中国人失去自我，委曲求全，怯弱愚昧。③奴性是阻碍人自由的最为关键的因素："若有求真自由者，其必自除心中之奴隶始。"只有从内心中祛除依赖性，才能真正地获得自由。如何祛除奴性？梁启超认为，需要破除一切权威的影响，如古代圣贤之言论、世俗之中的眼光、时代境遇的局限、个人欲望的发长、西方文化之洗脑等。尤其是在对待西方文化上，梁启超认为要尤其注意，应该辩证、分析地看待西方文化，不能对其抱过多的幻想和美化。

针对中国人的奴性人格，梁启超提出了相对应的自由之人格。他认为，自由的人格首先要独立，独立是不依赖于外物、他人，不以他人的意志为转移，相信自己的主动性和能力，承认自身的创造性和可能性。他认为，

---

① 丁文江，等.梁启超年谱长编［M］.上海：上海人民出版社，1983：235.

② 张锡勤.戊戌思潮论稿［M］.哈尔滨：黑龙江教育出版社，1998：127.

③ 尤聪聪.鲁迅国民性精神的承继［D］.天津师范大学，2012.

中国最大的问题在于人民充满了奴性的思想，一心想要依靠他人，必须要提倡独立，才有可能真正地救中国。独立是建立在自尊基础上的，唯有自尊，才能自主；人必自尊，然后他人尊之。自尊构成了人格独立的基石，有自尊才能自持，自持方能独立。其次，梁启超认为，自由之人格还表现在尊崇自由上。他认为："自由者，天下之公理，人生之要具，无往而不适用也。""自由者亦精神界之生命也。"[①] 自由是人之生存所必须，是人类的精神生命，只有将自由抬高到生命的高度，方能展现自由之可贵。他深受西方文化的影响，认为自由是以不侵犯他人的自由为前提的，"人人自由，而不入侵人自由为界。夫不许侵人自由，则其不自由亦甚矣。而顾谓此为自由之极则者"[②]。这与密尔、边沁等古典自由主义者的看法颇为一致。不过，他除了强调这一点外，还强调了自由是纳于法律之下的，即自由必须是法律限定范围内的自由，而不是随心所欲，为所欲为。在这种思想下，他指出法权上的自由就是"权利"，在法律肯定的、明确的、普遍的权利规范中，"自由获得了一种与个人无关的、理论的、不取决于个别人的人性的存在"[③]。法律面前人人平等，法律赋予了个体以主动性的权利，以表征自身的自由。权利是自由的内容，自由是权利的形式。根据权利的内容，他将自由分为了四类：政治自由、宗教自由、民族自由、经济自由。在此基础上建构了法权意义上的自由体系。只有实现了个人之独立、自由之人格，才能造就社会之独立、自由，因此他高唱自由的赞歌，"欲救今日精

---

① 梁启超.饮冰室合集（第五册）［M］.北京：中华书局，1989：46.

② 梁启超.饮冰室合集（第六册）［M］.北京：中华书局，1989：44.

③ 李金和.平民化自由人格［D］.首都师范大学，2009：49.

神界之中国，舍自由美德外，其道无由”①。

在赞扬了个人之自由后，梁启超将目光转向了个人与群体的关系，如何在保留个体自由的情况下与他人相处。人是社会性的动物，人的生存是在与他人的交往中实现的。他考察了当时西方社会流行的功利主义思想，肯定了人性是自私的，都有趋利避害的倾向，这种倾向是人类活动的根源，不能否认。但是出于个人意志的自利行为仅仅能满足个人的需求，却无法让整个社会、国家走上道德的道路。

因此，他非常重视群体德性。他认为，人与人能够和平共处，首先在于公德意识，公德是人们和谐交往的首要德性，"人人独善其身者谓之私德，人人相善其群者谓之公德，二者皆人生所不可或缺之具也。无私德则不能立，合无量数卑污虚伪残忍愚懦之人，无以为国也；无公德则不能团，虽有无量数束身自好、廉谨良愿之人，仍无以为国也"②。中国人"各扫门前雪"，冷漠围观，很大程度上是由于中国传统文化中注重私德的培养，而不重视公德的养成。公德是人的现实生活和社会关系，是社会交往的根源，是以服务于群体交往为前提的，其根本特征在于"公共性"。梁启超的这种眼光是非常超前的，他看到了在契约社会中，陌生人之间的交往准则，对于社会转型的当代中国，有着非同寻常的价值。

在国家危亡的近代社会，梁启超不仅关注了公共德性，而且还号召人民培养爱国主义的情怀。他从国家竞争和国家存亡的角度阐发了爱国

---

① 梁启超.饮冰室合集（第五册）［M］.北京：中华书局，1989：46.

② 梁启超.饮冰室合集（第四册）［M］.北京：中华书局，1989：13.

主义人格的重要性。"国也者，私爱之本位，而博爱之极点，不及焉者野蛮也。过焉者亦野蛮也。"①爱国是爱己和爱人的最好表现，是爱己的本位，是最大范围的博爱。只有爱国，才能保证国家之独立，"覆巢之下，焉有完卵"，在这样的时代背景下，爱国是爱己的最忠实的表现。他区分了"爱国"与"忠君"，认为"言忠国则义完，言忠君则义偏"②。忠君是封建道德的要求，是建立在三纲五常基础上的；而国则是国家的主体，代表着国民的共同利益，因此爱国是义之正。在他看来，造成中国当前内忧外患局面的，就是因为传统文化中重视个人修养而不重视国家建构，因此应该以国家利益为重。"彼以民族不得已之势而来者，非合吾民族全体之能力，必无从抵制也。"③只有全民族的人都团结一心，才有可能抵制外族的侵略。梁启超认为新民的自由之人格为：独立、自由、公德、爱国。以个人之自由人格构成社会之自由人格，构成国家之自由人格，实现民族的解放和独立，实现人民的自由和平等，是梁启超最关键、最期望的目的。

2. 教育：培养自由、独立的新国民

梁启超将培养自由、独立的新国民的重任交予了教育，在他看来，教育是"为制造国民之具"④，是"养成一种特色之国民"⑤的手段、方法。

---

①　梁启超.饮冰室合集（第四册）［M］.北京：中华书局，1989：14–15.

②　梁启超.饮冰室合集（第六册）［M］.北京：中华书局，1989：16.

③　梁启超.饮冰室合集（第四册）［M］.北京：中华书局，1989：4.

④　梁启超.饮冰室合集（第十册）［M］.北京：中华书局，1989：56.

⑤　梁启超.饮冰室合集（第五册）［M］.北京：中华书局，1989：53.

他在《教育与政治》中指出："教育是教人学做人——学做现代人。"①
梁启超所说的"现代人"则是他在上文所提到的独立自由的、具有自由人
格的新国民。他希望通过教育，破除已有的读书升官发财论，破除培养汉
奸奴隶论，而建立一种为了祖国崛起奋进论，救国家于危亡。"国家而不
欲自强则已，苟欲自强，则悠悠万事，惟此为大，虽百举未遑，犹先图之。"②
办学校、兴教育乃是国家强盛的根源，中国的兴亡图存、民族的奋发向上，
都需要教育，尤其是学校教育的参与："亡而存之，废而举之，愚而智之，
弱而强之，条理万端，皆归本于学校。"③在这种思想下，他阐发了教育
如何培养现代人的一系列举措。

梁启超认为，新民的培养并非要完全抛弃固有的传统文化，而是要在
固有传统文化中加以扬弃，推陈出新；也不是要一味学外国的东西，而是
要补充本国传统文化中没有的东西，是故他说："新之义有二：一曰，淬
砺其所本有而新之；二曰，采补其所本无而新之。"④在端正中西文化、
取长补短的态度后，梁启超认为民众首先要树立一种进化论的思想，相信
万事万物都是向前发展的。树立这种向前的思想，才能鼓励民众进行改革
或者革命，以新代旧。以新代旧意味着破坏和建设，破坏旧有的封建等级、
纲常伦理制度，才能建立具有独立精神的、爱国的、自由的新国民，才能
开民智、新民德，鼓民力。

---

① 梁启超.饮冰室合集（第三册）［M］.北京：中华书局，1989：68.

② 梁启超.饮冰室合集（第一册）［M］.北京：中华书局，1989：20.

③ 梁启超.饮冰室合集（第四册）［M］.北京：中华书局，1989：14.

④ 梁启超.饮冰室合集（第六册）［M］.北京：中华书局，1989：5.

　　梁启超深受中国传统文化的影响，在他看来，传统文化中有些教育内容和方法是西方教育所不及的。"凡一国之能立于世界，必有其国民独具之特质。上自道德法律，下主风俗习惯，文学美术，皆有一种独立之精神……斯实民族主义之根柢、源泉也。"[①]这种能够保证中华民族之精神独立的内容是必须要保留和发扬的，必须要保留的内容是儒家的读书、修身功夫。他将孟子的"存养""浩然之气"等修身方法加以扩充，赋予了其新时代的内涵。从整体上看，梁启超更为侧重孟子的养身方法，他认为只有在健康的体魄之上才能谈论道德精神的自觉、超越问题。他也同样推崇陆王心学的"致良知"和"知行合一"的修养方法，他认同人生而具有良知，能够辨善恶、明是非。但是外界环境的熏染使得良知受到蒙蔽，必须通过致良知才能重新回归良知。他将王阳明的修身方法总结为一条——不欺良知，只要抱定良知而不欺瞒、不欺骗良知，为人做事就可合于道德。既然不欺瞒良知就是合于道德、自觉，那么就意味着人之意念、动机本身就具有行动的特质，按照人之良知来救国安民即为"知行合一"了。他不仅重视儒家的修身、治身的功夫，而且还借鉴了传统文化中读书、穷理、学文、乐群、经世诸条的内容，要求读书要通古今，达中外。由此，他引申出了要学习本国的历史，让本国历史成为新民的思想源泉，"国民教育之精神，莫急于本国历史"[②]，通过对本国历史的学习，可以增强民族的凝聚力和向心力，可以以史为鉴，不断激励国民奋进的勇气，培养爱国情怀。在学习上要善于穷理，只有下苦

---

①　梁启超.饮冰室合集（第四册）［M］.北京：中华书局，1989：6.

②　梁启超.饮冰室合集（第四册）［M］.北京：中华书局，1989：101.

功夫钻研，进行详细的研究，才能掌握西方的自然科学知识；要重视修文的作用，无文则传之不远，无论是传世之文还是觉世之文，都是练习的重点。学习的结果是要经世致用，而非沉迷于故纸堆中不理俗事。

虽然中国传统文化中的修身功夫在培养现代人的精神中不可小觑，然而中国传统文化中更有其致命的缺陷，它维护封建等级制度，维护三纲五常，加剧了人身依附而不能解放人，无法实现人的独立、自由。因此必须借鉴西方的思想来破除旧思想："欲强吾国，则不可不博考各国民族所以自立之道，汇择其长者而取之，以补我之所未及。"[①]这就需要国人大量阅读、学习到西方的科学技术、政治经济、法律文化方面的内容，翻译外文书籍成为重中之重，也是开民智的首选。他倡议设立专门的翻译学校以满足对西方文化的摄取。他借鉴了西方文化的传递方式——报纸，虽然他认为著书也能够发展国民的智识，但是书籍贵且阅读门槛高，一般民众难以获取和读懂；而报纸是国家之耳目，民众之喉舌，能够快速地将国家、人民的意志传达出来；报纸对于社会启蒙、思想自由有着重要作用，无论是思想自由、言论自由还是出版自由，都能够在报纸中有所体现和实现。所以梁启超道："交换智识，实惟人生第一要件，而报馆之天职，则取万国之新思想以贡于其同胞者也。"[②]

通过教育，开启民众智慧，树立新民道德，鼓励民众独立、自由，从而实现"新国民"，是梁启超一切学术、实践的最为核心的内容和目标，也正是因为这样的中西会通的思想，才启发了包括梁漱溟为代表的新儒家

---

① 梁启超.饮冰室合集（第六册）［M］.北京：中华书局，1989：6.

② 梁启超.饮冰室合集（第四册）［M］.北京：中华书局，1989：51.

和以蔡元培为代表的中西文化融合者。

（二）蔡元培：教育应是作为权利和人格的实践

蔡元培是一个学贯中西的民国教育大家，关于他的教育思想研究汗牛充栋，最为著名的当属其"以美育代宗教"的道德理念。鉴于中国传统文化中并未有宗教的概念，因此在抛弃了传统文化道德糟粕的基础上，如何寻找替代西方宗教信仰以实现道德教化的理论就成为蔡元培思考的重心，也是美育代宗教的由来。

蔡元培的自由思想深受中国传统文化和西方自由主义文化的影响，在两种文化的冲突中，他以中国的传统文化为基底建构了西方自由主义的大厦。他在各种学生演讲中都表述了自己的哲学观点：中和。中和的概念是"一种合理状态及其实现过程"。这一词汇源于《中庸》："喜怒哀乐之未发，谓之中；发而皆中节，谓之和。中也者，天下之大本也；和也者，天下之达道也。致中和，天地谓焉，万物有焉。"[①]蔡元培将"中和"的概念发展为兼容并包的态度，中西、古今文化的融合。受这种哲学思想的影响，蔡元培无论是在办学还是政治态度上，都有着复杂的混合古今中西的腔调。

1. 自由人：自由权利和道德人格的并重

蔡元培讨论的自由有两种含义：第一指思想的自由；第二指人格的独立。前者指向的是自由的权利，后者指向自由的人格。在这两种自由中，以法权意义上的自由为先，具体包括思想自由、宗教信仰自由、言论自由、集会自由、学术自由、法律规定的权利（生命权、财产权等）的平等和自由。

---

① 王国轩 . 大学 中庸 [M] . 北京：中华书局，2007：46.

这些自由带有明显的西方自由主义的色彩。在这些自由权利之中，蔡元培认为思想自由是最为核心、基础的自由权利，只有当思想自由时，才能颠覆纲常名教的统治，冲破学术权威的桎梏，才能摆脱他人思想的牢笼，才能破旧立新，迎接新的思想。思想自由是"我做什么可以受束缚，我想怎么做却可以不受束缚"；"思想本身没有丝毫危险的性质，只有愚暗与虚伪是顶危险的东西，只有禁止思想是顶危险的行为"①。如此看来，他认为自由的思想是必须的，是无害的，只是自由思想在付诸行动时会被现实所束缚，这是自由的界限，而自由在现实中以另一种方式存在，即自由的选择，如何做、怎样做是可以选择的，因而也是自由的。因此，自由的权利被赋予了两种类型：第一是思想自由，这个本身无限制；二是行动自由，行动自由受到现实的局限，却也能在现实中寻求自由途径。

　　蔡元培除了将自由作为法权意义上的理解外，更是将自由作为一种人格上的美德来讨论。在他看来，自由人格应该是一种独立人格，是不依赖他人，能够独立自存的人格。"独立者，自尽其职面不倚赖于人是也……以己之心思虑之，以己之意志行之，以己之资力营养之，必如是而后为独立。"②独立的人，要能够养活自身、能够独自思考、拥有自由意志，简言之，自存、自信、自决，只有这些均做到的情况下，一个人才是独立的，也是自由的。自由人格的形成是人类整体进化的必然，"世界有进化的原则，

---

① 李大钊. 危险思想与言论自由［M］//刘军宁. 北大传统与近代中国——自由主义的先声. 北京：中国人事出版社，1998：133.

② 蔡元培，高平叔. 蔡元培全集（第二卷）［M］. 北京：中华书局，1984：181.

有天才者尤当利用之以为先导"①。

自由的人格有四方面的内容：第一，能够调和世界观和人生观；第二，能够担负起文化传承的重任；第三，拥有独立的精神；第四，能够安于贫困不改其志。这四个方面可以通过德、智、体、美四方面的教育实现。德育培养人健全的人格和优良的美德；智育在于引起人的好奇心和兴趣，能够通过思考举一反三，获得多样的思维方式；体育培养健康的体魄，振奋人之精神，将人引入正途；美育是道德获得的最自然的方法，因为通过审美才有可能获得自由。

2. 教育：培养思想自由与美德人格的实践

既然思想自由是无限制的，如何培养自由思想？他将培养思想自由的重任交付于哲学，哲学是人们处理和驾驭自身与外部世界的关系的基本原则，②是指导人们认识世界、改造世界和创造世界的总方针、总方法论和实践。因此，他认为哲学方法论能够在根源上提高人的思维水平，改变人的思维方式。中国正是缺少改变思维方式的手段，思维方式不改变，仅仅是外在的、表层的行为改变不是长久之策。哲学本是自由精神的体现，因为哲学提倡怀疑精神、宽容精神和实践精神，这三种精神在他的学术生涯和教育生涯中都有所体现。

蔡元培认为，思想自由的培养首先要有怀疑精神和宽容精神，只有破除一家之言的权威，精神才能自由；只有广纳百家之论，才有可能发

---

①　中国蔡元培研究.蔡元培全集（卷3）［M］.杭州：浙江教育出版社，1997：596.

②　汤广全.自由与和谐——蔡元培"五育并举"观研究［M］.成都：四川出版集团巴蜀书社，2009：178.

展个人的思想，提高辨别力和判断力。因此，他以身为范，在其学术生涯中无论是对中国传统文化还是对西方文化都践行了怀疑态度和宽容精神。他对待传统文化并不拘泥于儒家思想，而是对包括墨家、道家的思想都有所涉猎。他认为孔子"匹夫不可夺志也"等同于西方思想独立和思想自由，对中国文化进行西方概念的解释；老子的创造性思想、自由因素和形而上学的哲学，同样独树一帜，是思想自由的有力支持者；墨子崇尚科学精神和勇敢精神，是中国最早的研究自然科学的人才。他认为中国传统文化的创始人都具有非凡的思想革新和创新才能，是思想自由的先锋。当这些被开创的思想先锋被独尊儒术所禁锢时，就与"自由"背道而驰了，因此，他对孔子之后的儒家代表人物褒贬不一，尤其是被认为是传统儒学大家如董仲舒、孟子、朱熹等人，认为他们学术创新不足，拾人牙慧，固守孔子学说不思变通。如他评价孟子说："盖孟子为雄伟之辩论家，而非沈静之研究家，故其立说，不能无遗憾焉。"[1] 即孟子并非是研究者，学术者，而是一个辩论家，在著书立说方面自然难成大器。他评论朱熹说："矫恶过于乐善，方外过于直内，拒名义过于得实理，尊秩序过于求平衡，尚保守过于求革新，现在之和平过于将来之希望。"[2] 即是说，朱熹太过于注重形式的东西而忽视内在思想的学习，更注重以外在的规范来约束人的行为而忽视了人内在修养的提升，过于保守不寻求创新，寻古而不重视当下和未来的发展。这可以说是非常严重的批评了。相反，他对荀子、王安石、王阳明、王充等不同于流俗的思想大加赞赏，

① 中国蔡元培研究．蔡元培全集（第1卷）［M］．杭州：浙江教育出版社，1997：484．

② 中国蔡元培研究．蔡元培全集（第1卷）［M］．杭州：浙江教育出版社，1997：567．

认为他们勇于在思想上创新、革命，具有批判意识和独立思考能力。如他评价王阳明时说："思想之自由，功夫之简易，人生观之平等，使学者无墨守古书拘牵末节之失，而自求进步，诚有足多者焉。""矫朱学末流之弊，促思想之自由，而励实践之勇力者，其功故昭然不可掩也。"①认为王阳明促进了思想自由，主张人人平等的观念，矫正了程朱理学的弊病，其贡献不可小觑。从蔡元培对中国传统文化名人的评价可以看出，他秉持着"思想自由"这一立场，从思想创新、批判思维和独立思考等方面来论证学者应具有的自由权利。

蔡元培的自由权利思想虽然来自西方文化，然而他也依然秉持着批判、客观的态度来分析西方自由。他认为康德的美学和崇高性是完全属于主观的，"完全由主观上想象力与认识力的调和，与经验上的客观无涉，所以必然而且普遍"②。正是因为美是完全主观的，是靠想象力和认识力来发展的，因此美就成为了一种价值上的判断，每个人都拥有形成自身道德自由的独特性和可能性。他吸收了康德关于美育的讨论，提出了以美育来代替宗教，认为美育的实质是追求思想的自由，通过美也只有通过美，人才能达到自由状态。他认为叔本华（Arthur Schopenhauer，1788—1860）也是思想自由的力证者，自他开始，心灵的最后元素不再是智慧或理性，而是意志，这是对思想的革新，也是思想自由的明证。从这里可以看出，蔡元培是坚实的贯穿了思想自由的做派的。

---

① 中国蔡元培研究. 蔡元培全集（第1卷）［M］. 杭州：浙江教育出版社，1997：571，575.

② 中国蔡元培研究. 蔡元培全集（第4卷）［M］. 杭州：浙江教育出版社，1997：307.

　　如何在现实中做到思想自由？思想自由如果一直停留在语言上则失去了它的魅力。他用自身的行动说明了教育中的思想自由。作为北大的校长，他提出，大学是研究学术的场所，要思想自由，兼容并包，他鼓励各色社会思潮的代表人物到北大来开设课程和讲座，认为只有在思想的交流和碰撞之后，在辩论之后才能辨别真伪，"理不辩不清"。他说："无论何种学派，苟其言之成理，持之有效，尚不达自然淘汰之运命者，虽彼此相反，而悉听其自由发展。"① 因此，北大的课程和讲座是多元而丰富的，学术论辩也层出不穷。"闻吾校有近世文学一科，兼治宋、元以后之小说、曲本，则以为排斥旧文学，而不知周、秦、两汉文学，六朝文学，唐、宋文学，其讲座固在也；闻吾校之伦理学用欧、美学说，则以为废弃国粹，而不知哲学门中，于周、秦诸子，宋、元道学，固亦为专精之研究也。"② 他期望大学营造一种中西会通、古今纵横的学习、学术氛围。学术研究要与政治区分开，只要与政治无涉就可以在北大任教。因此面对胡适这样的西方自由主义者和辜鸿铭这样钟情复辟的学者，他都能够兼容并包，任人唯才。

　　除了在教育上，蔡元培在政治上也主张信仰自由和法律权威。在面对袁世凯要将孔教立为国教的企图时，他在演讲中明确提出了要宗教信仰自由，并强调不能将孔教立为国教，这有碍人们的认识，"宗教是宗教，孔子是孔子，国家是国家，各有范围，不能并作一谈"③。政府和宗教是

① 中国蔡元培研究. 蔡元培全集（第 7 卷）［M］. 杭州：浙江教育出版社，1997：478.

② 中国蔡元培研究. 蔡元培全集（第 7 卷）［M］. 杭州：浙江教育出版社，1997：502.

③ 蔡元培，高平叔. 蔡元培全集（第二卷）［M］. 北京：中华书局，1984：490.

两回事，不能混为一谈。他支持法律面前人人平等，并认为法律可以有效地约束"放任自流"的自由。自由是法律允许下的自由，以不触犯他人权利为边界，"不以法律所不及而自恣，不以势力所能达而妄行"[①]。他没有将法权上的自由悬置在空中或口头上，而是切实地践行自身的信仰，积极地参与到捍卫人权的活动中，他曾担任"法律维持会"的会长，与宋庆龄、杨杏佛等成立中国民权保障同盟，为维护法律的尊严和人民的自由权利奋斗不息。

除了以身亲践自由权利外，蔡元培还提出了自由人格的养成方案。他认为，自由人格的培养首先要勤劳，勤劳才能自存而不依赖他人，劳动才能为自己和国家创造价值。自由人格是一种平等人格，平等待人，尊重他人的权利，劳心者与劳力者在人格上是平等的，富贵之人和贫贱之人在人格上也是平等的，推广到家庭生活中，男女平等、家长与孩子间人格平等，推广到学校生活中，师生关系平等种种。此外，他还将中国传统文化中的自省、内省、反躬自问等自查的功夫列于平等人格之中，因每个人在看待自身时容易放松标准，看待他人时易标准严苛，因此"责己重责人轻，乃不失平等之真意"[②]。自由人格还是一种博爱人格，博爱是为友爱之义，将自己的自由建立在他人的自由之上，在追求自我自由的同时帮助他人获得自由，才是自由之真谛。蔡元培批评了某些功利主义的自由观点，更为注重从动机出发来判断一个人的道德品性，这是受到了康德义务论的影响。他批评当时社会上存在着两种人格说，"一种人不许别人自由，自由有所

---

①　蔡元培，高平叔.蔡元培全集（第二卷）［M］.北京：中华书局，1984：137.

②　蔡元培，高平叔.蔡元培全集（第二卷）［M］.北京：中华书局，1984：425.

凭借，剥夺别人自由……一种人甘心不自由，自己被束缚，不以为束缚，甘心忍受束缚"①。前者是阶级社会的产物，后者是因为奴性思想根深蒂固，两者都是我们应该竭力反对的人格，前者看似自由实际上却不自由，因为他凭借的是外在的物质依赖；后者无论内外都不自由，却甘心忍受，已将这种奴性刻入了骨子里，除非在观念上有所扭转，不然永远处于枷锁之中。只有建立在独立、平等、博爱基础上的人格，才能被称为自由之人格，才能真正地成为新民。

（三）陶行知：教育应是民主的教育实践

陶行知是民国时期著名的人民教育家，将自己的一生都奉献给了平民大众的教育事业。他坚定地走人民大众的路线，致力于通过教育提高普通百姓的文化素质，从而实现民族解放、大众解放、人类解放的目的。他虽然深受杜威教育思想的影响，但在教育实践的过程中不断地修正和反思，最终走出了一条具有中国时代特色的教育实践道路，一条"民主的、大众的、科学的、创造的"教育之路。

1. 自由人：民主社会的自由公民

陶行知在学习早期受到徽派风俗的影响，这些影响深深地根植于他的思想之中，一直在他出国留学前，他虽心中对王陆学说有所怀疑，但一直没有动摇其信仰之根本。在留学美国期间，大量的教育实践才真正地动摇了这种信仰，开始反思王阳明心学体系，他说，"阳明先生虽倡知行合一，

① 中国蔡元培研究.蔡元培全集（卷4）［M］.杭州：浙江教育出版社，1997：80.

但是不知不觉中仍旧脱不了传统的知识论的影响，又误于良知之说"[①]。

他认为，良知之说是王阳明心学体系的核心，一旦承认了"人性本善"的"良知"，就会重蹈传统知识论的覆辙，良知的概念与传统知识论是一脉相承的。为此，他打破了原有的本体论观点，坚信在实践中才能寻求真知。于是在实践之中，他确立了"先行后知"，实践是知识的来源的唯物主义观点，为此他还将自己的名字改为"行知"，意在表明自己的主张和决心。"先行后知"的知识论探讨，引导着陶行知在认识上的追根溯源，以实践获真知的理念。

在教会大学和美国学习的经历在很大程度上改变了陶行知的世界观和价值观。无论是在校期间还是留美期间的讲座、课程、教授指导还是环境氛围，都为陶行知"自由主义"的思想萌芽和发展营造了适宜的温床。在美国期间他深受杜威教育理论的影响，认为教育是生活的过程，是社会进步和社会改革的基本方法。

陶行知所处的时代，正值中国饱受侵略、国难当头之际，他深感国内政局之复杂混乱，民不聊生，只有启蒙民众的自由、平等、解放思想，才有可能众志成城实现民族解放。因此他走上了教育救国的道路，毕竟在他看来，只有教育才能启迪民众思想，而实现这个目的的重中之重在于培养足够多的民主教师，知识分子与工农群众相结合，才能真正盘活整个中国民众，特别是乡村民众。这是一项旷日持久的任务，不能期待一个专制生活下的人一跃而成为拥护自由、民主、平等的人，思想的改变是一个长时

---

① 陶行知. 陶行知文集［M］. 江苏省陶行知研究会，南京晓庄师范学校，编. 南京：江苏教育出版社，2001：333.

间的过程，"不可强求，不可速长"。他将杜威的"教育即生活""社会即学校"进行了中国化的改造，认为"过什么生活便是受什么教育"，只有要求教育去适应各种现实生活，才能真正将思想的启蒙纳入广大的贫困农民精神中。然而这种教育的乌托邦在八年的教育实践中处处碰壁，最终流产。陶行知为此进行了深刻的总结："八年的经验告诉我说'此路不通'。在山穷水尽的时候才悟到教、学、做合一的道理。"[①]

对国家的热爱和对教育的认同使得陶行知转向了另一条道路：民主教育道路。民主教育的任务"一方面是教人争取民主，一方面是教人发展民主"[②]，民主教育上升为人民的解放、民族的解放、人类的解放高度，与救国救民的政治目标紧密地结合在一起，用于培养"自由、平等"的自由公民。自由之公民是平等待人、承担责任、尊重他人自由发展的人，其所对应的是共和政治。共和有三大信条：自由、平等、民胞。"个人为社会而生，社会为个人而立。"要启迪民主思想，实现乡村的民主自治，使人民做国家的主人，享受幸福的生活。个人与国家构成一个互相依赖、促进的共生体，才能最终实现建立民主国家与培养自由、解放人民的理想。

2. 教育：培养民主生活的实践

人民思想的转变依靠的是"教育"手段，"人民贫，非教育莫与富之；人民愚，非教育莫与智之；党见，非教育不锄；精忠，非教育不出。教育良，则伪领袖不期而消，真领袖不期出而，而多数之横暴，亦消于无形。况自

---

① 陶行知. 教学做合一讨论集［M］//华东师范大学教育系教科. 中国现代教育史. 上海：华东师范大学出版社，1983：384.

② 陶行知. 陶行知教育文选［M］. 成都：四川教育出版社，1988：326.

由平等，恃民胞而立，恃正名而明。同心同德，必养成于教育真义微言，必昌大于教育"①。教育在于治贫、愚，使政治清明、政府清廉，个人自由、平等、独立而通晓道理。教育的作用大矣。在留美期间，他深受美国"自由、民主、平等"的熏染，尤其是杜威"民主主义"思想的陶冶，他曾说，"杜威对自由主义的贡献在于他的文化多元论和社会改良主义。并且认真探讨了自由与民主的关系，追求一种以平等为基础的自由主义，这些都使他成为了美国政治自由主义的重要鼓吹者和普及者"②。在杜威思想的基础上，陶行知结合中国之实情，主张"民主教育"，通过启发民智，引导人民自己解放自己，民主教育的目标就是："教人做主人，做自己的主人，做国家的主人，做世界的主人；是民有、民治、民享之教育。"③

陶行知的民主教育，是指通过培育理性的精神，塑造平等民主的生活，将民主精神、民主信仰植入人们心中的一种教育。④"民主教育是整个生活的教育，是大众的教育"；它是"人民的教育，人民办的教育，为人民自己的幸福而办的教育"。⑤民主教育追求的是用民主的生活方式来培养民主的人；是普及性的、涵盖所有人民的教育；是一种引导人成为自由平等的人的教育，是实现人的解放和自由全面发展的教育，是追求平等精神、权利意识、自主性等民主精神的教育。这些民主精神与杜威的民主主义有异曲同工之处，不过陶行知面临着比杜威更为严峻的社会现实，因此，他

---

① 陶行知.陶行知教育文选［M］.成都：四川教育出版社，1988：230.

② 顾肃.自由主义基本理念［M］.北京：中央编译出版社，2005：285.

③ 陶行知，方与严.陶行知教育论文选辑［M］.北京：三联书店，2014：209.

④ 王琼芳.陶行知民主教育思想研究［D］.广东海洋大学，2013.

⑤ 陶行知，方与严.陶行知教育论文选辑［M］.北京：三联书店，2014：209.

践行了自己"行知"的使命，投身于水深火热的教育实践中，怀抱着满腔的救国救民的热情，进行教育试验。晓庄试验是陶行知最为著名的教育实践，在这里他形成了生活教育理论，提出了"生活即教育""社会即学校""教学做合一"的指导方针，将培养民众精神和提高民众科学素质融入中国的国情中，创造性地开启了"穷国办大教育"的理论和实践。通过改造人民，进而改造乡村和整个社会。生活教育的三大指导方针也成为民主教育的核心方法，它们是以解放人类为目标和实质的，最终都是为了实现民众的自由，培养自由的公民。

"生活即教育"所面对的是对传统教育的批判和反思，中国传统教育提倡"存天理、灭人欲"，这是人为的为民众戴上了枷锁，让民众思想一直被束缚。而且，传统教育还将儿童努力地拉向成人的标准，使得儿童不像儿童，摧毁了儿童的童年。再则，传统教育要求读死书，死读书，重视书本教育而脱离生活实际，将人的头脑限制在八股之中。以上种种，都要求用"生活即教育"的主张来破除，来解放思想。是以陶行知说："生活即教育是要解放人类的。"[1]

"社会即学校"的主张是为了将教育从"真空"中解放出来，打破教育与其他社会系统的藩篱，是为了让教育能够真正与社会目标、需求联系在一起。"不运用社会的力量，便是无能的教育，不了解社会的需要，便是盲目的教育。"[2]教育要适应社会的需求，而不是被社会隔离的"象牙塔"，

---

[1]　陶行知，方与严.陶行知教育论文选辑［M］.北京：三联书店，2014：27.

[2]　陶行知.陶行知文集［M］.江苏省陶行知研究会，南京晓庄师范学校，编.南京：江苏教育出版社，2001：449.

这样才能实现民众知识的实践化、实用化和创造性。

"教学做合一"是民主教育最为核心的内容，它最为核心的是"做"，即实践。真正的实践是"在劳力上劳心，用心以制力"①，是将脑与手结合起来，这就突破了传统教育劳力与劳心分离的状况，也解决了"劳心者治人，劳力者治于人"的等级观念。陶行知虽然强调实践的重要性，也没有忽视知识的用处，在他看来，"我们要从具体到抽象，从我相到共相，从片段想到系统，这都是在劳力上劳心的功夫"②。这说明陶行知将理论、实践结合起来，将亲知、闻知和说知结合，从而获得真正的知识，也真正实现脑力与行动的双重解放。

从晓庄试验到乡村改造，再到现代化建设和民主教育，陶行知一直高举民主的旗帜，在不同的阶段民主教育的阶段性目标也不同，"在反民主的时代或民主不够的时代，民主教育的任务是教人争取民主；到了政治走上民主之路，民主教育的任务是配合整个国家之创造计划，教人依着民主的原则，发挥各人及集体的创造力，以为全民造福"③。民主精神指导着教育实践，也指导了中国民主化的进程。

从梁启超到蔡元培、陶行知、黄炎培等民国教育家，他们在融会中西方自由思想的基础上，以中国传统文化为底色，以西方自由思想为表象，建构了一整套通过教育实践来救国存亡的方法。相较现代新儒家而言，他们最为突出的贡献并非是学术上的中西合璧，而是教育实践上的努力和奋

---

① 陶行知. 陶行知教育文集［M］. 成都：四川教育出版社，2005：79-80.

② 陶行知. 陶行知教育文集［M］. 成都：四川教育出版社，2005：95.

③ 陶行知. 陶行知教育文集［M］. 成都：四川教育出版社，2005：326-327.

斗，无论是乡村教育运动、平民教育运动还是民主教育运动，他们都致力于依靠教育的力量来启蒙中国人的思想，唤醒中国人的行动意志和力量，从而真切地践行了"知行合一"的人格理念。

四、本章小结

以现代自由的观点来看中国传统文化中并不缺乏对个人自由主义的探讨，也不缺乏将自由作为一种内在道德准则的探讨。然而，这种探讨仅仅局限于个人层面，没有成为制度，也没有形成现代公民要求的自由权利，自由更多的作为一种人格、品格而存在，而不是作为一种权力意志。传统文化中也并不缺少对于个人和国家关系的论述，如"国家兴亡，匹夫有责"，"修身、齐家、治国、平天下"等等，然而这种解释都是从作为知识分子的使命感和情怀而存在的，始终没有上升到所有人的权利和义务。因此，有些人批评中国传统文化中缺乏"国家"概念是有一定道理的。

中国传统文化中虽然缺少作为权利的自由的元素，却不缺少个人自由的成分，尤其是传统文化中将自由与道德天然地联系起来。道家认为，"道"是对事物本源的认识，是"无常"，是自然界的规律和法则，因此，顺"道"而为就是自由。婴儿生来拥有顺道的本能，老子将这种"道"看作是一种道德、德性，教育就是要让人复归于婴儿状态，重新获得顺道的能力，也就能获得道德；庄子继承了老子关于人性本自然顺道的观念，人类最初的无知状态就是最为道德的状态，不过他是通过让人知再让人忘这样一个过程来实现无知状态的，因知而无知是庄子最核心的知识论观点，也是到达自由的关键路径。儒家相对于道家而言，入世的气氛要更浓烈一些，发端于孔子的儒家，看重的是个人的内在道德准则，比康德的绝对命令稍微柔和。孔子认为"随心所欲，不逾矩"是为自由的最高境界，这个境界是经由而立、不惑、知天命、耳顺等四个阶段发展而来；在孔子之后的孟子将"心"作为道德发展的起源，顺心而为是为"尽心"，因尽心而参悟天道与人道，形成独立、自觉的人格；由孔子"礼"的思想发展出了程朱理学，认为"礼"同"理"，是天命，天命不可逆，顺应天理的规范才能去除人之过度的欲望；由孟子的"心"的思想发展出了陆王之"心学"，心即良知，良知本身有善恶，顺从良知的指引去恶扬善就是自觉人格。可以说，程朱理学所提出的天理的规范更倾向于外在的限制和约束，顺应、适应这种规范和约束就是自由；而心学所提出的规范源于内心，如由心所发的规范不被人察觉或即使察觉也觉得应该依此而行，就无所谓规范／约束的问题。因此，蔡元培曾评价朱熹说，"矫恶过于乐善，方外过于直内，拘名义过于得实理，尊秩序过于求平衡"[①]，可见朱熹和王阳明之间的差别。

在风云突变的时刻，在面对外族列强的侵略时，中国知识分子表现了传统文化中的文化自信和谦虚精神，在不断保有自身文化特色的同时也吸收批判引进的文化，辩证地看待东西方文化。不过就文化取向和对待传统文化的态度上又有所不同，大致可以分为文化保守主义和文化激进主义两种，文化保守主义并非是严格意义上的保守，只是相对而言；文化激进主义也同理。

文化保守主义的代表梁漱溟认为，虽然西方推崇理性、自由和民主，

---

① 蔡元培，高平叔.蔡元培全集（第二卷）［M］.北京：中华书局，1984：567.

不过他们大都从主客二分的立场来谈论国家与个人的关系，从而使得自由的论证一直围绕人的外围打转，而中国传统文化中将人看作自觉的个体，通过对自觉地"心"的持续性关注和知识分子对社会的使命感，将国家、家族和个人紧密地联系起来，摆脱了个人与国家对立的立场，从而建构了以"心"出发，发展自觉以达自由的途径。牟宗三认为中国传统的陆王哲学已经说明了人之良知所具有的道德力量，道德理论与道德实践的贯通；西方以康德为首的义务论无法清晰地解释两者之间的关联，为了更好地说明人之自觉的形成，他借鉴了康德的"自由意志"框架，以西方的话语体系来指明中国传统智慧，建构了一个"良知呈现、发用和返回自身的过程"，他认为这是对西方关于自由讨论中未明晰问题的补充和回答。

与文化保守主义相对的文化激进主义，认为西方文化中的理性、自由、民主、科学等正是中国传统文化中缺少的，而且也是当时社会发展所需要的核心价值，在面对传统文化时"哀其不幸，怒其不争"，力图用西方话语来改变中国民众的思想。例如代表人物梁启超认为，如果我们想要改变中国落后挨打的状况，就需要改变中国人在封建时期形成的奴性、依附心理，提倡独立、自由的人格，自由的人格不仅包括独立、尊崇自由，而且还应强调这种自由是法律限定范围内的自由。文化激进主义者接受了西方关于个体自由与国家发展之间的关系讨论，认为培养自由的个体是为了实现民族的解放和独立，这是与当时的战乱背景相关的。如果说梁启超只是从理论上建构了自由人格的理想，那么蔡元培就是从教育家的角度来看待自由人的培养问题。蔡元培以中国的传统文化为基底建构了西方自由主义的大厦，他认同和赞扬了传统文化中关于自由元素的讨论，认为自由作为人格中的美德而存在，这些都是需要保存和延续的；他对西方自由的认同仅仅表现在自由法权意义上，即自由的权利，如思想自由、宗教信仰自由、言论自由等等。对于自由权利和自由人格的培养，他通过自身的教育实践形成了"兼容并包"的理念。陶行知和前两者之间最大的区别在于，他系统地学习了以杜威为代表的实用主义哲学理念，在美国生活期间动摇了其关于传统自由人格的信念，基本上完全接受了西方自由主义的价值观。陶行知认为自由是作为民主的教育实践，培养自由的公民是为了建设民主的社会国家，教育实践是最为核心的手段，从这些也可以看出杜威对陶行知的影响。

无论是文化保守主义还是文化激进主义，都保留了中国传统文化中对自由人格培养的因素，也都吸收了西方有关自由的部分思想，差异在于，保守主义更多的是吸收西方自由精神上的思想，激进主义更多的是从制度、权利的意义上对传统自由元素进行补充。

结　论　当代中国"自由人养成"的可能方案

　　至此，关于"自由之人如何养成"的问题，我们上述篇章的探索之路已经足够漫长。我们沿着西中古今脉络，从古希腊、传统儒家一直探索到当代，问询此命题的思想源头，寻找思想智慧的种子。现在，我们需要回到原初之问：对于当代中国，我们对"如何培养自由之人"有何思考？进言之，我们如何从中西教育家的理论中汲取适合当代中国"自由人养成"方案的经验，建构一种可能的、开放的自由人养成策略？

一、"全球化——中国"视域下自由人内涵的再认识

　　首先，我们需要用新的"全球化—中国"视野来理解当代中国，只有明确这一点，我们才能更准确地定位自由人与中国未来发展的关系。自改革开放以来，中国一直在融入全球化的洪流之中，至今已成为全球化的中坚力量，这越来越要求中国在保有中国传统文化的精髓，弘扬中国文化自

信的同时，也要能融入这股潮流，与西方对话，在全球化的浪潮中共生、共长、共建。正如习近平总书记所言，"国际社会日益成为一个你中有我、我中有你的命运共同体"①，在这个过程中，我们应"秉持共商、共建、共享原则，携手应对世界经济面临的挑战，开创发展新机遇，谋求发展新动力，拓展发展新空间，实现优势互补、互利共赢，不断朝着人类命运共同体方向迈进"②。

（一）从"全球化——中国"审视自由人养成的当代使命

在全球化的洪流中，如何审视当代中国的伦理关系及社会结构转型，如何应对全球化所带来的价值冲击、多重身份的迷失和主体不确定性的挑战？从内外境域的视角，我们讨论了当代中国从"身—家—国—天下"四重域到"个体—社会—国家"三重域的转变，同时也申明了自由作为主体的能力、人格和解放在应对全球化危机中的使命。

1. 内境域：四维结构向三维结构转换下人的生存

中国传统自觉之人向现代自由之人的转变，是与中国传统社会向现代社会转型的变革相一致的。从精神文化的角度而言，则是从"身—家—国—天下"的四维结构向"个人—社会—国家"的三维结构的转变③。在这种转变中，修己脱离了家族血脉传承的影响演变为单子式的个体；家族或家

---

① 习近平致力倡建"人类命运共同体"［N］. 人民日报，2018-10-07.

② 新华网. 习近平在"一带一路"国际合作高峰论坛圆桌峰会上的开幕辞［EB/OL］.［2017-05-15］. http://www.xinhuanet.com/politics/2017-05/15/c_1120976082.htm.

③ 陈赟."去家化"与"再家化"：当代中国人精神生活的内在张力［J］. 探索与争鸣，2015（01）：80-84.

庭的伦常观念受到西方资本主义政治和市场化的影响而逐渐弱化或消失，取而代之的是社会这样一个复杂的、系统化的结构团体；国的治世观念与忠君观念完全转变为爱国主义的国家忠诚观念，天下所代表的宇宙秩序根源演变为维持现代社会、国家秩序的制度和规范观念。

在传统四维结构中，清晰地呈现了伦理本位、向内用力的社会结构，同时也印证了费孝通关于中国差序格局的讨论，以血缘为纽带的、以亲属关系为标准的向外不断扩展构成了整个传统中国社会的结构①。在这个社会结构中，修己是其根本和基础，修身才能齐家，进而治国、平天下，修身是生理与伦理、精神与物质结合而成的有机体，②修身的目的以安分守己的自省为底线，最高政治目的在于平定天下，即实现秩序的稳定和确定，百姓的安定与安心。以修身为开端和基础，不断向外推演而构成家国一体的整体理念。在这样的结构中，家族或家庭承担着政治、伦理、文化和教育的意义，承担着政治教化、代际传承、文化更新的伦常事业，成为联系个人与国家的纽带，同时也具有一种消解来自君主政治的消极力量。

现代社会以"个人—社会—国家"三维结构为标志③。中国的两次启蒙运动，都致力于将个体强化为单子式的个人，而后才能为国家的建立提供相应的主体。在这个过程中，是不断消解家与天下的结果，"国家"作

① 费孝通.乡土中国［M］.北京：人民出版社，2008.

② 陈赟."去家化"与"再家化"：当代中国人精神生活的内在张力［J］.探索与争鸣，2015（01）：80-84.

③ 陈赟."去家化"与"再家化"：当代中国人精神生活的内在张力［J］.探索与争鸣，2015（01）：80-84.

为一种强大的权力秩序和意志，以某种合理方式嵌入到个人生活的整个过程，个人与国家直接相连，国家可以直接以权力机制应对个人的反抗。由于市场化程度和社会化的持续性深化，居住地与工作场所的分离，使得家庭、家族与个人的关系不断弱化，极大地降低了个体对家庭、家族、团体的认同感和归属感。孤独的个体一方面被引入到爱国主义的怀抱，另一方面也尝试建立新的团体以寻求安全感，社会中各种正式与非正式团体的出现，正是应对这种危机的方案。

2. 外境域：全球化冲击下人的多元、多重、多险的生存环境

全球化时代，是一个价值多元、身份多元、风险多元的时代。价值多元引发了主体对价值的抉择问题，身份多元带来了自我品格与文化认同的问题，风险多元引起了主体自我的不确定性和不安全感，这都对人之主体性和独立性提出了挑战。

全球化批判和解构了当代的主流价值，形成了价值的多元和价值相对主义，导致了当代中国青少年对核心价值的反叛，同时也弱化了当代中国的核心价值。在这种状况下，主体必须要重塑主流价值，拥有在多元价值中进行抉择的能力、对价值进行判断的能力、判断之后的决策能力和承担责任的能力，无论是自我判断、自我抉择还是自我决定，都是将自由作为主体的能力的体现。

在信息社会，我们有权利以多重身份的主体在全球和国家、社会之间进行对话。现代社会呈现出的时空分离，极大地改变了人们原有的生活方式和交往方式，个体自我迷失在时间、空间、文化的多重混沌之中，自我持续性地存活于多元的、断裂的冲突之中。在这种情况下，吉登斯认为，

自我必须抛弃原有的分裂的、碎片化的自我，要在动态性的情景场域中展现自身，从而呈现出一种反思解释的连续性特质①。面对以大众传媒为主所呈现的全球性的多重文化，我们必须以主体身份，在连续性的反思中、在文化对比中不断使自我、本体文化逐渐清晰，形成对自我的认知和认同，形成主体自我品格和文化的内在同一性。

全球化还带来了主体自我的不确定性、不安全感和风险性。弗洛姆在观察和研究人们之所以牺牲自由而寻求安全感时说，如果主体自身的内心对自由没有一种向往，而且没有通过爱和劳动建立主体的积极自由，主体就必然会进行安全性的考量，从而选择牺牲自身自由。② 由于选择自由必然承担自由所带来的责任、风险和后果，在全球化的风云变幻之中，主体逃避责任、寻求安全感的路径之一，就是逃避自由。然而逃避自由并非是万全之策，无论从主体的能动性还是从主体的独立性而言，主体最渴望的还是实现自由，实现解放。实现全人类的解放才是自由人的最终归宿。

（二）中国传统自由人内涵的当代转换

我们要如何再认识全球化中的中国自由人问题？全球化对中国传统文化产生了极大的冲击，中西方文化的差异导致了对自由人内涵理解的差异。中国的自由人的内核强调的是自由人格，从道德的层次上讲求人之自觉境界，其特质是对道德人格的推崇；西方自由人的内含强调自由公民，以自

---

① 贾国华.吉登斯的自我认同理论评述［J］.江汉论坛，2003（05）：56-58.

② （美）弗洛姆.逃避自由［M］.刘林海，译.上海：上海译文出版社，2015.

由权利为底色的国家主权框架下的权利与义务，其特质是对公民自由的宣扬。在对中国传统自由人内涵的扬弃基础上，借鉴和吸收西方自由人内涵的合理因素，形成当代中国境域下的自由人新内涵，是本研究的尝试性工作之一。

1. 中国传统自由人内涵在当代的扬弃

中国传统教育家对自由人形象的讨论是以自觉人格为基底、以实现自由人的"内圣外王"为目标，在此基础上延伸出天赋良能和践行良知的观点，从而形成的是个体框架内的自由人形象，也是一个由内而外的自由人形象。在近代之后，一批深受西学影响的教育家将自由权利的学说引进中国，同样也是将自由权利作为道德人格的组成部分而进行讨论的，虽然认识到自由权利是一个内化的过程，但是由于战乱影响，其思想上的探讨依然停留在自由人格的外化层次上。

总结而言，中国传统自由人的内涵有两个特点：

第一，传统自由人只强调道德意义上的人的自由人格养成，但不强调自由人在知识、实践上的落实。而自由人在知识层面的落实直接引向自由的能力问题，无论是对自由的认知还是对自由的行动，都是建立在自由的能力基础上；自由人在实践层面自由的行为和行动，即人类的解放活动。

第二，传统自由人形象在修己、凝聚家族人心、治世化民等方面均有所展现，但不强调自身对于社会、国家的责任，更强调对自身修养的价值，是为己之学，关注为人处世的礼义和家族的兴旺。然而在现代社会，自由人不仅是自己，还是国家和社会的公民。

2. 当代中国境域下自由人的新内涵之再认识

在全球化的进程中，在与西方教育家的思想对话的过程中，我们应该吸取和借鉴西方自由人的内涵，以中国传统自由人的内涵为基调，建构属于当代中国自由人的新内涵，从而真正实现全球文化共享意义上的中国独特性。对西方自由人内涵的汲取主要表现在两个方面：

第一，吸取西方自由人关于公民社会建设下的自由权利内涵。西方教育家对自由人形象的讨论是以自由公民为基底、以实现自由人的生存为基础的；其上才是道德人格与自我实现，从而形成了在国家框架内的自由人形象，也是一个由外至内的自由人形象。当代中国的自由人内涵应该首先确立对自由权利的基础地位，从自由权利转向自由公民，从而强化中国传统自由人内涵中对自由权利和国家主权的观念。

第二，当代中国的自由人内涵应该摆脱仅仅从道德论上的阐释，而要兼具道德论、认识论和实践论的意义。中国传统教育只强调道德意义，而不强调在知识、行为意义上的阐释。中国传统教育培养的是自由人格问题，无论是良能还是良知，都是内化于心的、先天性的存在，良知的先验性是为了保证"人人皆可成圣"，"知行合一"也讲求的是良知与躬行的合一，是自由人格的天性和践行。这是与西方知识、实践的内涵截然不同的。吸取西方自由人知识论的内涵，不仅扩展了中国传统文化中"知"的内容，而且还将传统自由人拉入了自由能力的范畴，知识教育的重要性得以凸显；借鉴西方自由人实践论的内涵，将传统自由人置于人类整体实践与解放之中，从而将传统道德实践扩展为道德、理智和日常经验的统一活动。

二、当代中国自由人养成的实践路向

从整体上而言，中西方自由人养成问题的讨论或解决方案大致与两个主题非常相关：第一个是通过知识来培育美德，进而形成自由人格的内化问题，从亚里士多德提出用博雅的知识来培养自由人的论断之后，知识培养就与自由人培养结成了同盟，在漫长的两千年中，这个传统一直随着时代的变革而不断更新，延续至今。第二个是通过良知内在于心，去除外界干扰和浸染，从而实现自觉、自由人格的外化问题，从孔子提出"生而知之"、孟子"所不虑而知者"、康德承认"自由意志"时，他们均将自由作为了一种先天的美德，尤其是一种道德上的关系，自由由此成了通过教育外化的产物。鉴于此，在当代中国自由人养成的过程中应该做到以下几点。

（一）坚守中国自由品格的外化教育传统

自由人格的外化的出发点和基点在于承认良知、自由意志是内在于心的，是先天性的，是超验的。自由人格先天存在于人之本体，"内在于心"还要"外化于行"，那么自由人的养成就是一个在教育介入下的外化过程。

1. 呼唤自我认识的觉醒

在解决自由人格的外化问题上，显然中国传统教育的讨论要更胜一筹。虽然自由内在于心，然而并不意味着人类能够自我察觉，因此，自我察觉的觉醒，清晰明了本体的道德状态，是外化的开端。而对自我道德状态的判断、界定和评价，一方面依靠外界的评价（主要有教师、家长、同辈群体）

另一方面也依靠自我的认知。教师的指导和管理的逐渐退出，能够使得学习者从外在的依赖状态转变为内在的自我反思、自觉状态。因自我反思和自觉而明确"为己之学"的观念，从而也确立了自由人格的获得是个体受益最大的观念。

2. 坚守中国传统自由人教育的比照、自省、自养和日行等做法

自由人格的外化过程开启于自我觉醒，经过比照、自省、自养和日行，最终外化为行为，实现从本体论到实践论的转变。"比照"是以他人为榜样，见善思齐焉，见不善而内自省也[①]。比照与自省成为最基本的道德修养层次；而自省与自养构成了修己的两个方面，自省在于事后的反思与自问，而自养则侧重于求其本心，养的是"浩然之气"；日行是从知识论到实践论的转变，知易行难，仅仅知道道德知识并不能保证道德行为，因此还要个体能够在日常生活中，在日积月累中，不断地践行自身人格追求，古人追求大道至简，功夫在于日常正是日行的写照。自由人格的外化需要个体持之以恒的态度和践行，要注意"觉他与自省、养正与改过、学与行、细小日常与伟岸成圣之间丰富而复杂的多重关联与多类转化过程"[②]。

自由人格的外化过程实质上是一个行动、实践的过程，是要在学习生活、日常生活、社会生活中践行。朱熹认为："方其知之，而行

---

① （春秋）孔丘，论语 [M]．杨伯峻，杨逢彬，译．长沙：岳麓书社，2000：32.

② 叶澜．回归突破——"生命·实践"教育学论纲 [M]．上海：华东师范大学出版社，2015：293.

未及之，则知尚浅。既亲历其域，则知之益明"①；在自由人格外化的实践中，我们应"耻其言而过其行"②"讷于言而敏于行"③"听其言而观其行"④，身体力行才能真正领会道德观念的本质，实现知行合一、言行合一。

（二）借鉴西方自由公民的内化教育智慧

讨论自由公民的内化与自由人养成关系的实质，是在讨论自由作为法权意义上的自由权利在国家层面的要求，因为国家主权赋予了自由公民以权利和义务，这些外化的规范在自由人的养成过程中构成一个内化的过程。表现为由消极管理为主的规训阶段、由教育性教学为主的文化化与文明化阶段、由审美为主的道德化阶段这样一个过程。

1. 借鉴西方消极管理的规训

消极管理仅仅是为了防止儿童对自身的伤害，而不是为了让他们体验到强制、权威的作用，当然在这个过程中，不禁止的就是自由的。也就是说，消极管理所展现的是一种非强制性的、教育者自我否定的、对学习者的一种习惯养成过程，这种习惯更多的是对社会必要的规则和规范的遵守。赫尔巴特认为，消极管理是为了让儿童自由的管理手段⑤，即"管是为了

---

①　（宋）朱熹. 四书章句集注·性理精义［M］. 北京：中华书局，2011.

②　（春秋）孔丘. 论语·宪问［M］. 杨伯峻，杨逢彬，译. 长沙：岳麓书社，2000.

③　（春秋）孔丘. 论语·里仁［M］. 杨伯峻，杨逢彬，译. 长沙：岳麓书社，2000.

④　（春秋）孔丘. 论语·公冶长［M］. 杨伯峻，杨逢彬，译. 长沙：岳麓书社，2000.

⑤　赫尔巴特. 普通教育学·教育学讲授纲要［M］. 李其龙，译. 北京：人民教育出版社，1989：5-7.

不管"。这种思想也影响了本纳，他认为，消极管理的实质在于促进未成熟者对自我管理的初步体验，是为了呈现一种困惑而促使未成熟者的自我探索，最终形成自律意识和行为①。

2. 注重教育性教学的文化化与文明化

教育性教学在一定程度上体现了自由公民能力和技能的培养，一方面是为了未来职业做准备，从而满足个体生存、生活的需要；另一方面则是通过对知识的获取，启动各种知识形式，从而建构不同的思维方式，实现人对世界经验的多种理解，从而解脱外在权威的束缚，实现理解、能力、技能的自由。正如赫斯特所言："如果要获得超越一般水平的知识，每种形式的知识都需要创造性的想象力、判断力、思考能力、交流能力等方面的发展，而这种方式本身就是理解经验的一种方式。"②也就是说，知识教育的目标不仅仅是获得知识，更是发展思维能力，发展具有洞察力、批判性和创造性的思维方式。纳斯鲍姆也认为，通过对知识的学习，能够培养人类的批判性思维，培养审视自己的能力，尊重他人和多样性的能力；是让学生自由自在，能够掌握自己的思想，对他们的社会规范和传统能够进行批判性考察的教

---

① 底特里希·本纳，李政涛，彭韬．教育实证研究的"德国视野"与"德国经验"——底特里希·本纳与李政涛、彭韬的对话［J］．华东师范大学学报（教育科学版），2017，35（03）：159-163.

② Hirst, P. Liberal education and the nature of knowledge［M］.// In R. Dearden, P. Hirst, R. Peters（Eds.）Education and the development of reason. London：Routledge & Kegan Paul，1972：399.

育。[①] 因此，在教育性教学的过程中，虽然知识传递代表了能力和技能的获得，但从更深层次的关系而言，则是对能力和技能背后所代表的思维方式和知识形式的获得，在思维方式的获得中人类不仅不会被现象界的知识所囿，而且能够在此过程中深切体会到主体的主动性、自由性和创造性，从而形成人的文化化和文明化。

3. 加强审美融会训育的道德化策略

训育并非是一个单纯的知识、能力、技能内化的问题，同时也是外在规范内化和善念的获得问题。在这个过程中，存在着两个先天性的或然条件：第一，承认人之内心自由的先验性，即内心自由或自由意志是必然存在于人类潜能之中的。在自由意志的条件下，由外而内的自由公民规范才能深入内心。虽然赫尔巴特一直致力于否认内心自由的先验性，批判康德的自由意志，尝试从经验理性层面重新建构自由的可能性，但是这种尝试并没有完全成功。这就导向了第二条假设，即如果承认自由是经验世界的产物，那么自由的内化问题将要依托人之天性中审美判断，审美判断依然是先天赋予的，是人的直觉的构成，由审美而建立起现象界与本体界的联系。因此，从整体上而言，西方教育家对自由公民的内化问题，在其内化阶段，依然是走入了天赋能力的圈子，试图凭借经验理性而探索的外在规范的内化问题最终还是要归结为人类自身能力上，不过是直接承认与间接承认的区别罢了。

自由公民的内化问题和自由人格的外化问题，两者的核心联系在于

---

① Nussbaum, M. C. Cultivating humanity: A classical defense of reform in liberal education [M]. Cambridge, Massachusetts: Harvard University Press, 1997: 30.

实践，由实践实现消极管理中的习惯养成、教育性教学中的能力技能获得；由实践沟通良知与践行，实现良知的回归和涤荡。总而言之，知识性的教授缺乏必要的实践，只能将自由人的养成问题流于表面无法深入内心外化于行。从这个角度而言，自由人养成的教育还应该落脚于日常生活实践之中，落实于家庭、社会的生活中，形成三者的合力，才有可能真正实现。

参考文献

著作类

［1］（巴西）保罗·弗莱雷. 被压迫者教育学 三十周年纪念版［M］.
顾建新，等译. 上海：华东师范大学出版社，2001.

［2］（春秋）孔丘. 论语［M］. 杨伯峻，杨逢彬，译. 长沙：岳麓书社，
2000.

［3］（德）底特利希·本纳（Dietrich Benner）. 普通教育学 教育思想和
行动基本结构的系统的和问题史的引论［M］. 彭正梅，徐小青，张
可创，译. 上海：华东师范大学出版社，2006.

［4］（德）费希特. 论学者的使命、人的使命［M］. 梁志学，沈真，
译. 北京：商务印书馆，1984.

［5］（德）费希特. 全部知识学的基础［M］. 王玖兴，译. 北京：商务
印书馆，1986.

［6］（德）费希特. 自然法权基础［M］. 谢地坤，程志民，译. 北京：商务印书馆，2004.

［7］（德）福尔伦德（Vorlander，K.）. 康德生平［M］. 商章孙，罗章龙，译. 北京：商务印书馆，1986.

［8］（德）福禄培尔. 人的教育［M］. 孙祖复，译. 北京：人民教育出版社，1991.

［9］（德）赫尔巴特. 普通教育学·教育学讲授纲要［M］. 李其龙，译. 北京：人民教育出版社，1989.

［10］（德）胡塞尔. 欧洲科学危机和超验现象学［M］. 张庆熊，译. 上海：上海译文出版社，1988.

［11］（德）康德. 纯粹理性批判［M］. 邓晓芒，译. 北京：人民出版社，2004.

［12］（德）康德. 康德论教育学［M］. 赵鹏，何兆武，译. 上海：上海人民出版社，2005.

［13］（德）康德. 历史理性批判文集［M］. 何兆武，译. 北京：商务印书馆，1991.

［14］（德）康德. 实践理性批判［M］. 邓晓芒，译. 北京：人民出版社，2004.

［15］（东周）老子. 道德经［M］. 陈忠译，评. 长春：吉林文史出版社，1999.

［16］（法）阿贝尔·雅卡尔，等. 没有权威和惩罚的教育［M］. 张伦，译. 北京：中国人民大学出版社，2005.

［17］（法）埃马纽埃尔·列维纳斯. 从存在到存在者［M］. 吴蕙仪，译. 南京：江苏教育出版社，2006.

［18］（法）爱弥尔·涂尔干. 道德教育［M］. 陈光金，沈杰，朱谐汉，译. 上海：上海人民出版社，2001.

［19］（法）卢梭. 爱弥儿论教育［M］. 李平沤，译. 北京：商务印书馆，1978.

［20］（法）卢梭. 论科学与艺术［M］. 何兆武，译. 北京：商务印书馆，1963.

［21］（法）卢梭. 论人类不平等的起源和基础［M］. 邓冰艳，译. 杭州：浙江文艺出版社，2015.

［22］（法）卢梭. 论政治经济学［M］. 李平沤，译. 北京：商务印书馆，2013.

［23］（法）卢梭. 社会契约论［M］. 李平沤，译. 北京：商务印书馆，2011.

［24］（法）米歇尔·福柯. 规训与惩罚 监狱的诞生［M］. 刘北成，杨远婴，译. 北京：生活·读书·新知三联书店，1999.

［25］（美）阿历克斯·英格尔斯. 人的现代性［M］. 殷陆君，译. 成都：四川人民出版社，1985.

［26］（美）杜威. 杜威教育论著选［M］. 赵祥麟，王承绪，译. 上海：华东师范大学出版社，1981.

［27］（美）杜威. 经验与教育［M］. 李培囿，译. 上海：商务印书馆，1946.

［28］（美）杜威. 自由与文化［M］. 傅统先，译. 北京：商务印书馆，1964.

［29］（美）弗兰克·梯利. 西方哲学史［M］. 贾振阳，解本远，译. 北京：光明日报出版社，2014.

［30］（美）弗洛姆. 逃避自由［M］. 上海：上海译文出版社，2015.

［31］（美）汉娜·阿伦特. 人的条件［M］. 竺乾威，等译. 上海：上海人民出版社，1999.

［32］（美）乔尔·斯普林格. 脑中之轮——教育哲学导论［M］. 贾晨阳，译. 北京：北京大学出版社，2005.

［33］（美）史密斯. 中国人的脸谱［M］. 北京：北京联合出版公司，2014.

［34］（美）约翰·亨利·纽曼. 大学的理想（节本）［M］. 徐辉，等译. 杭州：浙江教育出版社，2001.

［35］（美）约翰·杜威. 民主主义与教育［M］. 王承绪，译. 北京：人民教育出版社，2001.

［36］（美）约翰·克莱佛雷，等. 西方社会对儿童期的洞见——从洛克到史巴克具有影响力的儿童模式［M］. 陈正乾，译. 台北：文景书局印行，2006.

［37］（美）约翰逊，等. 游戏与儿童早期发展［M］. 华爱华，等译. 上海：华东师范大学出版社，2006.

［38］（美）泽格蒙特. 鲍曼. 自由［M］. 杨光、蒋焕新，译. 长春：吉林人民出版社，2005

［39］（明）王守仁．王阳明全集［M］．吴光，等编．上海：上海古籍
出版社，1992．

［40］（清）梁启超．梁启超全集［M］．北京：北京出版社，1999．

［41］（清）梁启超．饮冰室合集［M］．北京：中华书局，1989．

［42］（瑞士）戴特灵（RogerDettling），（德）顾正详．以爱为本——
跨越时空惠及子孙的教育理念．瑞士－中国裴斯泰洛奇国际研讨会
论文集［C］．上海：上海交通大学出版社，2014．

［43］（瑞士）裴斯泰洛齐，（瑞士）阿图尔·布律迈尔．裴斯泰洛齐
选集（第2卷）［M］．戴行福，等译．北京：教育科学出版社，
1994．

［44］（瑞士）裴斯泰洛齐．裴斯泰洛齐教育论著选［M］．夏之莲，等
译．北京：人民教育出版社，2001．

［45］（宋）程颢，（宋）程颐撰，潘富恩导读．二程遗书［M］．上海：
上海古籍出版社，2000．

［46］（宋）杨时．二程粹言［M］．上海：商务印书馆，1936．

［47］（意）蒙台梭利．蒙台梭利幼儿教育科学方法［M］．北京：人民
教育出版社，2001．

［48］（英）哈耶克．自由秩序原理［M］．邓正来，译．北京：生活·读
书·新知三联书店，1997．

［49］（英）赫胥黎．科学与教育［M］．单中惠，平波，译．北京：人
民教育出版社，1990．

［50］（英）霍布斯．利维坦［M］．黎思复，黎廷弼，译．北京：商务

印书馆，1985.

［51］（英）洛克. 教育漫话［M］. 傅任敢，译. 北京：教育科学出版社，

2014.

［52］（英）洛克. 政府论［M］. 顾肃，译. 南京：译林出版社，

2016.

［53］（英）梅因. 古代法［M］. 沈景一，译. 北京：商务印书馆，

1996.

［54］（英）托·亨·赫胥黎. 科学与教育［M］. 单中惠，平波，译. 北京：

人民教育出版社，1990.

［55］（英）休谟. 人类理智研究［M］. 周晓亮，译. 北京：中国法制

出版社，2011.

［56］（战国）吕不韦. 吕氏春秋［M］. 郑州：中州古籍出版社，

2010.

［57］（战国）孟轲. 孟子［M］. 杨伯峻，杨逢彬，译. 长沙：岳麓书社，

2000.

［58］（战国）庄周. 庄子［M］. 胡仲平，编. 北京：北京燕山出版社，

1995.

［59］毕淑芝. 当代外国教育思想研究［M］. 王义高，编. 北京：人民

教育出版社，1993.

［60］蔡元培. 蔡元培全集（1883-1910）［M］. 中国蔡元培研究会，

编. 杭州：浙江教育出版社，1997.

［61］陈独秀. 独秀文存［M］. 合肥：安徽人民出版社，1987.

［62］陈嘉映. 《存在与时间》读本［M］. 北京：生活·读书·新知三联书店，1999.

［63］辞海编辑委员会. 辞海［M］. 上海：上海辞书出版社，1999.

［64］达巍，等. 消极自由有什么错［M］. 北京：文化艺术出版社，2001.

［65］狄百瑞. 中国的自由传统——钱宾四先生学术文化讲座［M］. 李弘祺，译. 香港：香港中文大学出版社，1989.

［66］丁文江，赵丰田. 梁启超年谱长编［M］. 上海：上海人民出版社，1983.

［67］董宝良. 中国教育史纲［M］. 北京：人民教育出版社，1993.

［68］费希特. 现时代的根本特征［M］// 沈真，梁志学，译. 费希特著作选集（第四卷）. 北京：商务印书馆，2000.

［69］费孝通. 乡土中国［M］. 北京：人民出版社，2008.

［70］冯天瑜. 中华元典精神［M］. 武汉：武汉大学出版社，2006.

［71］冯友兰. 中国哲学简史［M］. 纽约：麦克米伦公司，1948.

［72］顾肃. 自由主义基本理念［M］. 北京：中央编译出版社，2005.

［73］胡适. 容忍与自由［M］. 昆明：云南人民出版社，2015.

［74］华东师范大学教育系，杭州大学教育系. 现代西方资产阶级教育思想流派论著选［M］. 北京：人民教育出版社，1980.

［75］金生鈜. 规训与教化［M］. 北京：教育科学出版社，2004.

［76］李其龙，郭官义，等. 赫尔巴特文集（教育学卷）［M］. 杭州：浙江教育出版社，2002.

［77］李秋零. 康德著作全集（第7卷）——学科之争实用人类学［M］. 北京：中国人民大学出版社，2013.

［78］梁志学. 费希特著作选集（卷5）［M］. 北京：商务印书馆，2006.

［79］刘军宁. 北大传统与近代中国——自由主义的先声［M］. 北京：中国人事出版社，1998.

［80］刘梦溪，梁漱溟，梁培宽，等. 中国现代学术经典 梁漱溟卷［M］. 石家庄：河北教育出版社，1996.

［81］刘小枫，陈少明. 古典传统与自由教育［M］. 北京：华夏出版社，2005.

［82］柳海民. 教育过程论［M］. 重庆：重庆出版社，1994.

［83］陆学艺，景天魁. 转型中的中国社会［M］. 哈尔滨：黑龙江人民出版社，1994.

［84］罗谟鸿，等. 当代中国社会转型研究［M］. 重庆：西南师范大学出版社，2007.

［85］吕达，刘立德，邹海燕. 杜威教育文集（第2卷）［M］. 王承绪，译. 北京：人民教育出版社，2008.

［86］马凤岐. 教育：在自由与限制之间［M］. 北京：中国工人出版社，2001.

［87］马克思，恩格斯. 马克思恩格斯全集（第1卷）［M］. 中共中央马克思恩格斯列宁斯大林著作编译局，译. 北京：人民出版社，1995.

［88］马克思，恩格斯．马克思恩格斯选集（第一卷）［M］．中共中央
马克思恩格斯列宁斯大林著作编译局，译．北京：人民出版社，
1995．

［89］毛泽东选集（第一卷）［M］．北京：人民出版社，1991．

［90］牟宗三．现象与物自身［M］．台湾：台湾学生书局，1984．

［91］牟宗三．心体与性体［M］．上海：上海古籍出版社，1999．

［92］倪梁康．现象学及其效应 胡塞尔与当代德国哲学［M］．北京：
生活·读书·新知三联书店，1994．

［93］彭正梅．德国教育学概观［M］．北京：北京大学出版社，2011．

［94］钱新祖．中国思想史讲义［M］．上海：东方出版中心，2016．

［95］瞿葆奎．教育学文集：教育与教育学［M］．北京：人民教育出版社，
1993．

［96］石中英．教育哲学导论［M］．北京：北京师范大学出版社，
2002．

［97］四川教育出版社．陶行知全集（第1卷）［M］．成都：四川教育
出版社，1991．

［98］宋恩荣．梁漱溟教育文集［M］．南京：江苏教育出版社，1987．

［99］汤广全．自由与和谐——蔡元培"五育并举"观研究［M］．成都：
巴蜀书社，2009．

［100］陶行知．陶行知文集［M］．江苏省陶行知研究会，南京晓庄师范
学校，编．南京：江苏教育出版社，2001．

［101］滕大春，姜文闵．外国教育通史（第2卷）［M］．济南：山东教

育出版社，1989.

［102］滕大春. 美国教育史［M］. 北京：人民教育出版社，2001.

［103］滕大春. 外国教育通史（第二卷）［M］. 济南：山东教育出版社，1989.

［104］涂艳国. 走向自由——教育与人的发展问题研究［M］. 武汉：华中师范大学出版社，1999.

［105］王国轩. 大学 中庸［M］. 北京：中华书局，2007.

［106］王栻. 严复集（第4册）［M］. 北京：中华书局，1986.

［107］王振宇. 心理学教程［M］. 北京：人民教育出版社，2001.

［108］武斌. 现代中国人 从过去走向未来［M］. 沈阳：辽宁大学出版社，1991.

［109］杨国枢，余安邦. 中国人的心理与行为［M］. 台北：桂冠图书公司，1993.

［110］姚文放. 当代性与文学传统的重建［M］. 北京：人民文学出版社，2004.

［111］叶澜. 回归突破——"生命·实践"教育学论纲［M］. 上海：华东师范大学出版社，2015.

［112］叶澜. 生命·实践教育学论丛 基因（第3辑）［M］. 桂林：广西师范大学出版社，2009.

［113］叶澜等. 教育理论与学校实践［M］. 北京：高等教育出版社，2000.

［114］殷陆君. 人的现代化 心理·思想·态度·行为［M］. 成都：四

川人民出版社，1985．

［115］应奇，刘训练．第三种自由［M］．北京：东方出版社，2006．

［116］余中根．裴斯泰洛齐教育思想研究［M］．昆明：云南大学出版社，
2009．

［117］张法琨．古希腊教育论著选［M］．北京：人民教育出版社，
1994．

［118］张锡勤．戊戌思潮论稿［M］．哈尔滨：黑龙江教育出版社，
1998．

［119］赵德志．现代新儒家与西方哲学［M］．沈阳：辽宁大学出版社，
1994．

［120］周文文．伦理·理性·自由 阿玛蒂亚·森的发展理论［M］．上海：
学林出版社，2006．

期刊文献类

［1］陈赟．"去家化"与"再家化"：当代中国人精神生活的内在张
力［J］．探索与争鸣，2015（1）：80-84．

［2］陈云恺．儿童身心发展中的自然与自由［J］．南京师大学报（社会
科学版），2003（4）：76-82．

［3］底特里希·本纳，李政涛，彭韬．教育实证研究的"德国视野"与"德
国经验"——底特里希·本纳与李政涛、彭韬的对话［J］．华东师范大
学学报（教育科学版），2017，35（3）：159-163．

［4］冯建军，万亚平．闲暇及闲暇教育［J］．教育研究，2000（9）：

37–40.

[5] 冯建军. "人之自觉时代"的教育使命 [J]. 人民教育, 2019 (1):
　　30–34.

[6] 冯建军. 当代自由平等主义与教育公正 [J]. 清华大学教育研究,
　　2007 (5): 8–14.

[7] 冯建军. 教育自由及其原则: 政治哲学的视角 [J]. 教育学术月刊,
　　2008 (6): 3–8.

[8] 冯建军. 论儿童在教育活动中的自由 [J]. 教育理论与实践,
　　2005 (3): 5–8.

[9] 冯建军. 自由主义公民身份与公民教育 [J]. 南京社会科学,
　　2013 (7): 114–122.

[10] 郭航鸣. 高职院校养成教育的特殊性及策略研究 [J]. 中国高教研
　　究, 2014, 7: 96.

[11] 韩水法. 启蒙: 理性与理性主义 [J]. 云南大学学报 (社会科学版),
　　2004 (4): 14–18, 37–94.

[12] 郝娜, 李嘉谊. 论自由核心价值观的三重属性 [J]. 河海大学学报
　　(哲学社会科学版), 2017, 19 (1): 19–23, 89.

[13] 黄宁. 马克思主义人学思想: 社会主义核心价值观的思想源泉 [J].
　　人民论坛, 2017 (23): 108–109.

[14] 黄涛. 走向相互承认的法权——论费希特的自由概念及其基础
　　上的法权演绎学说 [J]. 西南民族大学学报 (人文社科版),
　　2018, 39 (7): 89–99.

［15］贾国华. 吉登斯的自我认同理论评述［J］. 江汉论坛, 2003（5）: 56-58.

［16］江国华, 彭超. 马克思主义自由价值观: 内涵与道路——对社会主义核心价值观中自由的理解［J］. 青海社会科学, 2016（3）: 72-79.

［17］金生鈜. 个人自主性与公民的德性教育［J］. 教育研究与实验, 2001（1）: 8-12, 72.

［18］金生鈜. 教育与人的尊严［J］. 西北师大学报（社会科学版）, 2000（1）: 64-67.

［19］金生鈜. 论个人自由在教化中的地位［J］. 教育理论与实践, 2002（11）: 1-5.

［20］金生鈜. 论教育权力［J］. 北京大学教育评论, 2005（2）: 46-51.

［21］金生鈜. 论教育自由［J］. 南京师大学报（社会科学版）, 2004（6）: 65-70.

［22］金生鈜. 我们为什么需要教育民主［J］. 教育学报, 2005（6）: 7-13.

［23］靳玉乐, 李叶峰. 论教育自由的尺度及实现［J］. 高等教育研究, 2015, 36（4）: 21-26.

［24］李东坡. 社会主义核心价值观的时代意蕴、演进历程与基本遵循［J］. 中共浙江省委党校学报, 2015, 31（6）: 50-56.

［25］李晓壮. 社会结构的中国研究: 1962-2012［J］. 北京社会科学,

2013（6）：77–81.

［26］李友梅. 当代中国社会治理转型的经验逻辑［J］. 中国社会科学，
2018（11）：58–73.

［27］李政涛，巫锐. 德国教育学传统与教育学的自身逻辑——访谈德国
教育学家本纳教授［J］. 教育研究，2013，34（10）：142–148.

［28］理查德·罗蒂，吴冠军. 困于康德和杜威之间——道德哲学的当前
状况［J］. 开放时代，2004（5）：153–158.

［29］梁漱溟. 关于"教育与自由"［J］. 晨报副刊，1927，1（29）：
53–54.

［30］刘铁芳. 古典自由教育理念的回归与超越［J］. 当代教育与文化，
2010，2（5）：4–10.

［31］刘铁芳. 自然教育的要义与教育可能性的重建［J］. 当代教育论坛，
2012（1）：1–11.

［32］刘燕楠. 教育研究方法论变革：历史突破与理论创新［J］. 教育研
究，2018，39（5）：16–26.

［33］刘远杰，孙杰远. 教学自由："教师 – 劳动者"生存发展的本质
问题［J］. 学术论坛，2015，38（11）：167–172.

［34］刘作. 为什么要承认他人的权利？——费希特和黑格尔对康德的发
展［J］. 兰州学刊，2017（10）：99–107.

［35］柳帧，赵国华. 浅谈大学生的养成教育［J］. 河北广播电视大学学
报，2008（2）：97–99.

［36］吕世荣，平成涛. 唯物史观视域中我国核心价值观建设［J］. 河南

大学学报（社会科学版），2017，57（5）：1-7.

［37］马多秀．论儿童自由及其教育意蕴［J］．当代教育科学，2009（10）：6-9.

［38］马凤岐．"自由教育"含义的演变［J］．北京大学教育评论，2004（2）：108-112.

［39］裴艳丽．社会主义核心价值观之自由的内涵［J］．思想政治教育研究，2016，32（6）：7-9.

［40］彭韬，底特利希·本纳．现代教育自身逻辑的问题史反思［J］．北京大学教育评论，2017，15（3）：109-122，190.

［41］彭正梅，顾娟．德国当代普通教育学：人物、基本概念和比较——与本纳教授的对话［J］．湖南师范大学教育科学学报，2017，16（4）：33-41.

［42］渠敬东．卢梭对现代教育传统的奠基［J］．北京大学教育评论，2009（3）：3-17.

［43］任凯．关于加强大学生养成教育的思考［J］．辽宁师专学报（社会科学版），2009（6）：51-52.

［44］任仕君．论学生自由及其限度——道德教育的自由困境与解决路径［J］．教育理论与实践，2009，29（13）：56-58.

［45］荣光汉．社会主义核心价值观与人的全面发展［J］．思想政治教育研究，2016，32（5）：52-55.

［46］沈文钦．通识教育的观念与模式在"二战"后的全球扩散［J］．高教发展与评估，2013（3）：92-104，125-126.

［47］沈文钦. 西方学者对博雅教育思想史的研究：1890-2005［J］. 清华大学教育研究，2009（6）：104-112.

［48］石中英. 论学生的学习自由［J］. 教育研究与实验，2002（4）：6-9.

［49］石中英. 让学校充满自由的精神［J］. 中国教育学刊，2016（6）：3.

［50］宋坤. 论基于儿童自由的规则教育［J］. 当代教育科学，2015（10）：3-6，14.

［51］孙亚娟，李姗，泽. 批判与共生：西方教育研究方法论的演变及其启示［J］. 教育评论，2014（8）：164-167.

［52］孙元涛. 人的"可塑性"与教育——从赫尔巴特到本纳［J］. 全球教育展望，2011，40（10）：37-42.

［53］陶志琼. 学生的限制及自由［J］. 华东师范大学学报（教育科学版），2009，27（4）：1-7.

［54］涂艳国. 几种有关人的自由发展理论述评［J］. 教育研究与实验，1999（1）：10-14，71.

［55］涂艳国. 教师权威与学生自由［J］. 教育理论与实践，1999（7）：31-33.

［56］涂艳国. 人的自由本性与教育的基本追求［J］. 华中师范大学学报（人文社会科学版），1999（5）：137-142.

［57］涂艳国. 试论"人的自由发展"的涵义［J］. 华中师范大学学报（哲学社会科学版），1997（3）：70-76，131.

［58］涂艳国．试论古典自由教育的含义［J］．教育研究与实验，1999（3）：16-18，50．

［59］王慧莹，段妍．中国传统文化中蕴含的自由价值理念探析［J］．理论月刊，2017（10）：79-82，102．

［60］王丽琴，陆有铨．为了学生的精神自由［J］．高等教育研究，2009，30（9）：6．

［61］王培峰．教育环境与儿童自由［J］．教育学术月刊，2012（9）：16-18．

［62］王琪．社会转型、阶层分化与动力机制［J］．重庆社会科学，2014（11）：14-20．

［63］王晓朝．双方都在不断地改变着自身［J］．读书，2002（6）：121-127．

［64］王学俭，李东坡．社会主义五百年核心价值观的历史演进与未来面向［J］．当代世界与社会主义，2016（6）：76-84．

［65］魏莉莉．从养成教育之标准看学校教育［J］．当代青年研究，2014（5）：21．

［66］魏心怡．社会转型进程中我国新社会阶层的形成及其身份认同建构［J］．福建论坛（人文社会科学版），2018（11）：153-161．

［67］吴舸．我国教育研究内容的发展趋势［J］．中国成人教育，2013（4）：11-13．

［68］吴红耘，皮连生．心理学中的能力、知识和技能概念的演变及其教学含义［J］．课程·教材·教法，2011，31（11）：108-112．

［69］吴全华．论学生精神自由的缺失与实现［J］．华南师范大学学报（社会科学版），2004（4）：106-112，159.

［70］夏惠贤，汪小丽．论自由对学生成长的意义［J］．全球教育展望，2008（4）：10-15.

［71］肖朗．在卢梭与康德之间——裴斯泰洛齐教育哲学思想初探［J］．浙江大学学报（人文社会科学版），2012，42（6）：142-152.

［72］谢则全．对社会主义核心价值观中"自由"的理解［J］．教育科学研究，2017（10）：1.

［73］辛允星．差序格局：中国社会转型的"文化软肋"——近15年来相关文献述评［J］．原生态民族文化学刊，2018，10（3）：86-94.

［74］熊和平．教育研究的表达方式［J］．教育研究，2012，33（4）：23-28，56.

［75］徐晓宇．实践·解放·自由时间 马克思哲学自由观研探［J］．人民论坛，2017（15）：116-117.

［76］杨大春．现代性之后：福柯哲学与当代性的提问法［J］．哲学动态，2015（4）：24-32.

［77］杨建朝．教育权力与儿童自由［J］．学前教育研究，2012（6）：19-23.

［78］杨建朝．自由成"人"：教育精神的时代诉求［J］．教育理论与实践，2013，33（1）：7-10.

［79］杨洁．能力本位：当代教师专业标准建设的基石［J］．教育研究，

2014，35（10）：79-85.

［80］杨永志，陈秀丽. 论马克思主义自由观与社会主义——对社会主义
核心价值观中"自由"认识的一个视角［J］. 天津师范大学学报（社
会科学版），2016（2）：1-7.

［81］姚计海. "文献法"是研究方法吗——兼谈研究整合法［J］. 国家
教育行政学院学报，2017（7）：89-94.

［82］姚计海. 教育实证研究方法的范式问题与反思［J］. 华东师范大学
学报（教育科学版），2017，35（3）：64-71，169-170.

［83］姚站军. 与时俱进的中国社会主义核心价值精神［J］. 辽宁大学学
报（哲学社会科学版），2017，45（5）：31-38.

［84］叶澜，李政涛. 为"生命·实践教育学派"的创建而努力——叶澜
教授访谈录［J］. 教育研究，2004（2）：33-37.

［85］叶澜. 反思 学习 重建——十五年学术探索的回顾［J］. 天津市教
科院学报，2000（4）：4-13.

［86］叶澜. 教育创新呼唤"具体个人"意识［J］. 素质教育大参考，
2003（4）：6-7.

［87］叶澜. 论影响人发展的诸因素及其与发展主体的动态关系［J］. 中
国社会学，1986（3）：83-98.

［88］叶澜. 时代精神与新教育理想的构建——关于我国基础教育改革的
跨世纪思考［J］. 教育研究，1994（10）：3-8.

［89］张定鑫. 核心价值观中自由理念之马克思成分分析［J］. 北京师范
大学学报（社会科学版），2017（3）：66-72.

［90］张静. 社会变革与政治社会学——中国经验为转型理论提供了什么［J］. 浙江社会科学，2018（9）：11-19，155.

［91］张卫明. 社会主义核心价值观的道德属性及其价值意蕴［J］. 道德与文明，2016（6）：125-130.

［92］张云涛. 论施莱尔马赫《独白》中的教化伦理学［J］. 求是学刊，2013，40（6）：34-41.

［93］张云涛. 论施莱尔马赫的自我意识理论［J］. 西南农业大学学报（社会科学版），2008（3）：89-91.

［94］赵汀阳. 时间的分叉——作为存在论问题的当代性［J］. 哲学研究，2014（6）：57-66，128.

［95］周志刚. 培育和践行社会主义核心价值观：问题与对策［J］. 中共天津市委党校学报，2017，19（4）：28-34.

［96］朱战辉. 城乡中国：乡村社会转型中的结构与秩序［J］. 华南农业大学学报（社会科学版），2019，18（1）：1-9.

硕博士论文类

［1］白臣. 道德自觉论［D］. 河北师范大学，2014.

［2］白金祥. 罗素的教育思想探究［D］. 东北师范大学，2009.

［3］曹永国. 自然与自由［D］. 南京师范大学，2005.

［4］程红艳. 儿童在学校中的自由［D］. 华东师范大学，2004.

［5］戴军. 基础教育中学生身体规训问题研究［D］. 东北师范大学，2006.

［6］戴岳. 找回失去的"道德自我"［D］. 西南大学，2009.

［7］方英群. 洛克与卢梭的自由观之比较［D］. 湖南师范大学，2002.

［8］龚平安. 庄子"无为"思想的教育意蕴［D］. 湖南师范大学，2010.

［9］黄胜昔. 现代性的渴望［D］. 湖南师范大学，2006.

［10］贾云. 儿童教育应当"无为"［D］. 南京师范大学，2005.

［11］靳晓斌. 康德的道德自律思想研究［D］. 广西师范大学，2014.

［12］李金和. 平民化自由人格［D］. 首都师范大学，2009.

［13］李金鑫. 道德能力的道德哲学研究［D］. 南京师范大学，2011.

［14］李伟. 培育个体生命自觉［D］. 华东师范大学，2008.

［15］梁清. 批判与扬弃：教育异化论［D］. 东北师范大学，2006.

［16］马桂萍. 老庄道家生命观对当代生命教育的价值研究［D］. 浙江师范大学，2011.

［17］苗雪红. 论儿童的精神成长［D］. 南京师范大学，2008.

［18］闵仕君. 牟宗三道德的形而上学研究［D］. 华东师范大学，2003.

［19］彭梅. 班级中的规范与自由［D］. 西南大学，2010.

［20］冉玉霞. 学校教育中的惩罚与学生发展［D］. 华东师范大学，2010.

［21］沈萍霞. 教师权威的困境与出路探索［D］. 陕西师范大学，2012.

［22］孙阳春. 教育制序论［D］. 东北师范大学，2006.

［23］王成宇. 天赋自由与得享自由［D］. 西北师范大学，2015.

［24］王芳芳. 自由·参与·共识［D］. 西南大学，2012.

［25］王平. 弗洛姆人生观述评［D］. 湖南师范大学，2006.

［26］王琼芳. 陶行知民主教育思想研究［D］. 广东海洋大学，2013.

［27］王蕊. 小学课堂中的自由与规训问题个案研究［D］. 东北师范大学，
2007.

［28］王有升. 被规限的"教育"［D］. 南京师范大学，2002.

［29］邬金莲. 心灵的自由：教育过程中"空白"艺术的审美特质［D］.
湖南师范大学，2009.

［30］吴秋实. 论康德的教育哲学［D］. 安徽大学，2010.

［31］吴媛媛. 儿童的自由与教育［D］. 南京师范大学，2011.

［32］肖柳芙. 良心·自由·人性善恶［D］. 湖南师范大学，2006.

［33］谢丽娜. 探究学习中"学生自由"的研究［D］. 西南大学，2011.

［34］辛治洋. 道德判断与道德教育［D］. 南京师范大学，2006.

［35］尹文芬. 心灵唤醒：人的自由精神的开掘［D］. 湖南师范大学，
2007.

［36］尤聪聪. 鲁迅国民性精神的承继［D］. 天津师范大学，2012.

［37］张宝石. 蔡元培德育思想研究［D］. 广西师范大学，2010.

［38］张桂. 教育的超越：走向他者的自我［D］. 南京师范大学，2011.

［39］张丽文. 幼儿园班级中的平等与自由［D］. 浙江师范大学，2011.

［40］张梦佳. 自由教育理念的时代变迁及当代价值重构［D］. 西南大学，

2017.

［41］张晓华. 规训与自由［D］. 西北师范大学，2005.

［42］赵灿. "诚言"与"关心自己"［D］. 复旦大学，2010.

［43］赵宗孝. 回归生活：教育范式的历史转换［D］. 西北师范大学，2004.

［44］周兴国. 教育自由及其限度［D］. 南京师范大学，2007.

［45］周应中. 怀特海自由教育思想研究［D］. 浙江师范大学，2006.

［46］邹国球. 霍布斯的政治伦理思想初探［D］. 湖南师范大学，2005.

报刊与网络资源类

［1］中共中央办公厅印发"关于培育和践行社会主义核心价值观的意见"［EB/OL］.［2013-12-23］. http://rews.xihuanet.com/politics/2013—12/23/c_

［2］新华网. 习近平在"一带一路"国际合作高峰论坛圆桌峰会上的开幕辞［EB/OL］.［2017-05-15］. http://www.xinhuanet.com/politics/2017-05/15/c_1120976082.htm.

［3］习近平致力倡建"人类命运共同体"［N］. 人民日报，2018-10-07.

外文文献

［1］Allan，T. R. S. The Sovereignty of Law：Freedom，Constitution and Common Law［M］. Oxford：Oxford University Press，2013.

［2］Attard, J. In Defense of a Liberal Education： Criticizing the Critical ［J］. Academic Questions, 2013, 26（3）： 308-316.

［3］Baldacchino, J. Freedom, aesthetics, and the agôn of living in Maxine Greene's philosophy ［J］. Review of Education, Pedagogy & Cultural Studies, 2017, 39（1）： 18-38.

［4］Baumann, F. E. Liberal Education and Liberal Democracy ［J］. Perspectives on Political Science, 2013, 42（4）： 201-206.

［5］Bertram, C. Rousseau's Legacy in Two Conceptions of the General Will： Democratic and Transcendent ［J］. The Review of Politics, 2012, 74（3）： 403-419.

［6］Biesta, G. Cultivating humanity or educating the human? On horticulture, exposure and the world ［M］// Cultivating humanity and transforming the knowledge society： For a vision of future education. The unpublished booklet for The 13th International Conference on Education Research. Seoul： Education Research Institute of Seoul National University, 2012.

［7］Blount, J. M. Individuality, Freedom, and Community： Ella Flagg Young's Quest for Teacher Empowerment ［J］. History of Education Quarterly, 2018, 58（2）： 175-198.

［8］Bohman, J. From Self-Legislation to Self-Determination： Democracy and the New Circumstances of Global Politics ［J］. Critical Horizons,

2016, 17（1）: 123-134.

［9］Church, J. The Freedom of Desire: Hegel's Response to Rousseau on the
Problem of Civil Society ［J］. 2010, 54（1）: 125-139.

［10］Corey, D. D. Liberal Education: Its Conditions and Ends ［J］.
Perspectives on Political Science, 2013, 42（4）: 195-200.

［11］Craig, A. C. "What is Democratic about New Instructional
Technologies?" ［C］. European Conference on Educational
Research, Vienna, 2009.

［12］Cudd, A. E. Wanting Freedom ［J］. J. Soc. Philos, 2012, 43（4）:
367-385.

［13］Dewey, J. & Tufts, J. Ethics ［M］. New York: Henry Holt and
Company, 1906.

［14］Dewey, J. Individualism, old and new ［M］. London: Allen &
Unwin, 1931.

［15］Dewey, J. Problems of Men ［M］. New York: Greenwood Press,
1968.

［16］Dillon, K. Escape from Freedom towards the Political Realm ［J］.
Philosophical Studies in Education, 2014, 45: 83-92.

［17］Ferracioli, L &Terlazzo, R. Educating for Autonomy: Liberalism and
Autonomy in the Capabilities Approach ［J］. Ethical Theory and Moral
Practice, 2014, 17（3）: 443-455.

［18］Fromm, E. The Art of Loving ［M］. New York: Open Road Media,

2013.

[19] Garren, D. J. Foundations of Freedom [J]. Analysis, 2013, 73 (4):
797-801.

[20] Gibson, R. The promethean literacy: Paulo Freire & apos; spedagogy
of reading; praxis; and liberation [D]. Unpublished doctoral
dissertation, Perm State University Stake College PA, 1994.

[21] Giesinger, J. Kant's Account of Moral Education [J]. Educ Philos
Theory, 2012, 44 (7): 775-786.

[22] Hadzigeorgiou, Y. A Critique of Science Education as Sociopolitical
Action from the Perspective of Liberal Education [J]. Sci Educ-
Netherlands, 2015, 24 (3): 259-280.

[23] Hamilton, L. Real Modern Freedom [J]. Theoria, 2013, 60 (137):
1-28.

[24] Hargreaves, A. Teaching in the knowledge society: Education in the
age of insecurity [M]. New York: Open University Press, 2003.

[25] Hinchliffe, G. Education, Learning and Freedom [J]. J Philos
Educ, 2017, 51 (2): 430-442.

[26] Hirst, P. Liberal education and the nature of knowledge [M] // R.
Dearden, P. Hirst, & R. Peters (Eds.). Education and the
development of Reason. London: Routledge & Kegan Paul, 1972.

[27] Holliday, A. Response to "ELT and the Spirit of the Times" [J].
ELT Journa, 2002, 61, (4): 360-66.

［28］Hong, E. Liberal education reconsidered: cultivating humanity in the knowledge society ［J］. Asia Pac Educ Rev, 2014, 15（1）: 5-12.

［29］Hooks, B. Teaching to Transgress: Education as the Practice of Freedom ［M］. New York: Routledge, 1994.

［30］Hoover, H. Speech delivered in New York city by republican presidential candidate ［DB/OL］. ［1928-10-22］. http://memory.loc.gov/cgi-bin/query/r?ammem/rbaapcbib:@field(NUMBER+@od1(rbaapc+22100)).

［31］John, A. Susanna Wesley and the puritan tradition in Methodism ［M］. London: Epworth press, 1968.

［32］Lawler, P. A. The Place of Liberal Education in America ［J］. Perspectives on Political Science, 2013, 42（4）: 226-232.

［33］Levinas, E. Otherwise than being or beyond essence（A. Lingis, Trans.）［M］. Pittsburgh: Duquesne University Press. This text will be cited as OB for all subsequent references, 1998a.

［34］MacLaren, P, Leonard, P. Paulo Freiré: A Critical Encounter ［M］. New York: Routledge, 2012.

［35］Mamlok, D. Negative and Positive Freedom: Considering Education and the Digital World ［J］. Philosophical Studies in Education, 2016, 47: 88-97.

［36］Martin, J. R. Changing the educational landscape ［M］. New York: Routledge, 1994.

［37］Mckenna, E. "The Freedom to Choose": Neoliberalism,

Feminism, and Childcare in Canada〔J〕. Review of Education, Pedagogy & Cultural Studies, 2015, 37（1）: 41–52.

〔38〕McLaughlin, N. Nazism, Nationalism, and the Sociology of Emotions: Escape from Freedom Revisited〔J〕. Sociological Theory, 1996, 14（3）: 242.

〔39〕Messier, V. P. The natural rIgh to Absolute freedom〔J〕. Enero-diciembre, 2011（31）: 31–51.

〔40〕Neuhouser, F. Jean-Jacques Rousseau and the Origins of Autonomy〔J〕. Inquiry, 2011, 54（5）: 478–493.

〔41〕Nussbaum, M. C. Cultivating humanity: A classical defense of reform in liberal education〔M〕. Cambridge, Massachusetts: Harvard University Press, 1997.

〔42〕Nussbaum, M. C. Not for profit: Why democracy needs the humanities〔M〕. Princeton, N. J. : Princeton University Press, 2010.

〔43〕Peters, R. Ethics and education〔M〕. London: Allen and Unwin, 1966.

〔44〕Peters, R. S. Authority, responsibility and education〔M〕. London: Allen & Unwin, 1973a.

〔45〕Ray, C. S. et al. Family Life〔M〕. Waco, Tex. : Word books, 1976.

〔46〕Ren, D. G. Freedom Schools for the Twenty-First Century〔J〕. The

Western Journal of Black Studies, 2014, 38（3）：163-176.

[47] Roth, W. M., Lee, S. Science education as/for participation in the community [J]. Science Education, 2004（88），263-291.

[48] Salzborn, S. No Sovereignty without Freedom：Machiavelli, Hobbes and the Global Order in the Twenty-first Century [J]. Theoria, 2015, 62（3）：19-39.

[49] Schaeffer, D. Rousseau on Education, Freedom, and Judgment [M]. University Park：PA：Pennsylvania State University Press, 2014.

[50] Schaffar, B. Changing the Definition of Education. On Kant's Educational Paradox between Freedom and Restraint [J]. Stud Philos Educ, 2014, 33（1）：5-21.

[51] Schleiermacher, F. D. E. Ethik（1812/13）[M]. In F. D. E. Schleiermacher, Schriften（Ed. A. Arndt）. Frankfurt a. M.：Deutscher Klassiker Verlag, 1996a.

[52] Schleiermacher, F. D. E. Kritische Gesamtausgabe, Abt. I, Band 3 [M]. Walter de Gruyter, 1988.

[53] Scholz, S. J. That All Children Should Be Free：Beauvoir, Rousseau, and Childhood [J]. 2010, 25（2）：394-411.

[54] Sternberg, R. J. Wisdom, Intelligence, and A New Model for：Liberal Education Fall 2009 [Z]. Association of American Colleges and Universities, 2009：10-15.

[55] Stickney, J. A paradox of freedom in 'becoming oneself through

learning'： Foucault's response to his educators ［J］. Ethics and Education，2013，8（2）：179-191.

［56］Thomas，H. Leviathan ［M］. Revised Student Edition. Richard Tuck，Ed. Cambridge：Cambridge UP，1996.